Jonas Schaible

DEMOKRATIE
IM
FEUER

Jonas Schaible

DEMOKRATIE IM FEUER

Warum wir die Freiheit nur bewahren, wenn wir das Klima retten – und umgekehrt

Deutsche Verlags-Anstalt

Cradle to Cradle Certified® ist eine eingetragene Marke
des Cradle to Cradle Products Innovation Institute.

Penguin Random House Verlagsgruppe FSC® N001967

1. Auflage
Copyright © 2023 by Deutsche Verlags-Anstalt, München
in der Penguin Random House Verlagsgruppe GmbH,
Neumarkter Straße 28, 81673 München,
und SPIEGEL-Verlag Rudolf Augstein GmbH & Co. KG,
Ericusspitze 1, 20457 Hamburg
Umschlaggestaltung: Büro Jorge Schmidt, München
Satz, Druck und Bindung: GGP Media GmbH, Pößneck
Printed in Germany
ISBN 978-3-421-07014-2
www.dva.de

Für Jirka. Du fehlst.

Inhalt

Ein kurzer Blick in die Zukunft

Wie das Leben in dreißig Jahren aussehen könnte

Draußen flirrt die Luft und sie riecht nach brennenden Kiefernnadeln. Seit drei Wochen brennt der Wald südlich, westlich und nördlich von Berlin, der Rauch zieht in die Stadt. Beim ersten Mal sind Sie nachts noch panisch aufgewacht, erst durch die Wohnung gelaufen, dann ins Treppenhaus, dann auf den Hof, um zu sehen, wo es brennt. Mittlerweile haben Sie sich daran gewöhnt.

Drinnen brummt die mobile Klimaanlage. Der Schlauch führt aus dem Fenster, das mit dünnem Stoff notdürftig abgedichtet ist. Trotzdem dringt sofort wieder heiße Luft nach innen. Das Gerät ist nicht darauf ausgelegt, eine Dreizimmerwohnung zu kühlen, aber der Vermieter hat die Wohnung nie mit einer festen Klimaanlage ausgestattet. Manchmal geht sie aus. An der Stille, vor allem aber an der sich rasch aufstauenden Hitze merken Sie, dass der Strom ausgefallen ist. Die Feuer der vergangenen Jahre haben den Windparks Brandenburgs zugesetzt und den Leitungen auch. In Frankreich, wo noch Atomkraftwerke laufen, sieht es nicht besser aus. Entweder es fehlt Kühlwasser oder es ist so warm, dass man es nicht nutzen darf, weil es sich dadurch weiter erhitzen und man Ökosysteme im Fluss zerstören würde. Ab und an wird der Strom abgestellt.

Es ist der vierte Dürresommer in den vergangenen sechs Jahren. Erst hat es drei Jahre kaum geregnet. Im ersten Jahr zog eine mehrwöchige Hitzewelle über Deutschland. Mehr als 45 Grad im Schatten, Jahrtausendhitzewelle. Mehr als Zwanzigtausend Tote. Im zweiten Jahr fiel der Rhein trocken. Die Lieferketten wurden gestört, die landwirtschaftlichen Erträge brachen ein, viele Wälder starben, vor allem im Jahr darauf.

Im dritten Jahr wurde Trinkwasser rationiert, angeordnet von der Landesregierung: eine Dusche alle vier Tage war noch drin. Die Polizei kontrollierte regelmäßig.

Die Niederlande haben es ohne Rationierung versucht, ohne Polizei, nur mit Appellen, bis in den ersten Krankenhäusern das Wasser versiegte und die ersten jungen Mütter und alten Patienten starben.

Dann regnete es ein Jahr wieder etwas mehr. Es fühlte sich an wie ein normales Jahr, so wie Sie es von früher kannten. Das Wasser reichte aber im Ansatz nicht, um die Speicher wieder aufzufüllen. Im vergangenen Jahr regnete es in einigen Landesteilen so viel, dass Sturzfluten Dörfer zerstörten. Die Schnellbahnstrecke Berlin-München: unterbrochen. Die Autobahnen A1 und A9: massiv beschädigt. Ladesäulen. Strommasten. Brücken: zerstört.

Nun also die nächste Jahrtausendhitzewelle. Wieder wird Wasser rationiert. Vorrang haben Agrarbetriebe und Krankenhäuser, aber auch Altenheime und Kitas.

Es ist kein schlechtes Leben. Sie haben Glück, es gab noch keine Hungerrevolte in Deutschland, überhaupt keine Revolution, jedenfalls keine erfolgreiche, wie in so manchen Nachbarländern, sowieso im Globalen Süden, auch keinen Putsch, keinen Krieg. Manchmal gehen Sie ins Kino, ins Stadion, ins Konzert.

In wenigen Wochen steht eine Bundestagswahl an, aber Sie wissen nicht, ob Sie zur Wahl gehen werden. Die Unterschiede zwischen den Parteien sind marginal geworden.

Die Schäden der Fluten aus dem Vorjahr sind noch längst nicht beseitigt. Die Steuern wurden zuletzt deutlich erhöht und keine relevante Partei will sie senken. Die Staatsschulden sind in die Höhe geschossen. Sozialleistungen wurden gekürzt, Renten, die ein paar Jahre staatlich bezuschusst wurden, sinken ständig.

Das Geld, das der Staat hat, braucht er, um zerstörte Infrastruktur wiederaufzubauen, Bewässerungssysteme anzulegen, Bauern zu stützen und durch Subventionen dafür zu sorgen, dass Energie, Wasser und Lebensmittel halbwegs erschwinglich bleiben.

Weltweit sind weit über 700 Millionen Menschen auf der Flucht, weniger, als einst befürchtet worden war, aber so viele, dass es selbst im linken Spektrum keine Partei mehr gibt, die sich ernsthaft gegen die Militarisierung der Grenzen wehren würden. Niemand schaut so genau hin, solange nicht zu oft scharf geschossen wird.

Steuerpolitik, Sozialpolitik, Arbeitspolitik, Migrationspolitik, Infrastrukturpolitik, Agrarpolitik, Verteidigungspolitik, Verkehrspolitik, Finanzpolitik – überall herrscht Alternativlosigkeit.

Es ist das Jahr 2050 und Sie sind ein weitgehend freier Mensch in einem weitgehend freien Land. Manchmal erinnern Sie sich daran, wie es war, als Sie jung waren, als freier Mensch in einem freien Land.

Einleitung

Dieses Buch ist ein politisches Buch. Es geht um den Menschen in der Gesellschaft, um Politik, Institutionen und um das, was sie zu hüten und zu bewahren suchen, wenn sie gute Institutionen sind: die Freiheit. Im Mittelpunkt dieses Buchs stehen drei sehr einfache Fragen. Was bedeutet Demokratie eigentlich in Zeiten der Klimakrise? Lässt sie sich unter diesen Umständen überhaupt noch bewahren? Und wenn ja, wie?

Wenn es um Klimaschutz geht, treffen zwei wahre Aussagen aufeinander. Es geht seit einer Weile extrem viel voran, gemessen am politisch Möglichen. Aber es geht längst nicht schnell genug voran, gemessen am Notwendigen.

Als am 20. September 2019 allein in Berlin mehrere Hunderttausend Menschen für mehr Klimaschutz demonstrierten, einigte sich wenige hundert Meter entfernt im Kanzleramt die damalige Regierung auf ein Klimapaket, das am Notwendigen weit vorbeizielte. Die Kanzlerin, Angela Merkel, sagte dazu einen programmatischen Satz: »Politik ist, was möglich ist«. Sie löste den Konflikt zwischen dem Notwendigen und den Begrenzungen der Politik auf, indem sie die Möglichkeiten aktueller demokratischer Politik absolut setzte: Es geht eben so schnell, wie es geht. Das muss reichen. Das Problem ist: Es reicht eben nicht.

Auf der anderen Seite steht der Verdacht im Raum, ein Teil der Klimaaktivist*innen sei bereit, den Konflikt anders aufzulösen, zulasten der Demokratie, wenn nötig. Es muss so schnell gehen wie nötig. Egal, wie. Aber das kann keine Option sein. Nur: Irgendwie muss man ihn auflösen, diesen Widerspruch.

Glücklicherweise, das wäre die wichtigste Botschaft dieses Buchs, gibt es eine dritte Möglichkeit. Der vermeintliche Gegensatz erweist sich bei genauerem Hinsehen als Scheingegensatz. Die vermeintliche Krise der Demokratie ist in Wahrheit erst einmal nur eine Krise der Demokratietheorie. Demokratie und Klimaschutz hängen sogar eng zusammen.

Die Antworten auf die drei zentralen Fragen lauten daher in aller Kürze: Ja, Demokratie lässt sich bewahren – höchstwahrscheinlich jedenfalls. Aber nur, wenn wir die Klimakrise bremsen, und das wiederum wird nur gelingen, wenn wir umdenken, denn Demokratie in dieser Zeit muss etwas anderes bedeuten können und vielleicht auch anders aussehen können als bisher.

Auf eine einfache Formel gebracht: Wir werden die Demokratie nur retten, wenn wir das Klima retten. Wir werden das Klima nur demokratisch retten. Dazu muss sich unser Verständnis von Demokratie ändern können.

Die zentralen Thesen dieses Buchs lassen sich allerdings nicht diskutieren, ohne eine ganze Reihe anderer Fragen zumindest zu streifen. Was passiert, wenn das Weltklima sich so schnell verändert wie mindestens seit Millionen Jahren nicht? Warum fühlt sich die Welt mit einem Mal wieder so biblisch an? Was ist der Mensch, was macht ihn aus? Was ist Freiheit? Was ist Demokratie?

Tatsächlich entscheidet sich in den nächsten Jahrzehnten wahrscheinlich die Zukunft der Menschheit in den nächsten Jahrhunderten, womöglich Jahrtausenden. Auch wenn es sich nicht so anfühlen mag, dies ist ein Epochenbruch.

Aus dieser Diagnose spricht nicht der Narzissmus der Gegenwart, der sich immer schon im Zentrum der größten Beschleunigung, der glorreichsten Entwicklung, der vollkommensten Weisheit, der chaotischsten Krisen vermutet. Auch wenn es natürlich so klingen muss. Aus dieser Diagnose spricht nur eine ziemlich simple Analyse.

Der Mensch sorgt dafür, dass das Klima sich radikal ändert, so schnell wie kaum je einmal. So radikal, wie er es noch nie erlebt hat. Und weil das Klima überall ist, weil es keinen klimalosen Ort gibt, weil Klima alles beeinflusst, deshalb verändert das radikal neue Klima auch alles andere für immer. Also muss man sich Gedanken machen, wie sich die Dinge verändern könnten und sollen. Auch die Demokratie. Es wird sowieso nichts bleiben, wie es war.

Ich wünschte, es wäre anders.

I Wir werden die Demokratie nur mit Klimaschutz retten

Mitten im Epochenbruch

Wie speziell die Bedingungen waren, unter denen
Zivilisationen entstanden

Um ermessen zu können, wie einschneidend die aktuelle
Klimakrise ist, muss man zunächst zurückschauen. Weiter zurück als bis zum Beginn der modernen Demokratie. Auf all
die Jahre davor, in denen der Mensch nun siedelt, Städte baut,
Straßen und Wasserleitungen anlegt und komplexe Gesellschaften formt. Und auf all die vielen Jahrtausende vorher, in
denen er das nicht tat.

Die ersten Wesen, die wir heute als Menschen bezeichnen,
als Angehörige der Gattung Homo, lebten nach aktuellem
Wissensstand vor etwa zweieinhalb Millionen Jahren. Der
Homo erectus entwickelte sich vor rund zwei Millionen Jahren, der moderne Mensch, der Homo sapiens existiert seit
mindestens 200 000 Jahren. Womöglich seit 300 000 Jahren
oder länger. Über lange Zeit teilte er sich den Planeten mit anderen Menschen: Neandertalern, Denisova-Menschen, Flo-
res-Menschen, Luzon-Menschen. Das ist eine sehr lange Zeit
für sehr viele, sehr unterschiedliche Menschen, um sich Dinge
einfallen zu lassen, Gesellschaftsformen zu erproben, Kunst
zu schaffen, die Welt zu formen. Feuerstellen, Werkzeuge,
Schmuck, Malereien an Höhlenwänden und Monumente aus
Elfenbein erzählen von Wesen, die nicht weniger klug, nicht

weniger geschickt, nicht weniger anpassungsfähig waren als wir, die aber in Höhlen oder temporären Unterkünften lebten, nicht in Städten.

Frühe Menschen erlebten eine Erde, die heißer war als heute, und verbrachten sehr viele Jahrtausende auf einem viel kälteren Planeten, in Eiszeiten, unterbrochen von wärmeren Perioden, und vor allem auf einem sehr unsteten. Extreme Schwankungen waren die Regel, sich ausbreitende Gletscher, schwankende Meeresspiegel, sogar die Sahara ergrünte immer wieder.

Immer wieder stießen Gruppen des modernen Menschen in neue Weltgegenden vor, nur um irgendwann zu verschwinden, ohne Spuren im Genom heutiger Menschen zu hinterlassen. Sie starben aus, oft wahrscheinlich, weil das Klima sich änderte. Weil sie nicht mehr zurechtkamen, wo sie eben noch ein gutes Leben führten, oder weil Nachfolgern durch Umweltveränderungen der Weg abgeschnitten wurde, sodass der Genpool zu klein wurde.[1]

Vor rund 11 700 Jahren kam der Planet zur Ruhe. Man kann nicht genau sagen, warum, aber das Klima stabilisierte sich. Nicht absolut, doch verglichen mit allem, was vorher war. Die Systeme, die das Weltklima bestimmen, gerieten in einen neuen Zustand. Das Holozän begann und erst in ihm das, was wir Zivilisation nennen. Erstmals wurden Menschen Vollzeit-Ackerbauern, an verschiedenen Orten unabhängig voneinander zu einer ähnlichen Zeit. Diese Ackerbauern verbreiteten sich über die Welt, nach Europa, nach Asien im Osten, immer weiter dorthin, wo das Klima so war, wie sie es kannten, weil sie dort pflanzen konnten, wie sie es kannten. Aus Siedlungen wurden in dieser Zeit erst dauerhaft bewohnte Städte, dann Metropolen. Aus Gruppen wurden Zivilisationen.

Schon vorher haben Menschen womöglich vielfältige und komplexe Gesellschaften gebildet, mit verschiedenen Formen von Macht, Herrschaft, Beziehungen experimentiert.[2] Nicht zwingend nur das, was wir heute menschliche Zivilisation nennen, schafft Raum für Politik, Kunst, Kultur und Freiheit. Und dass das, was wir Zivilisation nennen, mit Schrift, Städten und Staaten, niemals außerhalb des sehr schmalen Klima-Korridors des Holozäns existiert hat, bedeutet nicht zwingend, dass sie ausschließlich unter diesen ganz speziellen Bedingungen blühen kann.

Alle Aussagen über das Leben vor mehr als zehntausend Jahren bergen große Unsicherheit. Aber es spricht doch sehr viel dafür, dass es kein Zufall ist, dass die beinahe unglaubliche Stabilisierung des Weltklimas und die Verbreitung von Sesshaftigkeit, die Bevölkerungsexplosion, die Entstehung von Metropolen, Großreichen und staatlich organisierten Gesellschaften derart parallel aufgetreten sind.

Alles, was wir an überlieferter menschlicher Geschichte kennen, entstand, während jene Klimabedingungen herrschten, die wir gerade verlassen. Alle Schriften und alle uns bekannten Zeichensysteme. Das Bild, das wir uns von der Menschheit machen, ist eines der Menschheit im Holozän.

Wir haben uns in dieses Klima hineingelebt. Seine Strukturen sind deshalb der natürliche Bezugspunkt, wenn man darüber nachdenkt, was Gesellschaften stabilisiert und destabilisiert, wie sie funktionieren, was sie bedroht.

Wir wissen schlicht nicht, ob unsere Zivilisation auch unter anderen globalen Bedingungen existieren kann, die sich noch dazu stark verändern. Sie musste es nie. Für die liberale Demokratie, die sich erst seit rund 250 Jahren wirklich über die Welt ausbreitet, gilt das erst recht. Wir sind dabei, es an uns selbst auszuprobieren. Es ist ein waghalsiges Experiment.

Denn wahrscheinlich war es so: Erst, als sich die Natur stabilisierte, wurde der Mensch in die Lage versetzt, die Natur zu kontrollieren. Sie sich, wie er fortan erzählte, untertan zu machen. Selbst Naturkontrolle gibt es nicht außerhalb der Natur. Es ist diese Voraussetzung, die oft vergessen wird, die tatsächliche neolithische Revolution: Die Natur ermöglichte es dem Menschen, sie zu beherrschen.

Und das tat er. Vor allem, indem er Kohle, Öl und Gas verfeuerte, begann er, alles zu verändern.

Die Große Beschleunigung

Wie wir uns aus dem Holozän herauskatapultieren

Stellen Sie sich vor, Sie schauten in einer Sommernacht in den Himmel. Stellen Sie sich vor, Sie gingen an einer Küste entlang, an die Wellen branden, die Gischt schlägt Ihnen immer wieder ins Gesicht, das Wasser prallt mit einem Grollen an die Felsen. Stellen Sie sich vor, Sie würden im Gebirge von einem Gewitter überrascht, der Himmel zieht sich zu, wird finster, nur Blitze erhellen ihn, Donner wird zwischen den Tälern hin und her geworfen. Oder stellen Sie sich vor, Sie blickten über das, was wir uns ewiges Eis zu nennen angewöhnt haben. Man kann sich sehr schnell sehr klein fühlen als Mensch in der Natur.

Sich den Menschen dagegen als geologische Kraft vorzustellen, das ist viel schwerer. Es klingt schnell nach Hybris, nach einem Gottkomplex. Dieses Gefühl ist verständlich, aber falsch.

Es ist nicht Hybris, zu glauben, dass Menschen ein Klima erschaffen können, in dem Zivilisation, wie wir sie kennen, unmöglich wird. Es ist Hybris, zu glauben, dass alles für immer so weitergehen wird, wie es seit zwölftausend Jahren war, nur weil das dem Menschen zupasskam. Es ist Hybris, zu glauben, nach einer halben Milliarde Jahre, in denen Pflanzen und

Tiere entstanden und ausstarben, könnte sich das Klima nicht auch so wenden, dass wir an unsere Grenzen stoßen und dass freiheitliche Gesellschaften zugrunde gehen.

Wir wissen längst, dass das ewige Eis überhaupt nicht ewig ist. Es schmilzt, es tropft, es verfärbt sich grün und lila von Mikroorganismen und schwarz von Ruß und es taut schneller und schneller. Zumindest das in der Arktis, im hohen Norden, wird wahrscheinlich verloren gehen.

Etwas verständlicher wird diese scheinbare Gotteskraft des Menschen, wenn man sich die Erde als System mit vielen Teilsystemen vorstellt: Meeresströmen, Wüsten, Trockenwäldern, Regenwäldern, Winden, Wolken, Eisflächen, Biosystemen, in denen jeweils bestimmte Elemente und Kräfte zusammenwirken und die in sich mehr oder weniger stabil sind. Jedes dieser Systeme für sich kann aber instabil werden, wenn die inneren Kräfte nicht mehr so zusammenspielen können wie zuvor. Und viele hängen miteinander zusammen, beeinflussen sich, können sich manchmal auch gegenseitig ausgleichen, wenn für eine gewisse Zeit eines davon instabil wird. Zusammen ergeben sie einen Planeten, den man auch als System beschreiben kann. Über einige Tausend Jahre war es bemerkenswert stabil, aber es ist eben sehr viel weniger stabil, als man annehmen würde, wenn man die Erde als Ganzes denkt.

Es war schon einmal 13 oder noch mehr Grad heißer als heute, nur lebten da keine Menschen, auch noch keine Dinosaurier. Das war vor hunderten Millionen Jahren. Es war schon etwa 6 Grad kälter, während der Eiszeiten. Meteoriteneinschläge, Vulkanausbrüche, Pflanzenwachstum oder Schwankungen der Sonneneinstrahlung haben das Klima immer wieder extrem verändert. Wenn nur große Kräfte wirken, dann kann sich das Klima wandeln: So ist es in der Geschichte immer gewesen. Und die Kräfte, die der Mensch freisetzt, sind enorm. Das Tempo, in dem er es tut, ist sogar historisch einzigartig.

Theoretiker des Anthropozäns, des von Menschen geprägten Erdzeitalters, sprechen von der »Great Acceleration«: der Großen Beschleunigung seit Mitte des 20. Jahrhunderts. In dieser Zeit fallen extreme Steigerungen im Stoffdurchsatz, etwa Energieverbrauch, Wasserverbrauch, Düngereinsatz zusammen mit der Anreicherung von Kohlendioxid, Methan und Lachgas in der Atmosphäre, von Stickstoff in Gewässern, mit einer Versauerung der Ozeane.

Seit 1900, also etwa seit der Eiffelturm steht, hat sich die CO_2-Konzentration so schnell erhöht wie in 56 Millionen Jahren nicht. Wahrscheinlich sogar viermal so schnell wie in der bisherigen Rekordphase. Die Hälfte der Treibhausgase, die die gesamte Menschheit bis heute ausgestoßen hat, kam seit dem Fall der Berliner Mauer dazu, in nur drei Jahrzehnten.

Die CO_2-Konzentration in der Atmosphäre liegt in den Monaten, in denen dieses Buch entsteht, bei etwa 419 ppm, also Teilchen auf einer Million Teilchen. So hoch war sie zuletzt vor rund 3,6 Millionen Jahren, im Pliozän. Damals hatten sich die Entwicklungslinien von Menschen und Schimpansen schon getrennt, aber von Menschen im modernen Sinn war noch lange nichts zu sehen. Die Welt war damals 3 bis 4 Grad wärmer als heute.

Schon Mitte des Jahrhunderts könnten wir eine CO_2-Konzentration erreicht haben wie zuletzt vor 15 Millionen Jahren, lange bevor die ersten Menschen sich entwickelten.

Die Konzentration von Methan, das ein kurzlebigeres, aber viel stärkeres Treibhausgas ist als CO_2, liegt aktuell bei etwa

1892 Teilchen pro Milliarde Teilchen in der Atmosphäre. Etwa dreimal so hoch wie vor der Industrialisierung. Ähnlich sieht es mit Lachgas aus.

Das fossile Zeitalter begann in Fabrikhallen und kohleverrauchten Arbeiterquartieren, aber die eigentliche Entfesselung fand viel später statt und sie beschleunigte sich bis weit ins 20. Jahrhundert hinein. Nicht die Erfindung der Dampfmaschine markiert ihren Beginn, sondern das Ende des Zweiten Weltkriegs. Das Anthropozän ist gerade einmal so alt wie US-Präsident Joe Biden.

In kaum mehr als 70 Jahren haben moderne Gesellschaften die biologischen, chemischen, physikalischen Ströme aus der Balance gebracht. So etwas ist immer wieder passiert, aber wohl noch nie in dieser Geschwindigkeit und nicht in so vielen Systemen gleichzeitig. Ganz sicher nie, seit Menschen Städte bauen.

Für die politische Bewertung ist das ein ernstes Problem, weil es so schwerfällt, die extreme Beschleunigung überhaupt zu sehen. Aus der Sicht eines einzelnen Menschen sah das Leben auf der Erde in dieser Zeit ganz betulich aus. Als Vergleich bietet sich ein fahrendes Auto an: Man kann seelenruhig auf der Rückbank eines Autos Karten spielen, während es mit 200 Stundenkilometern über die Autobahn rast.

Die Nachkriegsordnung ist der Bezugsrahmen für unser ökonomisches und politisches Denken. So, wie der Holocaust den ultimativen Zivilisationsbruch markiert, markiert der Sieg über den Faschismus den Beginn unserer Epoche. Danach entstanden aus den Trümmern des Krieges die Vereinten Nationen, die Europäische Gemeinschaft, die NATO, das moderne Weltwirtschaftssystem, also die Welt, wie wir sie kennen, ganz sicher im Westen und der Bundesrepublik: Aus der

Barbarei erwuchs der Frieden, aus der völligen Auflösung jeder Ordnung erwuchs Erwartungssicherheit.

Mindestens drei Generationen in den westlichen Gesellschaften erlebten diese Zeit als verlässliche Normalität. Ausgerechnet diese Zeit ist aber in Wahrheit die Zeit der außergewöhnlichsten Veränderung der menschlichen Umwelt. Gleich mehrere Großkrisen fallen zusammen, darunter das größte Artensterben seit 65 Millionen Jahren und eben die Klimakrise.

Die Große Beschleunigung mündet im Epochenbruch, an dem unsere Normalität schlimmstenfalls für immer von einer neuen Realität abgelöst wird, in der sich so etwas wie eine stabile Normalität gar nicht mehr einstellt.

Nach dem Mauerfall versprach Bundeskanzler Helmut Kohl den Menschen in Ostdeutschland blühende Landschaften. Was nun aber droht, sind glühende Landschaften.

Glühende Landschaften

Wie extrem es werden kann und warum es
nicht mehr besser wird

Schon jetzt ist die Welt so warm, wie sie es seit dem Beginn
der Zivilisation, wie wir sie kennen, nie war: etwa 1,09 Grad
wärmer als zu Beginn der Industrialisierung. Es ist sehr gut
möglich, dass schon Mitte oder spätestens Ende dieses Jahrhunderts auch die 2-Grad-Marke erreicht wird. Die Welt wäre
dann so heiß, wie es noch nie ein Homo sapiens erlebt hat.
Weder die Menschen, die als Erste nach Asien auswanderten,
noch jene, die im Nahen Osten und Europa auf Neandertaler
stießen, noch jene, die erstmals Bronze gossen, und auch kein
Mensch nach ihnen.

Sich vorzustellen, was eine 1,5 oder 2 oder 3 oder 5 Grad
heißere Welt bedeuten würde, ist auch deshalb eine immense
Herausforderung. Weil all das eben noch kein Mensch erlebt
hat, weil es also keinen Präzedenzfall gibt. Und natürlich auch,
weil es sich im Detail nicht sagen lässt. Versuchen muss man
es trotzdem.

An dieser Stelle eine kurze Vorbemerkung: Es wird in den
nächsten Abschnitten um die Wirklichkeit der Klimakrise gehen, um das, was unweigerlich kommt, und das, was droht,
wenn Klimaschutz weiter verschleppt wird. Wenn Sie nur für
das Politische mitlesen, wenn Sie sich viel mit dem Thema

beschäftigen, wenn Sie selbstverständlich wissen, wie viel wärmer die Erde über Land wird als über Wasser, wie stark der Albedo-Effekt wirkt und warum er bedeutsam ist, wie außergewöhnlich die gegenwärtige Dürre in Teilen der Welt ist, wie vielen Menschen das Trinkwasser ausgehen könnte, was Weizen und Reis droht und ab wann Hitze und Feuchtigkeit für den Menschen wirklich lebensgefährlich werden, was genau es mit den Kipppunkten auf sich hat und warum in dieser Krise nichts so entscheidend ist wie Zeit – wenn Ihnen all das nicht nur lose bekannt ist, sondern wirklich bewusst, dann könnten Sie jetzt etwas vorblättern, wenn Sie mögen. Dann könnten Sie zum Beispiel einfach im Kapitel »Das Physikalische ist politisch« weiterlesen.

Denn es ist eben so, dass man das Politische, um das es in diesem Buch geht, nicht diskutieren kann, ohne die Wirklichkeit der Klimakrise vor Augen zu haben. Wenn Sie unsicher sind, ob Sie das tun, oder so oder so gern allen Gedanken folgen wollen, lesen Sie einfach normal weiter. Schaden wird es auf keinen Fall.

Was bedeutet also die Erhitzung? Was bedeutet eine Erderwärmung um 1,5 Grad, 2 Grad oder 3 Grad? Und wie machen wir uns davon einen Begriff, wenn doch niemand je in einer solchen Welt gelebt hat?

Es gibt ein paar Faustformeln, die dabei helfen: Über Land, also dort, wo Menschen wohnen, wird es deutlich wärmer als im globalen Mittel. Der Grund ist simpel: Der Großteil der Erde ist von Wasser bedeckt, das Wasser erwärmt sich langsamer. Aktuell sind es etwa global 1,09 Grad mehr, über Land aber schon 1,59 Grad, in Europa eher noch mehr. Also bedeuten 2,2 Grad globale Erwärmung in Europa wahrscheinlich mindestens 3 Grad zusätzlich. Das entspricht heutzutage grob dem Temperaturunterschied zwischen Berlin und Florenz oder zwischen Florenz und Damaskus.

An den Polen erwärmt sich die Erde noch schneller, messbar und sehr viel schneller im Norden. Eher dreimal so schnell wie im globalen Mittel. Das ist dort, wo große Teile des Permafrostbodens liegen (dazu später mehr, wenn es um Kipppunkte geht).

Als die Welt zuletzt gut 3 Grad heißer war und die CO_2-Konzentration auf dem heutigen Niveau lag, lag der Meeresspiegel bis zu 22 Meter höher, die Datenlage ist nicht ganz eindeutig. Es kommt hier aber auch nicht auf den Meter an. Jedenfalls: sehr, sehr viel höher. Er würde nicht sofort auf diese Höhe anschwellen, sondern über Jahrtausende steigen. Aber das gibt uns eine erste Vorstellung davon, was solche Temperaturen für das Eis, die Meere und die Küsten bedeuten.

Man muss sich manchmal zwingen, die längere Perspektive nicht aus den Augen zu verlieren. Die meisten Klimaprognosen reichen bis ins Jahr 2100, die meisten Ziele auch, nur wird die Welt danach nicht enden. Ein Kind, das heute geboren wird, wird dann so alt sein wie die Große Beschleunigung heute. Oder, erneut, wie Joe Biden, als er das Amt des US-Präsidenten übernahm: 78 Jahre, nicht mehr jung, aber noch jung genug für den mächtigsten Job der Welt.

Und danach? Danach endet nur der Horizont der bisherigen Prognosen und damit auch oft die Vorstellungskraft der Menschen, aber nicht die Klimakrise.

Eine Erwärmung der Erde um mehr als 3 Grad bis zum Ende des Jahrhunderts ist selbst in schlimmsten Szenarien kaum mehr wahrscheinlich. Aktuell steuern wir auf 2,7 bis 3 Grad bis Ende des Jahrhunderts zu. Wenn alle politischen Vorhaben umgesetzt werden, die Staaten schon versprochen haben, dann erwarten Expert*innen bis Ende des Jahrhunderts eher eine Erwärmung um 2,3 Grad. Mittlerweile würde das Erreichen der beschlossenen Klimaneutralitätsziele wahrscheinlich eine Erwärmung um 1,9 Grad bedeuten. Aber nur, wenn sie umgesetzt werden. Ein sehr großes Wenn, für das es zu kämpfen gilt.

Aber sollte es anders kommen, würde es nach dem Ende dieses Jahrhunderts beschleunigt weitergehen, dann wäre schnell ein Plus von 4 oder 5 oder 6 Grad denkbar, und zwar in der Zeitspanne, die Kinder heute geborener Kinder noch erleben könnten.

Wenn wir also von einem Ziel bis Ende des Jahrhunderts ausgehen, dann heißt das noch nicht zwingend, dass diese Temperatur dann auch das Ende der Erwärmung bedeutet. Nur, wenn wir bis dahin längst in einer Netto-Null-Welt leben, ist das Jahr 2100 eine relevante Größe. Nur dann ist ein 1,5-Grad-Pfad auch ein 1,5-Grad-Pfad. Tun wir das nicht, ist 2100 einfach nur ein Jahr in einem Prozess permanenter Erhitzung. Und die prognostizierte Schere geht erst danach so richtig auseinander.

Der Weltklimarat, das Intergovernmental Panel on Climate Change (IPCC), weist in seinem sechsten Sachstandsbericht auch dafür Schätzungen aus. Wenn wir, was gerade so noch vorstellbar ist, in diesem Jahrhundert unter 2 Grad bleiben, könnten es im Jahr 2300 wieder um die 1,5 Grad sein. In einem anderen Szenario aber, in dem wir Ende des Jahrhunderts bei mehr als 3 Grad landen, sind zweihundert Jahre später 8 Grad mehr zu erwarten. Das würde vielleicht sogar das Aussterben des Menschen bedeuten, mit Sicherheit aber den Zusammenbruch der Zivilisationen, wie wir sie kennen.

Aktuell befinden wir uns irgendwo zwischen diesem Szenario und einem, das für das Jahr 2300 eine Erwärmung von etwas mehr als 3 Grad errechnet. Also auf dem schmalen Grat zwischen unvorstellbarem Chaos und dem wahrscheinlichen Ende des Homo sapiens.

Schon jetzt sind die Folgen dieser Erhitzung kaum mehr zu verdrängen. Vier von zehn US-Amerikaner*innen leben in Counties, also so etwas wie Gemeinden, die im Jahr 2021 von Extremwetter getroffen wurden: von Bränden, Überflutungen, schweren Stürmen, Hurrikans, Erdrutschen. Im Juli 2022 gab es für einen Moment kein einziges US-Gebiet, in dem nicht irgendwo Dürre herrschte, von Kalifornien bis New York, von Alaska bis Florida, von Hawaii bis zu den Jungferninseln.

Die Frage, wie schlimm es werden kann, führt etwas in die Irre. Die Frage ist eher, wie schnell es passiert und wie schlimm es schon ist.

Verlust der menschlichen Nische

Wann menschliches Leben unmöglich wird

Wie erträglich Hitze für Organismen ist, hängt nicht nur an der Temperatur, sondern auch an der Luftfeuchtigkeit. Ist die zu hoch, kann der Körper durch Schwitzen nicht mehr auskühlen. Beides, Temperatur und Feuchtigkeit, werden in der sogenannten »Wet-Bulb Temperature« zusammengefasst, zu Deutsch Kühlgrenztemperatur oder Feuchtkugeltemperatur, die so heißt, weil sie ermittelt wird, indem man einem Thermometer einen feuchten Stoff überzieht.

Wenn sie über 35 Grad steigt, wird bloßes Existieren nach einigen Stunden für Menschen tödlich. Das einzige, was dann noch hilft, ist Kühlung. Tatsächlich droht wohl schon deutlich früher Lebensgefahr, weil der Körper seine Temperatur nicht mehr halten kann. Einer Studie zufolge geschieht das schon bei knapp unter 31 Grad (»Wet-Bulb«).[3] Schon jetzt werden solche Wet-Bulb-Temperaturen beispielsweise in Indien immer wieder einmal erreicht. Wenn auch noch selten über einen längeren Zeitraum. Doch auch Temperaturen knapp darunter lösen Hitzekrämpfe aus und führen zu Erbrechen und Herzinfarkten.

Hitzetote sind nicht leicht zuzuordnen, weil sie zumeist an Herzversagen sterben, jedenfalls an Leiden, die auch andere

Gründe haben können. Wirklich verlässlich lassen sich Zahlen nur abschätzen, indem man vergleicht, wie viele Menschen in einem bestimmten Zeitraum starben und mit wie vielen Toten man gerechnet hätte, ausgehend vom langjährigen Mittel. Das ist die sogenannte Übersterblichkeit. Wenn Länder und Menschen gut vorbereitet und angepasst sind, kann sie gering sein, so wie in Indien im Frühjahr 2022. Sie kann aber auch enorm sein, erst recht in alten Gesellschaften wie unserer und denen der westlichen Demokratien.

Eine Hitzewelle 2003 tötete Schätzungen zufolge mehr als 70 000 Menschen in Europa. Eine in 2010 kostete wohl mehr als 50 000 Russ*innen das Leben. Im Juli 2022 tötete Rekordhitze in Spanien und Portugal in einer Woche wohl mehr als 2000 Menschen und in Deutschland teilweise mehr als 800 Menschen am Tag. Solche Hitzewellen werden zunehmen. Sie treten jetzt schon verdächtig oft auf. Es sieht so aus, als kämen sie häufiger, als man bisher annahm.

In den vergangenen 6000 Jahren haben sich Menschen bemerkenswert beharrlich in Gegenden mit ähnlichen Klimabedingungen konzentriert. Einige Autor*innen sprechen von einer »menschlichen Nische«.[4] Wir sind gerade dabei, sie für immer zu zerstören.

Jene Regionen in Asien, wo etwa die Hälfte der Weltbevölkerung lebt, werden besonders hart getroffen werden. Aber die Temperaturen steigen überall. Kein Ort ist sicher.

British Columbia etwa, im kanadischen Südwesten, ist zwar an heiße Sommer gewöhnt. Dass eine Hitzewelle mit fast 50 Grad dort wüten, Milliarden Meerestiere töten und Feuer entfachen würde, die ganze Orte vernichten, gehörte lange nicht zum Vorstellbaren. Bis es im Jahr 2021 passierte. Ende Juni 2022 sanken die Temperaturen in Nikel, im Norden Russlands, dort, wo Russland auf Finnland trifft, nachts nicht unter 24,3 Grad. Nikel liegt drei Breitengrade nördlich des Polarkreises und erlebte schon jetzt eine Tropennacht.

Selbst in Szenarien mit mehr Klimaschutz werden Ende des Jahrhunderts ein bis zwei Milliarden Menschen unter Bedingungen leben, denen sich bisher Menschen kaum einmal dauerhaft ausgesetzt haben. Bei rund 3,2 Grad Erwärmung wäre es im Mittel sogar auf etwa einem Fünftel der Erde so heiß wie heute nur an einigen Flecken der Welt, die größtenteils in der der Sahara liegen. Weil zu diesem Fünftel auch große Teile Südasiens gehören würden, wären bis zu 3,5 Milliarden Menschen betroffen.

Das sind die unmittelbaren Folgen der Hitze. Noch anfälliger als menschliche Körper sind aber die Systeme, die unsere Körper mit Nahrung und Wasser versorgen.

Leere Kornkammern, leere Brunnen
Warum die Nahrungsmittelversorgung gefährdet ist

In französischen Supermärkten bekommt man im Sommer 2022 schon mal mitleidige Blicke, wenn man nach Senf fragt. Senf? Sie machen Scherze. Dijon im Osten des Landes ist berühmt für seinen Senf, hergestellt aus braunen Körnern, aber auf einmal herrscht Knappheit. Das Land produziert nicht genug Saaten, um die Senfproduktion aufrechtzuerhalten, deshalb importiert es sie, vorzugsweise aus Kanada. Dort aber herrschte im Vorjahr Dürre und die Ernte der Pflanzen, die man für Dijon-Senf benötigt, brach um die Hälfte ein.

Nun also herrscht Senfknappheit, und das allein wäre für alle außerhalb von Dijon nicht so tragisch, denn Senf ist kein Grundnahrungsmittel. Doch so wie dem Senf geht es auch Obst, Gemüse und Getreide: Wenn das Wasser versiegt, verdorren die Pflanzen. Und wenn das Wasser versiegt oder das Getreide verdorrt, sind Gesellschaften aufgeschmissen.

In vielen Weltregionen erhöht die Erderhitzung schon längst die Gefahr von Dürren. Der Westen der USA befindet sich seit der Jahrtausendwende in der heftigsten Dürreperiode seit 1200 Jahren. In Teilen von Spanien und Portugal herrschte 2022 ebenfalls das trockenste Wetter seit 1200 Jahren. Europa steckt in der stärksten Dürre seit 500 Jahren, China in der schlimmsten aller Zeiten, so weit rekonstruierbar. Und dabei hat die Erde sich erst um 1,09 Grad erwärmt.

In den 1930ern wurde im Südwesten der USA der Hoover Dam errichtet, ein gewaltiger Damm, der einen ebenso gewaltigen Stausee erzeugt, den Lake Mead, das größte künstliche Wasserreservoir der Vereinigten Staaten. Der dient zur Stromerzeugung und als Speicher für Trinkwasser und Bewässerung der Landwirtschaft im Südwesten der USA. Doch wegen der Dürre nimmt der Zufluss ab, im Winter fiel kaum Schnee in den Bergen, weiter flussaufwärts wird mehr aus dem Colorado River abgeleitet, um einen anderen Stausee zu retten, und der Wasserspiegel des Lake Mead fällt und fällt.

Anderswo sieht es nicht anders aus: Im Sommer 2022 musste die mexikanische Fünf-Millionen-Einwohner-Metropolregion Monterrey die Wassernutzung auf sechs Stunden am Tag beschränken. Die Stauseen, von denen die Stadt abhängig ist, waren weitgehend ausgetrocknet. In China wurden Fabriken und Läden geschlossen, weil die Flüsse schwinden und die Wasserkraft mit ihnen. Chile erlebte bis 2022 zwölf Dürrejahre in Folge. In der Hauptstadt Santiago wurden Pläne zur Wasserrationierung erarbeitet. Die Himalaja-Gletscher schmelzen ab. Gehen sie verloren, verschwinden die Trinkwasserquellen von Hunderten Millionen Menschen in Asien.

Schon bei 2 Grad Erhitzung droht zusätzlichen 800 Millionen Menschen chronische Wasserknappheit, dann wären insgesamt rund drei Milliarden betroffen. Stiege die Temperatur noch einmal um 2 Grad, auf dann 4 Grad Erhitzung, würde einer weiteren Milliarde Menschen das Wasser ausgehen.

Da es in diesem Buch um unsere Demokratie geht: In den besonders von Wassermangel betroffenen Regionen liegen unter anderem die USA, Italien, Frankreich, Spanien, Portugal, Griechenland, Chile, Indien, Südafrika und Botswana, die Mongolei und Australien. Auch Demokrat*innen müssen trinken, duschen, spülen, Industrieanlagen kühlen und sie müssen Lebensmittel anbauen. Und ohne Wasser kann es keinen Ackerbau geben.

Auf der Nordhalbkugel hilft eine gewisse Erwärmung der Landwirtschaft teilweise (aber nur in wenigen Regionen), und mehr CO_2 sorgt für mehr Pflanzenwachstum, wie Klimawandelleugner*innen gern betonen. Aber nur bei einer Erwärmung von bis zu einem Level, das wir teilweise schon überschritten haben. In fast allen Weltregionen sind schlechtere Ernten von den wichtigsten Nutzpflanzen zu erwarten, weil es heißer wird, mehr Wasser verdunstet, seltener Regen fällt. Und wenn es doch regnet, dann zu oft zu viel auf einmal.

Der Weltklimarat IPCC, für dessen Berichte alle paar Jahre Tausende Wissenschaftler*innen akribisch den Stand der Forschung zusammentragen und bündeln, errechnet für verschiedene Szenarien die Zahl an zusätzlichen unterernährten Menschen. Er kommt auf 20 bis 180 Millionen zusätzliche Unterernährte allein bis 2050, räumt aber ein, dass die verwendeten Modelle nur langfristige Klimaveränderungen einberechnen können, keine Schocks durch Extremwetter. Die Ernteausfälle dürften in Wahrheit also sehr viel höher ausfallen.

Vom Klima hängt ab, wann ausgesät und wann geerntet werden kann. Sowohl die Sonne als auch die Temperatur als auch die Verfügbarkeit von Wasser in bestimmten Phasen beeinflussen das Pflanzenwachstum. Ein Drittel aller Kalorien, die mithilfe von Bewässerung erzeugt werden, hängen vom am meisten bedrohten Zehntel der Wasserreservoirs ab.[5]

Schon jetzt lassen Klimaveränderungen die Erträge von Mais, Soja und Weizen global etwa ein Zehntel niedriger ausfallen, als sie andernfalls wären. Die Ernährung der Menschheit hängt von wenigen Grundnahrungsmitteln ab, die maßgeblich in einigen besonders ertragreichen Gegenden angebaut werden, die deshalb Kornkammern genannt werden.

Nur etwa ein Viertel der Anbaufläche für Getreide deckt in den wichtigsten Anbauländern drei Viertel bis vier Fünftel der Produktion von Weizen, Mais, Soja und Reis ab. Wenn eine dieser Regionen nun unter Wetterextremen leidet, sind die Folgen womöglich global noch gering. Weil überall das Risiko steigt, könnte es aber auch mehrere Kornkammern zugleich treffen, schlicht durch Zufall. In diesem Fall droht das Szenario, das Wissenschaftler*innen das »Versagen mehrerer Kornkammern« nennen.

Einer Studie zufolge wächst das Risiko für massive Ernteverluste in gleich mehreren Kornkammern zwischen 1,5 Grad und 2 Grad Erderwärmung überproportional[6] – eine dieser Nicht-Linearitäten, von denen im Folgenden noch die Rede sein wird. Erwärmt sich die Erde um 2 statt 1,5 Grad, steigt das Risiko für den gleichzeitigen Ausfall von mehreren Kornkammern für die wichtigsten Pflanzen Mais, Weizen und Soja jeweils um ein Fünftel bis ein Viertel an.

Im Frühjahr 2022 bekamen wir und der Rest der Welt eine erste leise Ahnung davon, was das bedeuten könnte. In den wichtigsten Anbaugebieten der USA schadeten teils Dürre, teils Überflutungen den Pflanzen. Etwa 40 Prozent des Weizens galt zwischenzeitlich als in schlechtem Zustand, doppelt so viel wie üblich. In Indien, das sich auf ein exportstarkes Jahr gefreut hatte, zerstörte eine Hitzewelle mit bis zu 50 Grad Teile der Ernte und machte Feldarbeit phasenweise unmöglich. Der russische Angriff auf die Ukraine, die Blockade des Seehafens von Odessa und Exportbeschränkungen in Russland ließen weitere Kornkammern Schaden nehmen. In Europa litt Getreide unter extremer Frühjahrshitze und Trockenheit, der Weizen dorrte, der italienische Reis ging ein. Am Ende sorgten Russland, Australien und China, das zu Jahresbeginn noch heftige Einbußen gefürchtet hatte, dafür, dass die Ernteprognose doch noch gut ausfiel.

Eine Hitzewelle mit bis zu 50 Grad wie im Frühjahr 2022 in Indien und Pakistan, die dort der Landwirtschaft massiv geschadet hat, wäre früher alle 3000 Jahre zu erwarten gewesen. Nun ist sie schon alle 100 Jahre zu erwarten, und bereits bei 2 Grad globaler Erwärmung könnte sie alle fünf bis 50 Jahre auftreten. Scheitert der Klimaschutz, wird sie vermutlich Dauerzustand.

Eine Studie kommt zu dem Schluss, dass zum Ende des Jahrhunderts im Corn Belt in den USA kein Mais mehr angebaut werden kann: in Iowa, Illinois, Ohio, Indiana, wo Dutzende Millionen Menschen leben.[7] Wo bisher der Großteil des US-Maises wächst. Wo Landwirtschaft zentral ist für die Ökonomien und regionalen Identitäten.

Schon jetzt sind die Verluste immens: zwischen 1995 und 2020 bekamen Farmer in den Vereinigten Staaten eine Versicherungssumme von 143 Milliarden Dollar ausgezahlt. Ein Anstieg um 300 Prozent für Überflutungen und um 400 Prozent für die Beseitigung von Dürrefolgen. Auch der australischen Landwirtschaft gingen in der Feuersaison 2019/20 rund fünf Milliarden US-Dollar verloren, etwa 6 bis 8 Prozent des landwirtschaftlichen Ertrags.

Essen und Trinken, auf diese Notwendigkeiten wird der Mensch künftig stärker reduziert werden. Während im relativ stabilen Klima der Vergangenheit die Versorgung durch Technik, Arbeitsteilung und globalen Handel und regionale Anpassung weitgehend gesichert werden konnte, verschieben sich die Bedingungen jetzt schon so schnell, dass Menschen kaum reagieren können. Schädlinge und Krankheiten, die sich neue Lebensräume erwandern, sind teilweise schneller. Es ist nicht gesagt, dass jede dieser Veränderungen nachteilig sein muss. Nur geschehen sie so rasant, dass Anpassung kaum möglich ist.

Es ist auch dieses Tempo, an das wir uns erst mühsam gewöhnen müssen, weil wir zu lange in falschen Bildern gedacht haben.

Jahrhundertkatastrophen im Jahrestakt
Warum lineares Denken in die Irre führt

Palau ist ein Staat der Inseln. Mehr als 300 gehören zu dieser Pazifik-Republik. Einige von ihnen werden Rock Islands genannt. Sie wuchsen, als der Meeresspiegel einst viel höher war, und sie bilden jetzt pilzartige Formen. Oben wachsen Bäume und weiße Blumen, in der Mitte klafft der Fels, unten frisst sich das Wasser langsam hinein.

Einige dieser Inseln haben Sandstrände und wenn man auf einem dieser Strände steht, dann sieht man zwar weiße, zerbrochene Korallenstücke überall zwischen dem feinen Sand. Man sieht vom Wasser entwurzelte Bäume. Man sieht aber auch Fische im Wasser, Riffstrukturen, man kann durch das flache Wasser waten. Das Meer wirkt hier an einem sonnigen Tag nicht bedrohlich, sondern harmlos.

Palau ist im Wortsinn weitgehend dem Untergang geweiht. Es ist nur noch eine Frage der Zeit. Aber vor Ort muss man schon wissen, dass dieser Strand einst so groß war, dass dort genug Platz gewesen wäre, um Fußball zu spielen, sonst käme man nicht darauf, dass hier etwas zugrunde geht. Die Natur selbst vermittelt kein Bedrohungsgefühl.

Schmelzende Polkappen, traurige Eisbären und der steigende Meeresspiegel waren über Jahre die zentralen Metaphern, um den Klimawandel, wie man ihn seinerzeit nannte, zu erzählen. Nun sind die Ozeane riesig und selbst große Mengen Schmelzwasser lassen sie vergleichsweise langsam steigen, aktuell um rund 3 bis 4 Millimeter pro Jahr. Nach und nach und nach und nach und nach würden also die Küsten gefressen werden, aber eben allmählich und über Jahrzehnte, eher Jahrhunderte. Viel linearer kann man sich ein Problem nicht mehr vorstellen.

Leider hat die Corona-Pandemie gezeigt, wie tief das Denken in Linearitäten verankert ist: Gleich mehrfach ließen sich Gesellschaften davon überraschen, dass exponentielle Ausbreitung irgendwann sehr große Schritte macht. Aber auch politisch folgten Handlungen häufig linearen Pfaden: Maßnahmen verschärfen bis zu einem Wendepunkt, ab dann nach und nach lockern, den eingeschlagenen Weg Schritt für Schritt abschreiten, auch wenn das Virus schon wieder Sprünge machte.

Leider führt ein Denken, das Entwicklungen linear in die Zukunft fortschreibt, auch in der Klimakrise in die Irre. Das Problem an der Erderwärmung ist, dass ihre Folgen eben nicht linear sind und dass die meisten auch nicht so langsam und vorhersehbar eintreten wie der Meeresspiegelanstieg. Die Erde erwärmt sich nicht, sie erhitzt sich. Das Klima wandelt sich nicht, es bricht um. Es ist auch nicht so, dass die Entwicklung von 0,5 zu 1 Grad vergleichbar ist mit dem Schritt von 1 auf 1,5 Grad oder von 1,5 auf 2.

Um sich das vorzustellen, hilft diese Frage: Wie viele Jahrhundertdürren passen in ein Jahrzehnt? Der Weltklimarat errechnet für eine gewisse Erwärmung die Wahrscheinlichkeit, dass Hitzewellen, Überflutungen oder Dürren auftreten, die einst nur alle zehn Jahre aufgetreten sind. Verglichen mit einer 2-Grad-Welt treten sie in einer 4-Grad-Welt rund doppelt so häufig auf, sie sind aber auch rund doppelt so intensiv (heißer, wasserreicher, trockener) und vermutlich dauern sie länger. Doppelt so oft und doppelt so heftig macht unvergleichbar viel zerstörerischer.

Erst recht, weil die Regenerationszeit abnimmt. Für Hitzewellen, die einst nur alle 50 Jahre auftraten, lautet die Schätzung für eine 4-Grad-Welt verglichen mit einer 2-Grad-Welt: doppelt so heiß, fast dreimal so häufig und damit beinahe Dauerzustand.

Ganze 18 der 20 größten Waldbrände in Kalifornien brannten seit 2000, neun davon seit 2020. Die 20 größten Feuer in der Geschichte von Colorado fallen alle in die letzten 20 Jahre. Das ist Nicht-Linearität in der Praxis.

Korallenriffe sind entscheidend für den Erhalt von Nahrungsketten und Fischbeständen, Schätzungen zufolge ist rund eine halbe Milliarde Menschen weltweit indirekt von Riffen abhängig. Bei einer Erwärmung von nur 1,5 Grad werden mindestens 90 Prozent der Korallenriffe solchem Hitzestress ausgesetzt sein, dass sie nicht zu retten sind. Wenn Wasser sich erwärmt, sterben die Mikroorganismen ab, die auf den Korallen wachsen und sie mit Nährstoffen versorgen. Dann bleichen die Korallen und diese extrem artenreichen Lebensräume kollabieren. Aus einer bunten Welt voller Fische wird so eine weiße Unterwasserwüste. Nur 0,2 Prozent der Riffe dürften schon bei 1,5 Grad Erwärmung genug Zeit zwischen Hitzephasen haben, um sich zu erholen. Bei 2 Grad könnten alle verschwinden. Auch das ist Nicht-Linearität in der Praxis.

Selbst der Meeresspiegelanstieg ist nicht unbedingt linear – nicht im Verlauf und nicht in seinen Folgen. Selbst, wenn die Welt sich zusammenrauft und das Paris-Ziel einhält, rechnet der Weltklimarat mit einem Meeresspiegelanstieg von bis zu drei Metern bis zum Jahr 2300. Bei Fortsetzung der aktuellen Politik (und damit einer Erwärmung von ca. 2,7 Grad) bis ins Jahr 2100 könnten küstennahe Häuser, Land und Infrastruktur im Wert von aktuell etwa acht bis zwölf Billionen Dollar bedroht sein.

Sämtliche Küstenstädte könnten schon im nächsten Jahrhundert zwar nicht permanent unter Wasser liegen, aber mit hoher Wahrscheinlichkeit regelmäßig von heftigen Überflutungen getroffen werden. Umso mehr, weil auch starke Winde häufiger werden, die Wasser hineindrücken, und weil zugleich heftige Regenfälle im Hinterland in kürzerer Folge drohen. Gefährdet sind viele der ikonischen Metropolen des 19., 20. und 21. Jahrhunderts auf allen Kontinenten: New York, Los Angeles, Miami, Tokio, Hongkong, Schanghai, Guangzhou, Rio de Janeiro, Buenos Aires, Lagos, Abidjan, Alexandria, Mumbai, Kolkata, Dhaka, Bangkok, Jakarta, Barcelona, Amsterdam, Venedig.

Wie sähe eine Welt aus, in der das Leben dort zunehmend schwer aufrechtzuerhalten sein wird? In der einige der wichtigsten urbanen Zentren permanent von Zerstörung bedroht sind? Ein Zehntel der Weltbevölkerung wohnt in Küstennähe und weniger als zehn Meter über dem Meeresspiegel.

Zudem sind die Schätzungen des Weltklimarats regelmäßig mit dem Hinweis versehen: sofern nicht doch größere Eismassen instabil werden. Sollte das passieren, dann steigt der Meeresspiegel noch viel schneller.

Wenn man ermessen will, welche Folgen die Klimakrise haben wird, muss man mit Sprüngen rechnen, mit Beschleunigung und Verwerfungen. Das gilt umso mehr, weil die veränderte Natur auf menschengemachte Systeme trifft, die irgendwann unter Druck zusammenbrechen.

Wenn Gummi auf Wirklichkeit trifft

Warum Menschengemachtes nur aushält,
wofür es gemacht ist

Wer sich für Radsport interessiert, erinnert sich womöglich
an die 9. Etappe der Tour de France im Jahr 2003 nach Gap. Es
war der 14. Juli, der französische Nationalfeiertag, eine Hitzewelle lag über Frankreich, die in diesem Sommer Tausende
Menschen das Leben kostete. In Deutschland war die Rede
von einem Jahrhundertsommer, zahlreiche Rekorde fielen. Es
war ein Sommer, wie er heute schon fast normal ist. An diesem Tag waren es im Südosten Frankreichs 33 Grad, die besten Fahrer hatten nur noch wenige Kilometer bis zum Ziel.
Sie rasten eine Abfahrt herunter. In einer Linkskurve hatte
die Hitze den Asphalt aufgeweicht, er soll mehr als 50 Grad
gehabt haben. Der Vorderreifen des damals Zweitplatzierten
Joseba Beloki blieb hängen. Beloki hatte keine Chance. Er
stürzte schwer, brach sich mehrere Knochen. Seine Karriere
war nach dem Sturz im Grunde vorbei. Lance Armstrong, der
in Führung lag, rettete sich nur, indem er von der Straße ab-
fuhr, eine Kurve schnitt und über ein Feld holperte.

Als im Sommer 2021 eine extreme Hitzewelle über dem
Nordwesten der USA lag und es mehr als 46 Grad heiß wurde,
schmolz erneut Menschengemachtes: diesmal nicht nur der
Asphalt, sondern auch das Gummi der Kabel der Straßenbah-

nen in Portland, weshalb der städtische Nahverkehr ausfiel. Im Sommer 2022 verunglückte ein Zug in der Bay Area, nach ersten Einschätzungen, weil sich ein auf 60 Grad erhitztes Gleis verformt hatte. Wenige Wochen später strichen Arbeiter*innen in Großbritannien Gleise mit Farbeimer und Pinsel weiß, um sie in einer historischen Hitzewelle zu schützen.

Die gleiche Hitzewelle, die in Portland Kabel schmelzen ließ, trieb die Temperaturen etwas weiter nördlich, im Örtchen Lytton in British Columbia in Kanada, auf 49,6 Grad. Unter diesen Bedingungen brach ein Waldbrand aus, der sich rasend verbreitete und das Dorf fast vollständig vernichtete. Eben war es wegen der Rekordtemperatur noch weltberühmt geworden, dann war es praktisch ausgelöscht. Im Folgejahr wurden die noch erhaltenen Häuser und die indigene Community, die in der Umgebung lebt, erneut von Bränden bedroht.

Wir neigen also nicht nur dazu, die Stabilität der Erdsysteme zu überschätzen, wir überschätzen auch die Stabilität gesellschaftlicher und technischer Systeme.

Alles, was Menschen geschaffen haben, wurde im Holozän für das Holozän geschaffen. Deiche, Überflutungsbecken, Bewässerungssysteme und Entwässerungssysteme, aber auch Stromnetze, Bahngleise, Straßen, Wohnungen und Städte sind für die Welt geschaffen, wie wir sie kennen. Zwar mit etwas Spielraum für sich ändernde Bedingungen, aber nicht mit genug, um das auszuhalten, was auf uns zukommen wird, wenn die Welt sich um 1,5 oder gar um 3 oder 4 Grad erwärmt. Oft sind bereits in der Welt, in der wir bereits leben, die Belastungsgrenzen erreicht.

In Deutschland fällt regelmäßig die Bahn aus, wenn es nur etwas schneit. In den USA sind Stromausfälle in kalten oder heißen Phasen die Regel. Asphalt und Beton in Städten werden zu mörderischen Hitzespeichern, wenn die Temperatur lange auch nachts kaum fällt. In Frankreich musste ein Betreiber im Sommer 2021 zwei Atomkraftwerke abregeln, weil das Kühlwasser in den Flüssen Garonne und Rhone zu knapp oder zu warm geworden war, sodass jede zusätzliche Erhitzung Tiere und Pflanzen bedroht hätte. Im folgenden Sommer verlängerte die Regierung eine Ausnahmeregel, um fünf Meiler am Netz lassen zu können, obwohl es zu heiß war, um Kühlwasser zurück in Flüsse zu leiten. Weltweit hat sich die Zahl der Ausfälle von Atomkraftwerken aufgrund von Extremwetter seit den Neunzigern vervierfacht.

Seit 2006 erst verbindet eine etwa 2000 Kilometer lange Bahnstrecke die tibetische Hauptstadt Lhasa mit der chinesischen Provinzhauptstadt Xining. Die Gleise führen über Permafrost, der allerdings schon jetzt langsam taut, weshalb unter anderem mehr als 3000 Röhren mit Ammoniak im Boden versenkt wurden, die über chemische Prozesse noch für Kühlung und damit für Stabilität sorgen. Taut der Boden aber dauerhaft weiter, wird die Linie nicht zu halten sein. In Russland sind ganze Städte wie Norilsk gefährdet, weil der Boden taut, verrutscht, Fundamente sich verschieben, Mauern reißen und sich Löcher im Boden auftun.

In den USA zogen zu Beginn des 20. Jahrhunderts mehr und mehr Menschen in den Süden des Landes, nach Oklahoma, wo sie anfingen, Landwirtschaft zu betreiben. Zuvor war dort nicht viel gewesen, nur offenes Land, Bisons, Büffelgras. Die Menschen rissen das Büffelgras aus und seine Wurzeln gleich mit. Sie pflanzten Getreide, besonders Weizen. Die Zeiten waren gut. Man kannte Dürren in dieser Gegend, aber nun fiel reichlich Regen, die Erträge waren hoch, die Einkommen auch. Als das Land in die Wirtschaftskrise rutschte, spürten es die neuen Farmer nicht.

Die Zuversicht war so groß, dass sich sogar die Behauptung verbreitete, wo geackert werde, folge der Regen. Man ahnte, dass Natur und Menschenwerk einander beeinflussen, man ließ sich aber von Zuversicht blenden. Man irrte sich in der Art des Zusammenhangs.

Ende der Dreißigerjahre wurde der Regen seltener. Stürme wurden zahlreich und eine Dürre kehrte ein, gar nicht unbedingt historisch. Aber sie traf auf eine Landschaft, die dafür nicht mehr gemacht war. Ohne den Regen wuchs kein Getreide mehr. Ohne die Wurzeln des Büffelgrases hatte der Boden keinen Halt. Die Stürme peitschten Staub und Sand über die Felder, raubten Sicht und Atem. Sie zerstörten Felder und machten Leben zur Qual. Millionen Menschen verließen in der Zeit des »Dust Bowls« Oklahoma und die angrenzenden Staaten und zogen in den Westen und Norden der USA.

Die Ahr ist in normalen Zeiten nicht einmal ein echter Fluss, eher ein Flüsschen, ein besserer Bach mit niedrigem Wasserstand. Im Sommer 2021, als plötzlich über Westdeutschland in wenigen Stunden doppelt so viel Regel fiel wie sonst in einem Monat, wurde daraus eine Urgewalt. Das Hochwasser, das historisch bei 3,70 Metern gelegen hatte, erreichte wohl stellenweise mehr als sieben Meter. Der Bürgermeister eines Ortes sagte hinterher, er habe die Warnungen über mögliche Rekordfluten zwar erhalten, aber nicht geglaubt. Schon mehr als fünf Meter schienen nicht real. So unvorstellbar sie waren, so real sind sie jetzt.

All diese Beispiele zeigen, was es bedeutet, wenn die alten Systeme und Erfahrungen auf eine neue Wirklichkeit treffen. Deshalb sind das Tempo der Veränderung und die Tatsache, dass wir dabei sind, den Zustand des Planeten zu verlassen, in dem sich die gesamte urbane menschliche Zivilisation abgespielt hat, so entscheidend: Alles, was wir geschaffen haben, ist nicht auf die Bedingungen ausgelegt, die uns drohen. Vielleicht halten unsere Systeme eine Weile stand, aber auf Dauer werden die Kräfte von außen zu groß sein. Die Demokratie ist da keine Ausnahme. Und so wichtig Anpassung auch ist – es ist völlig undenkbar, die gesamte Welt nachträglich an völlig neue Umweltbedingungen anzupassen.

Die einzige Alternative ist deshalb, die Erhitzung zunächst zu bremsen. Dafür bleibt uns aber nicht mehr viel Zeit.

Die Uhr tickt 1: Kipppunkte und Teufelskreis
Warum Zeit so knapp ist und das alles verändert

Ohne den Zeitfaktor wäre die Klimakrise ein sehr großes Problem unter vielen, mit denen sich Politik befassen muss. Zeit aber macht aus all den beschriebenen Phänomenen ein wirklich epochales Problem.

Bei gewöhnlichen politischen Problemen ist es so: Sofern sie sich überhaupt lösen lassen, ist es nicht entscheidend, ob sie in zwei, fünf oder zehn Jahren angegangen werden. Es wird dann vielleicht teurer, vielleicht aufwendiger, aber es bleibt machbar. Der Mindestlohn muss nicht zwingend jetzt erhöht, das Staatsbürgerschaftsrecht nicht notwendigerweise jetzt geändert werden. Gewöhnliche politische Probleme sind dauerhaft zugänglich, gewöhnliche problematische Entwicklungen bleiben umkehrbar. Der Mindestlohn kann nachträglich erhöht, die Staatsbürgerschaft auch später noch verliehen werden.

Für die Klimakrise gilt das nicht. Sie ist nur noch für kurze Zeit veränderbar, und ihre Folgen sind unumkehrbar. Was jetzt nicht getan wird, um sie zu bremsen, muss nächstes Jahr zusätzlich getan werden und kann in einigen Jahren gar nicht mehr erreicht werden.

Die Bundesregierung verfolgt das Ziel, dass Deutschland bis 2045 netto keine Treibhausgase mehr emittiert. Wie viel es bringt, dieses Ziel zu erreichen, hängt aber ebenso sehr vom Weg ab wie vom Ziel selbst (und Deutschland hat seine Ziele bisher entweder verfehlt, wie 2005, oder nur aufgrund der Corona-Pandemie kurzzeitig erreicht, wie 2020). Was zählt, ist nicht nur der Wert im Jahr 2045, sondern auch die Gesamtmenge an Emissionen von jetzt bis dann. Je schneller die Emissionen sinken, desto besser. Je später sie sinken, desto schlechter. Die Klimakrise staut sich auf.

Es ist ein bisschen, als nehme man sich vor, fitter zu werden, um am Ende des Monats einen Halbmarathon zu laufen. Vielleicht setzte man sich ein Zwischenziel: 10 Kilometer nach Woche zwei. Man kann den Lauf am Monatsende womöglich schaffen, wenn man nur das Zwischenziel erfüllt und sonst nie läuft. Wahrscheinlich muss man aber irgendwann erschöpft aufgeben. Man wird mehr gelaufen und fitter sein, wenn man vom ersten Tag an das Training aufnimmt. Es geht nicht nur um Zwischenziele, sondern um den gesamten Weg.

Mit der Klimakrise verhält es sich ähnlich. Hier zählt die Treibhausgaskonzentration in der Atmosphäre, die von der Gesamtmenge an Emissionen abhängt. Jeder Tag, der versäumt wird, macht die Aufgabe am nächsten Tag größer, und damit schwerer.

So lange die Konzentration an Treibhausgasen zunimmt, steigt auch die Temperatur. So lange wir netto Treibhausgase ausstoßen, steigt auch die Konzentration. Früher nahm man an, all das CO_2 in der Atmosphäre und aufgeheizte Meere würden noch für viele Jahre steigende Temperaturen bringen, selbst wenn keine Treibhausgase mehr dazukommen. Immerhin das stimmt wahrscheinlich nicht, auch wenn es daran immer noch Zweifel gibt.

Doch so einfach ist es natürlich alles nicht. CO_2 hält sich sehr lange in der Atmosphäre, selbst nach 1000 Jahren sind noch 15 bis 40 Prozent übrig. Bei steigender Konzentration kann die Erde nur noch einen kleineren Anteil des neu hinzukommenden CO_2 binden, etwa im Meer oder in Böden und Wäldern. Je mehr CO_2 ausgestoßen wird, desto schwächer die Abwehrkraft des Planeten. Die Wirkung ist außerdem asymmetrisch: Es wirkt stärker, der Atmosphäre CO_2 hinzuzufügen, als es zu entfernen.

Die Veränderungen, die wir jetzt in Gang setzen, werden von Dauer sein. Wenn sich der Planet erst einmal erhitzt hat, wird es so schnell nicht wieder nennenswert kühler. Bestenfalls verbleibt die Temperatur bei menschlichen Null-Emissionen auf dem dann herrschenden Niveau. Das ist der erste Grund, warum Zeit so entscheidend ist.

Der zweite Grund sind sogenannte Kipppunkte und die Gefahr von Feedback-Schleifen, die Erwärmung noch beschleunigen und außer Kontrolle geraten lassen. Ein Teller, den man langsam über die Tischkante schiebt, steht eine ganze Weile, bis er irgendwann kippt und zerbricht. Ein Gummiband, an dem man zieht, dehnt sich eine ganze Weile, bis es reißt.

Ähnlich kann auch ein System in einen neuen Zustand geraten, wenn es zu sehr verändert wird und sich nicht mehr selbst erhalten kann. Weltweit gibt es mehr als ein Dutzend Teilsysteme, die als Kippelemente beschrieben werden. Jedes kann einen Kipppunkt überschreiten: der Monsun in Ostafrika, Permafrostböden, das Grönlandeis, das Eis der Antarktis, die Regenwälder, der Golfstrom. Jedes gleicht einem Teller, den man über die Kante schiebt, oder einem Gummiband, an dem unentwegt gezogen wird. Wenn ein Kipppunkt überschritten wird, entgleitet ein Stück unserer Welt dem menschlichen Zugriff. Aber nur den menschengemachten Klimawandel kann der Mensch auch wieder eindämmen.

Das Konzept der Kipppunkte ist noch vergleichsweise jung. Es wurde um die Jahrtausendwende ersonnen und war anfangs nicht mehr als eine anregende Metapher. Die Vergleiche mit stürzenden Tellern oder reißenden Gummibändern sind nicht ganz treffend, weil sie einen plötzlichen Zustandswandel vermuten lassen, den es nicht geben muss. Der Prozess kann sich auch über einen längeren Zeitraum ziehen. Die Grundidee aber ist mittlerweile sehr akzeptiert.

So sind beispielsweise die großen Eisflächen ein selbsterhaltendes System. Eis und Schnee sind weiß, sie reflektieren große Teile des Sonnenlichts – das ist der Albedo-Effekt. In kühlen Zeiten breiten sich Eisflächen deshalb sogar tendenziell aus. Kälte sorgt für weitere Kälte. Seit einiger Zeit aber schmilzt das Eis, vor allem auf dem Meer, und die dunkle Wasserfläche darunter nimmt mehr Sonnenenergie auf. Dadurch schmilzt wiederum noch mehr Eis. Wenn es zu warm ist, bilden sich außerdem Algen auf dem Eis an Land. Sie sind dunkler und binden mehr Energie. Auch dadurch schmilzt mehr Eis, weshalb sich die Erde schneller aufheizt.

Auf den ersten Blick mag schwer vorstellbar sein, dass es so einen Unterschied macht, ob Sonnenlicht auf Schnee oder Wasser trifft. Tatsächlich ist der Unterschied enorm. Frischer Schnee reflektiert etwa 90 Prozent der Sonnenenergie, Wasser nur circa fünf bis 20 Prozent, es ist vergleichbar mit Asphalt. Wer schon einmal an einem heißen Sommertag barfuß über eine Straße gelaufen ist, hat also einen ungefähren Eindruck von der Relevanz des Albedo-Effekts.

Es geht aber noch weiter: An den Polen hat sich das Eis über Jahrtausende aufgeschichtet, in teils enorme Höhen. Oben ist es kälter als unten, pro 100 Meter sinkt die Temperatur um rund 0,6 Grad. Schmilzt ein Gletscher nun ab, liegt mehr Fläche offen auf niedrigerer Höhe, wo es wärmer ist – was dazu führt, dass er noch etwas schneller schmilzt.

Dann ist da der arktische Permafrost. Dieser dauerhaft gefrorene Boden zieht sich über große Teile Kanadas und weite Teile Russlands. Durch die Erwärmung taut er auf und gibt Kohlenstoff in Form von CO_2 oder Methan frei, der bislang fest gebunden war. Die Gefahr von Torfbränden steigt, wodurch wieder mehr Boden taut und Ruß entsteht, der sich auf anderen Böden ablagert und sie aufgrund seiner dunklen Farbe erwärmt.

Taut Permafrostboden zu stark und wird es zu warm, ist er nicht mehr zu retten. Eine Studie kommt zu dem Ergebnis, dass fast der gesamte arktische Permafrostboden in Europa noch in diesem Jahrhundert instabil wird, wenn wir so weitermachen wie bisher.[8]

Das große Problem ist, dass im Permafrost enorme Mengen Kohlenstoff gespeichert sind, so viel, wie die Menschheit noch ausstoßen kann, um eine 50-prozentige Chance auf eine Erwärmung von 2 Grad zu haben. Schätzungen zufolge könnte allein bis zum Jahr 2100 so viel davon freigesetzt werden, dass sich die globale Temperatur um 0,27 Grad zusätzlich erhöht.

Womöglich könnte aber auch schon früher noch mehr Kohlenstoff freigesetzt werden und wiederum mehr in den Jahrzehnten danach. Bis heute herrscht recht große Uneinigkeit, zum Beispiel über die Wirkung zunehmender Waldbrände. Sie setzen nicht nur CO_2 frei, sondern sorgen wohl auch dafür, dass Methan in der Atmosphäre schlechter abgebaut wird. Zum Kohlenstoff im Permafrost an Land kommen Methan-

Speicher im Meeresboden hinzu, die irgendwann ebenfalls instabil zu werden drohen.

Der Amazonas-Regenwald, der in gesundem Zustand CO_2 aus unserer Atmosphäre aufnimmt, ist ein weiteres gefährdetes System. Er erzeugt durch Verdunstung von Wasser über die Pflanzen sein eigenes Klima: samt Wolkenflüssen und neuen Schauern. Der Regenwald erhält sich selbst. Wenn zu viel Regenwald verschwindet, verdunstet irgendwann zu wenig Wasser und das System kippt. Der Regenwald kann sich dann nicht mehr selbst erhalten und stirbt nach und nach ab, selbst wenn die menschlichen Eingriffe aufhören.

Schätzungen zufolge liegt diese Schwelle im Amazonas bei etwa 20 bis 25 Prozent der Waldfläche, abhängig vom lokalen Klima, das immer ungünstiger wird, weil Trockenzeiten zunehmen. Aktuell sind schon etwa 15 bis 20 Prozent abgeholzt. Jedes Jahr verschwinden derzeit rund 0,2 Prozent. Das liegt vor allem an Abholzung und Brandrodung, noch nicht so sehr an Klimaveränderungen. Großbrände wie im Jahr 2020 und 2021 können den Prozess aber beschleunigen.

Entscheidend ist, was das Schrumpfen des Amazonas für Folgen hat: Schon heute ist der größte Regenwald der Welt dabei, von einer Kohlenstoffsenke zu einer Quelle von Treibhausgasen zu werden. Andere Wälder sind es schon. Je schneller die Waldfläche abnimmt, desto mehr heizt der Amazonas die Erderwärmung an, anstatt sie zu bremsen.

Prozesse wie diese lassen sich irgendwann nicht mehr aufhalten, und je weiter sie voranschreiten, desto schneller müsste die globale Temperatur dafür sinken. In der Praxis ist der Kampf irgendwann verloren.

Denn jeder Kipppunkt bedeutet, dass gewisse Folgen der Erhitzung irreversibel werden und dass sich die Erhitzung ein

Stückchen weiter von ihren menschlichen Ursachen entfernt. Menschen haben sie in Gang gesetzt, Menschen haben sie beschleunigt, aber irgendwann verselbstständigt sie sich und läuft von allein. Damit verändert die Krise ihre Natur. Wissenschaftler*innen glauben immerhin derzeit eher nicht an das, was im Englischen »runaway climate change« heißt, also das Überschreiten eines bestimmten Punkts, von dem aus sich die Erde unaufhaltsam weiter erhitzt. Eine wissenschaftliche Arbeit, die als »Hothouse-Earth-Paper« berühmt wurde[9], schätzt allerdings, dass Kipppunkt-Teufelskreise bei 2 Grad Erderhitzung zusätzliche 0,47 Grad Erwärmung bringen könnten. Und bestimmte Kaskaden sind sehr gut möglich: Ein Kippelement bringt ein anderes ins Kippen, oder auch zwei. Nach einer Weile trägt das zu einer Kettenreaktion bei, der immer weitere Elemente zum Opfer fallen.

Das alles folgt keinem unausweichlichem Prozess, der linear und berechenbar ist wie bei fallenden Dominosteinen, die hintereinander aufgereiht sind – er ist eher vergleichbar mit einem brennenden Haus, in dem nach und nach einzelne Dachbalken einstürzen.

Der Einfluss solcher kippender Systeme auf die globale Durchschnittstemperatur durch naturgemachte Kipppunkt-Emissionen ist aber nicht der einzige Grund zur Sorge. Es gibt noch einen dritten Grund, warum Zeit so eine große Rolle spielt.

Gekippte Systeme verändern das lokale, regionale und globale Klima. Meeresströmungen, Regenmuster, Jahreszeiten und ganze Ökosysteme wandeln sich. Selbst wenn sie in den nächsten Jahrzehnten die weltweite Durchschnittstemperatur nur leicht erhöhen, erzeugen sie immense Schocks. Sie bedeuten revolutionäre Umbrüche für alle Menschen, die beispielsweise von der Fischerei leben (sterbende Korallenriffe) oder in Südamerika (kollabierender Amazonas-Regenwald) oder in Europa (sich abschwächende Nordatlantikströmung) oder in Asien (Wasserversorgung durch Himalaja-Gletscher). Gekippte Systeme verstärken und verstetigen die Folgen der Erderhitzung. Und auf sehr lange Sicht, wenn die Meeresspiegel steigen, die Eisflächen weiter verschwinden und die Versteppung fortschreitet, verändern sie auch global das Gesicht unseres Planeten.

An dieser Stelle muss man auf andere ökologische Krisen verweisen, denn die Klimakrise ist nur eine von ihnen. Eine andere ist die Biodiversitätskrise, die sich verständlich übersetzen lässt – als Massenaussterben. Bislang gab es fünf große Massenaussterben, große Teile der Tier- und Pflanzenarten verschwanden von der Erde. Seit einiger Zeit läuft das sechste Massensterben. Der Mensch hat es begonnen, durch Überjagung, durch Umweltzerstörung, durch Ausbreitung über alle Lebensräume, vor allem durch die intensive Landwirtschaft. Aber auch durch die Klimakrise, die die gewohnten Bedingungen auch für nicht-menschliches Leben in nie dagewesenem Tempo verändert. Zumal kaum Raum ist für Tiere und Pflanzen, in andere Gegenden zu wandern. Überall sind auch wir Menschen schon, mit unseren Straßen, Städten, Feldern. Es droht ein Arche-Noah-Moment, nur ohne Arche.

Ausgerottete Arten kommen nicht wieder. Und weil auch die Arten Teile von Erdsystemen sind, weil sie Pflanzen bestäuben und Tieren als Nahrung dienen, können (und werden) durch ihr Verschwinden Ökosysteme kippen. Ein Drittel der Insekten ist schon bedroht, etwa ein Sechstel davon akut. Jedes Jahr schwinden rund 2,5 Prozent der Insekten-Biomasse. In Deutschland merkt man das, wenn man Auto fährt und anders als noch vor zwanzig Jahren kaum tote Insekten von der Windschutzscheibe kratzen muss. Schon eine Erwärmung um 1,5 oder 2 Grad macht einen immensen Unterschied: Im ersten Fall verlieren nur 6 Prozent der Insektenarten mehr als die Hälfte ihres Lebensraums, im zweiten sind es dreimal so viele. Von Insekten hängen die Bestäubung ab, die menschliche Nahrungsproduktion, andere Tiere und ganze Nahrungsketten. Systeme eben, die kollabieren können. Bei 4 Grad Erwärmung bis zum Ende des Jahrhunderts wäre die Hälfte aller Tier- und Pflanzenarten akut vom Aussterben bedroht. Ökosysteme würden überall wegbrechen. Der Mensch würde auf Dauer auf einem derart entvölkerten Planeten kaum überleben können.

Kipppunkte und die daraus resultierenden Teufelskreise sind nicht der entscheidende Faktor für die Klimakrise, das sind menschliche Emissionen. Aber sie sind ein Grund dafür, dass man Klimapolitik auf zwei Skalen denken muss: auf einer graduellen, auf der es um kleine quantitative Unterschiede geht. Und auf einer kategorialen, auf der es um qualitative Unterschiede geht, um verschiedene Zustände.

Einerseits zählt jedes Zehntelgrad, sogar jedes Hundertstelgrad. Die Folgen einer Erwärmung um 1,54 Grad sind weniger gravierend als die von 1,55 Grad oder als die von 1,6 Grad. Andererseits gibt es eine 1,5-Grad-Politik oder eine 2-Grad-Politik nur bis zu einem gewissen Punkt, von dem niemand genau weiß, wo er liegt. Eine Politik, die wie eine 2,5-Grad-Politik aussieht, ist womöglich eine 2,5-Grad-Politik mit noch disruptiveren Folgen als gedacht. Oder eine 2,9-Grad-Politik, oder eine 3,2-Grad-Politik.

Wo genau diese Schwellen für einzelne Systeme liegen, weiß niemand, wahrscheinlich an unterschiedlichen Punkten. Aber wahrscheinlich liegen sie nicht viel höher als bei 2 Grad. Vielleicht liegen einige höher. Vielleicht, auch das ist möglich, liegen sie aber auch deutlich darunter.

Sicher ist: Einige sind wohl schon überschritten. Das Grönlandeis ist wahrscheinlich verloren, die Himalaja-Gletscher werden über kurz oder lang abschmelzen und den Wasserhaushalt in Süd- und Südostasien verändern. Der Meeresspiegel wird noch jahrhundertelang steigen, die Korallenriffe sind weitgehend dem Untergang geweiht, beim Amazonas-Regenwald und dem westantarktischen Eisschild wird es langsam brenzlig. In vielen dieser Fälle geht es nur noch darum, den Prozess zu bremsen, sodass gesellschaftliche Anpassung vielleicht möglich wird. In anderen ist es noch möglich, das Kippen zu vermeiden und die gravierenden Veränderungen, die damit einhergehen.

Es lässt sich derzeit schlicht nicht mit Sicherheit sagen, was mit unserem Planeten passieren wird, wenn er beispielsweise um rund 2 Grad erhitzt wurde, wenn die menschlichen Treibhausgasquellen einmal versiegen. Der Mensch wird dann viele Kippelemente aktiviert, viele Erdsysteme aus ihrem Gleichgewicht herausgedrückt und unwiderruflich in einen neuen Zustand gebracht haben.

Wenn es gut läuft, und darauf lassen neue Klimamodelle hoffen, verharrt die Temperatur bei Nullemissionen erst einmal, wo sie gerade steht. Aber ein Verharren der Temperatur wäre noch kein neuer systemischer Zustand. Bis sich neue Gleichgewichte zwischen den Systemen herausgebildet haben, bis sich eine neue Stabilität einstellt, kann sehr viel Zeit vergehen. Vielleicht bleiben die Systeme aber auch instabil. Ganz sicher kann das niemand sagen.

Das Anthropozän ist bislang vor allem eine Veränderung,

kein Zustand. Zurückspringen können die Erdsysteme in der Gesamtheit nicht, dazu hat sich zu viel verändert. Jener Systemzustand, den wir als Holozän bezeichnen, in dem sich die gesamte menschliche Zivilisationsgeschichte abgespielt hat, ist nicht wieder herstellbar. Dummerweise ist unsere gesamte Welt darauf ausgelegt.

All das zeigt: Erfolgreiche Klimapolitik ist nicht einfach nur Emissionsreduktion, sondern Emissionsreduktion durch Zeit. Ein Schritt in die richtige Richtung ist ein falscher Schritt, wenn er zu langsam gemacht wird. Wir müssen beschleunigen, als wäre der Teufel hinter uns her, denn das ist er.

Die Uhr tickt 2: Enteilende Wirklichkeit
Warum uns die Größe der Aufgabe irgendwann
überwältigen wird

Dass die Ukraine den Februar und März 2022 als existierender unabhängiger Staat überlebte, liegt wahrscheinlich zu einem kleinen Teil auch an Holzpaletten. Als russische Truppen am 24. Februar 2022 in die Ukraine einfielen, rechneten viele Militärexpert*innen noch damit, dass sie in wenigen Tagen die Hauptstadt Kyiv einnehmen und große Teile des Landes besetzen würden. Tatsächlich kamen die Invasor*innen nur langsam voran und mussten sich nach einigen Wochen aus dem Großraum Kyiv zurückziehen. Denn die Logistik funktionierte nicht richtig. Die russischen Kämpfer*innen bekamen nicht genügend Treibstoff, Essen und Waffen.

Dafür gibt es zahlreiche Gründe, und einer davon war wohl ein Mangel an Paletten. Auch Munition und andere Güter werden auf Holzpaletten geladen, ganz ähnlich wie Milchkartons oder Bananenkisten. Das garantiert hohe Effizienz. Berichten zufolge scheint es Russland aber an Paletten gemangelt zu haben, wodurch der Nachschub gebremst wurde.

Schon Monate zuvor waren die Preise für kommerzielle Paletten in die Höhe geschossen, wegen der Pandemie, die Produktionsrückgänge zur Folge hatte, und wegen der Klimakrise, die zu Waldbränden und Holzknappheit geführt hatte. (Die

Ukraine ist eine wichtige Quelle für Holz in Europa, worauf sich der Krieg wieder auswirken könnte). Die Folge waren weitere Preissprünge und Lieferkettenbrüche. Auch Schiffscontainer waren in der Pandemie phasenweise knapp geworden oder lagen in den falschen Häfen, als plötzlich am anderen Ende der Welt wieder die Nachfrage ansprang.

Eine ganze Zeit lang haben die Industrienationen verdrängt, dass die Wirtschaft materiellen Begrenzungen unterliegt. Im Grunde verließ man sich darauf, dass Rohstoffe, Güter, Arbeitskräfte und Kapital sich frei bewegen und immer dahin strömen, wo sie gebraucht werden oder am effizientesten eingesetzt werden können. Wo sie es nicht können, liegt es vermutlich an Politik, an Handelshemmnissen, an Protektionismus oder an Grenzen. Das war eine der impliziten Annahmen der Just-in-Time-Economy, in der kaum noch gelagert wird, sondern alle Teile gerade rechtzeitig am Bestimmungsort eintreffen, damit die Produktion oder Lieferkette nicht reißt.

In der Pandemie stellte man plötzlich fest, dass diese Annahme gar nicht stimmt. Dass menschliche Körper krank werden und massenhaft ausfallen können. Dass dann Lkw-Fahrer*innen fehlen oder Erntehelfer*innen, dass kurze Störungen der Warenströme dafür sorgen, dass sich Lieferungen ballen. Dass man dann plötzlich wieder Monate oder Jahre auf ein Fahrrad oder Auto warten muss, wie man es nur von der DDR zu kennen glaubte. Auch die Ökonomie ist von dieser Welt.

Das ist nun ein Problem, weil auch die Maßnahmen gegen die Klimakrise von dieser Welt sind und also den gleichen Einschränkungen unterliegen. Selbst wenn sich die Erderwärmung nicht allzu sehr von ihren menschlichen Ursachen löst, arbeitet die Zeit gegen unsere Freiheit. Hätten wir früher begonnen, Treibhausgasemissionen zu reduzieren, hätten sehr kleine Einsparungen jedes Jahr genügt. Nun müssen sie radikal ausfallen, in Deutschland jedes Jahr ungefähr in dem Ausmaß radikal wie durch den erzwungenen Stillstand der Wirtschaft im ersten Coronajahr 2020. Mit jedem Jahr, in dem das nicht gelingt, werden die nötigen Einschnitte größer.

Klimaschutz und Klimaanpassung bedeuten daher beide, dass sehr, sehr viel gebaut werden muss, und zwar bis zu einem gewissen Zeitpunkt: Windräder, Solaranlagen, Bahntrassen, Fahrradwege, Stromleitungen, neue Häuser, Dämmungen für Häuser, neue Heizungen. Der US-Aktivist Saul Griffith hat das auf eine Formel gebracht: One billion machines. Eine Milliarde Maschinen müsse über die nächsten Jahrzehnte ausgetauscht werden, allein in den USA; von Schiffen und Autos über Züge, Heizungen, Kochplatten bis zu Rasenmähern.

Was getan werden muss, wird mit der Zeit mehr und mehr. Die Maßnahmen, die noch helfen können, werden immer invasiver. Je mehr Zeit verrinnt, je weiter all das aufgeschoben wird, desto eher ballen sich die Probleme, desto eher fehlen Materialien oder schlicht Menschen mit zwei Händen und den notwendigen Fähigkeiten, ein Haus zu bauen, ein Windrad zu errichten oder eine Wärmepumpe zu installieren. Je mehr das, was getan werden muss, hinausgezögert wird, desto schwerer lässt sich politischer Wille später praktisch umsetzen.

Das, was getan werden muss, kann irgendwann wahrscheinlich rein physisch nicht mehr umgesetzt werden. Denn die Wirklichkeit enteilt uns immer mehr. Unsere Aufgaben wachsen, und zwar nicht nur linear, unsere Handlungsspielräume schrumpfen, und die Bedingungen werden unaufhaltsam schwieriger.

Man könnte es sich strikt metaphorisch auch so vorstellen: Wir haben in den vergangenen Jahrzehnten übermäßig Zeit aufgebraucht, Zukunftszeit abgepumpt und verfeuert wie das Öl aus der Vergangenheit, um trotz all der Beschleunigung unser schönes ruhiges Leben führen zu können. Jetzt fehlt diese Zeit, das dicke Ende rast uns entgegen.

Freiheit wird zum knappen Gut

Wieso unsere politischen Kategorien in
der Klimakrise versagen

Unter diesen Bedingungen verändert sich das, was Freiheit
bedeutet, ganz grundsätzlich. Das gilt für alle möglichen Ver-
ständnisse von Freiheit.

Wenn man wie Immanuel Kant die vernunftgeleitete Entscheidung ins Zentrum rückt, dann muss die Vernunft heute
zu ganz anderen Schlüssen kommen als noch vor einer Weile.
Wenn man Freiheit mit Friedrich Engels als Einsicht in die
Notwendigkeit definieren wollte, dann veränderte sich alles,
weil sich die Notwendigkeiten so drastisch verändert haben.

Wenn man Freiheit wie Antje Schrupp, Ina Praetorius und
andere Denkerinnen von der menschlichen Bedürftigkeit her
denkt[10], als Freiheit in Bezogenheit, dann verändert sich die
Bedürftigkeit, die Verletzlichkeit, das Angewiesensein auf andere radikal durch die ökologischen Krisen.

Die Wasserversorgung, die Essensversorgung, Strom, Heizung, Reparaturen, Produktion, Pflege und Gesundheitsver-
sorgung, all das ist nur in komplexen Beziehungsgeflechten
gegeben. Und die Klimakrise wirkt auf alles ein, sie erhöht die
Gefahr, dass Heimaten und mit ihnen Beziehungsgeflechte
zerstört werden, dass Menschen fliehen oder umziehen müssen und damit Beziehungen verlieren.

Aber auch wenn man Freiheit vom autonomen Individuum her denkt, wenn man sie sehr reduziert und geradeheraus als Abwesenheit von äußeren Zwängen begreift, dann kommt man nicht umhin festzustellen: die äußeren Zwänge nehmen zu, unweigerlich, jetzt schon, in steigendem Tempo und im Fall einer eskalierenden Klimakrise in einem nie dagewesenen Ausmaß. Und die Existenz von Kipppunkten, die Unumkehrbarkeit, die sie bedeuten, tragen die Zeit in die Gleichung.

Freiheit wird unter diesen Bedingungen zu einem knappen Gut. Zu etwas, das aufgezehrt werden kann, wenn man verschwenderisch damit umgeht. Plötzlich können wir Freiheit nicht mehr nur ausleben, sondern auch aufbrauchen.

Denn die Freiheit in Zukunft hängt direkt von der Nutzung der Freiheit heute ab. Künftige Freiheit wird also zur Funktion der Freiheit heute. Das heißt auch, die Menge an Freiheit über die Zeit ist nicht immer gleich. Sie wird nicht nur verteilt, sondern unterschiedlich umfangreich erhalten und geschaffen.

Sich jetzt ein paar belanglose Freiheiten herauszunehmen, reduziert Freiheit in Zukunft radikal. Jetzt ein paar Einschränkungen hinzunehmen (Erbsenburger statt Hackfleisch-Patty, Fahrrad statt Auto, Zug statt Flugzeug, Wohnung statt Haus, Windrad statt Kohlebergbau), erhält insgesamt sehr viel mehr Freiheiten über sehr viel längere Zeit für sehr viel mehr Menschen. Das hat sogar das Bundesverfassungsgericht im Frühjahr 2021 festgestellt (dazu später noch etwas mehr) und damit aus einer philosophischen Einsicht eine politische Tatsache gemacht.

Freiheit ist nicht folgenlos, sie ist nicht ohne Nebenwirkungen. Das zeigt schon die griffige Formel Kants, wonach die Freiheit des einen da endet, wo die Freiheit des anderen beginnt – wo also die eigene die Freiheit des anderen einschränkt.

In dieser Form ziemlich neu ist, dass die Freiheit von uns allen da endet, wo wir uns selbst nicht in unserer Freiheit einschränken lassen wollen.

Das gilt übrigens nicht nur für künftige Generationen, sondern schon für Menschen, die heute leben, ganz sicher für ihre Kinder. Die Klimakrise ist kein fernes Ereignis, sie ist schon jetzt unsere Realität. Selbst dort, wo man bisher mit dem Selbstbewusstsein lebte, die Realität nicht hinnehmen zu müssen, sondern zu erschaffen.

Traumfabrik in Flammen

Warum Kalifornien die Krise besonders sichtbar macht

Erholen Sie sich für einen Moment von diesen Zahlen, Fakten und Vorhersagen. Am besten an einem Sandstrand im Südwesten der USA, zwischen Surferinnen und Joggern, in Kalifornien, vielleicht im Orange County, O.C. genannt, wie in der gleichnamigen Fernsehserie. Steigen Sie in Gedanken aus Ihrem alten VW-Bus (Typ California, Ausstattung Beach) mit dem Platz für das Surfboard. Schauen Sie auf den Pazifik und hören Sie Musik, vielleicht »Californication«, den Jahrtausendwendehit der Red Hot Chili Peppers mit der treffenden Zeile: »Space may be the final frontier but it's made in a Hollywood basement«. Oder schwelgen Sie mit »California Dreamin« von den Mamas and Papas in den Sechzigern: »All the leaves are brown and the sky is gray«.

Dann drehen Sie sich um und der Himmel ist nicht grau, sondern schwarz vom Rauch der Waldbrände oder leuchtendapokalyptisch orangefarben, unwirklich.

Es gibt Orte auf dieser Welt, die härter von der Klimakrise getroffen werden als Kalifornien. Die schon erwähnte Inselgruppe Palau wird irgendwann vom Meer geschluckt. Nicht umsonst versuchen die pazifischen Inselstaaten seit Jahren besonders kreativ, internationale Klimapolitik anzustoßen. In

Bangladesch ist das Leben von Dutzenden und Dutzenden Millionen Menschen bedroht, die sich nahe der Küste ballen, weil der Zufluss von Süßwasser aus Himalaja-Gletschern abnimmt, weil der Meeresspiegel steigt und das Meer ins große Flussdelta drückt. Und weil mit mehr und heftigeren Tropenstürmen und Fluten zu rechnen ist als sowieso schon.

Aber es gibt wahrscheinlich keinen Ort, der für jemanden aus Europa oder den USA so verständlich macht, was gerade passiert, weil kaum ein anderer Ort so mit Bedeutung, mit Sehnsucht, mit Pathos, mit Geschichten aufgeladen ist. Weil kaum ein anderer Ort so sehr für die westliche Welt und ihre Entwicklung in den vergangenen 250 Jahren steht. Und damit für das Gefühl, dass sich die Natur dem Menschen fügt, nicht umgekehrt.

Kalifornien war, schon bevor die europäischstämmigen Siedler dort ankamen, ein außergewöhnlich fruchtbarer Ort, der für indigene Gruppen verschiedenster Lebensweisen Raum bot, für Jagd, Fischerei, Pflanzenanbau. Die Natur ist vielfältig, von der Küste über die Wüsten bis ins Gebirge, das Klima ist dort im Holozän besonders angenehm gewesen – mild im Winter, heiß im Sommer, aber mit vielen Flüssen, Bergen, Stränden. Unter dem Land liegen riesige Wasserspeicher, sogenannte Aquifere, die sich über die Zeit gefüllt haben.

Kalifornien war für die Siedler das äußerste Ende des Kontinents, der Endpunkt ihrer Trecks nach Westen. Der Endpunkt der Unterwerfung dieses Landes (und, weniger mythisch aufgeladen, aber genauso wahr: seiner Menschen). Das ist schon die erste große Erzählung, die mit Kalifornien verknüpft ist.

Viele suchten Gold und einige fanden es. Die Verlockung zog sie dorthin, der Goldrausch und die Aussicht auf schnellen Reichtum für jene, die wagemutig genug sind: die zweite große mythische moderne amerikanisch-westliche Erzählung, die in Kalifornien spielt, dem Golden State.

Später wurde Kalifornien zu einer der ertragreichsten Landwirtschaftsregionen der Welt. Heute kommen etwa ein Drittel des Gemüses, zwei Drittel der Früchte und Nüsse, darunter fast alle Mandeln und Walnüsse, und ein Fünftel der Kuhmilch der USA aus Kalifornien. Dazu kommt ein Großteil der Futterpflanze Alfalfa, die für die Rinderhaltung benötigt wird.[11] Und nebenbei der Großteil des US-amerikanischen Weins.

Kalifornien wurde so sehr reich. Es entwickelte sich zu einem der wichtigsten, mächtigsten und einflussreichsten Bundesstaaten, vor allem auch kulturell. In Hollywood entstand die größte Filmindustrie der Welt und prägte das Bild, das sich der Westen von sich und der Welt machte. Diese Traumfabrik, also der Ort, wo Sehnsüchte und Macht in Geschichten zusammenfließen, ist die dritte mythische moderne Erzählung, die viele mit Kalifornien verbinden.

Mittlerweile hat Hollywood etwas an Bedeutung verloren, global wegen neuer Filmproduktionsmetropolen wie Mumbai, Lagos oder Seoul. Es wurde aber auch im Westen selbst durch das Silicon Valley ersetzt. Das meiste Geld und die größten Utopien kommen jetzt von den Technologiefirmen. Apple und Google sind, was McDonald's (gegründet in Kalifornien) und Coca Cola früher waren, die teuersten Unternehmen der Welt, und zugleich die Orte, die Visionen für die Zukunft produzieren. Aber zwischen den Hollywood Hills und Palo Alto liegen nur ein paar Autostunden. Das Herz des Internets und der Start-up-Kultur schlägt in Kalifornien und ist die vierte mythische Erzählung.

In Kalifornien leben die Reichen und die Schönen, dort finden sich einige der weltbesten Universitäten. Kalifornien war während der Großen Beschleunigung der Ort, an dem die wirtschaftliche und kulturelle Macht (und sogar die Gegenkultur) der Vereinigten Staaten und des Westens ihr Zentrum hatten, immer wieder aufs Neue. Kalifornien steht für Hard Power, die anderen ihren Willen aufzwingt, und zugleich für Soft Power, der andere freiwillig nacheifern.

Gold, Früchte, Nüsse und Wein, Wälder und Berge, Wellen, Strände und Wale, Film, Musik und Hochtechnologie, Stars, Nerds und Hippies – Kalifornien hatte alles, war alles, bot alles.

Auch Feuer. Schon immer brannte es natürlich, seltener im Frühjahr, ab und an im Sommer, häufig im Herbst. Waldbrände gehörten zu Kalifornien und seinen Wäldern. Aber sie werden rasant mehr. Im Jahr 2018 haben Feuer in Kalifornien Schäden von 148 Milliarden Dollar verursacht, wenn man nicht nur die direkte Zerstörung berechnet, sondern auch die indirekten wirtschaftlichen Folgen und die Gesundheitsschäden berücksichtigt.

Schon immer war es in Kalifornien heiß und trocken, aber nun trocknen die Wasserspeicher aus, weil sie übernutzt werden und zu wenig Wasser nachkommt. Schon jetzt leidet die Gesundheit der dort lebenden Menschen. Ist eine Schwangere einem Monat lang Rauch aus Waldbränden ausgesetzt, steigt das Risiko einer Frühgeburt um 20 Prozent. In Kalifornien ist dieses Level an Schadstoffen heute die Regel. Kalifornien hat von allen US-Bundesstaaten die meisten E-Autos und verfolgt schon lange eine überdurchschnittlich ambitionierte Umweltpolitik. Trotzdem hatte es zuletzt immer wieder die dreckigste Luft des Landes, der Feuer wegen.

Als sich im Sommer 2018 die Feuer auf die Vorstadt mit dem symbolischen Namen Paradise zufraßen, als sich endzeitlich anmutende Himmel über Hollywood zeigten, wurde eindrücklich sichtbar, was die Klimakrise bedeutet. Sie beendet die Epoche der Großen Beschleunigung, sie macht aus diesem mythischen Ort einen lebensfeindlichen Fleck. Man kann ihr durch große Geschichten, Technologie und Erfindungsreichtum und selbst Geld nicht dauerhaft entfliehen, schon jetzt nicht mehr. Was Kalifornien unmittelbar bedroht, ist nicht zuvorderst »the Big One«, das große Erdbeben, das dort schon lange gefürchtet wird, sondern die Klimakrise, die ein Produkt der Californication selbst ist.

Man kann es auch so sagen: Ob die Lebensweise des amerikanischen Jahrhunderts so transformierbar ist, dass sie eine Zukunft hat, wird sich sehr früh in Kalifornien zeigen, wo das symbolische Zentrum des amerikanischen Jahrhunderts liegt und wo sich die Realität der Klimakrise für alle sichtbar abspielt.

Das beste von vielen schlechten Zielen
Wie wir Schlimmes nicht mehr verhindern können,
das Schlimmste aber wahrscheinlich schon

Was also können wir tun? Sind wir sowieso verloren? Ist all
das nicht mehr aufzuhalten? Klimaaktivist*innen und Wis-
senschaftler*innen beschwören stets, dass noch etwas Zeit
bleibt, weil niemand sonst überhaupt etwas unternehmen
würde. Deshalb ist es in so vielen mahnenden Reden seit vielen Jahren verdächtig beständig fünf vor zwölf. Als wäre die
Uhr in jenem Moment stehen geblieben, in dem wir Veränderung am dringendsten benötigten. Es wäre also beinahe zu
spät, aber noch nicht zu spät. Womöglich stimmt das nicht.
Aber wahrscheinlich stimmt es, glücklicherweise.

Trotzdem muss man die Erwartungen an dieser Stelle einmal justieren. Was wir nicht mehr erreichen können, ist die
Wiederherstellung der alten Welt, die Reise zurück in der Zeit,
die Erdsysteme des Jahres 1937 oder 1820. Wenn wir heute
im Anthropozän leben, also dem Erdzeitalter, das durch die
menschliche Überformung der Welt definiert ist, dann können wir dieses Zeitalter nicht nach hinten verlassen. Das Holozän ist unwiederbringlich verloren. Die Welt, wie wir sie
kannten, sogar die Welt, wie alle menschlichen Zivilisationen
von den Assyrern über die Griechen und die Maya sie kannten, ist unwiederbringlich verloren.

Das Beste, worauf wir jetzt hoffen können, ist, im Anthropozän zu verbleiben und nicht bald die nächste Schwelle hinüber ins Misanthropozän zu überschreiten, das menschenfeindliche Zeitalter.

Was wir nicht erreichen können, ist, die Welt zu erhalten, wie wir sie in diesen Tagen erleben, die Erdsysteme des Jahres 2023. Selbst die optimistischsten Szenarien gehen davon aus, dass global die Emissionen noch einige Jahre steigen und dann vor allem erst nach und nach zurückgehen werden.

Das Paris-Ziel von möglichst nur 1,5 Grad Erderwärmung bis zum Ende des Jahrhunderts ist, nach allen realistischen Maßstäben, so gut wie nicht mehr zu erreichen. Sowieso nur, wenn es gelingt, reichlich CO_2 aus der Atmosphäre zu saugen, also mit Negativemissionen im großen Stil. Es ist aktuell, zu Beginn der Zwanzigerjahre, nahezu sicher, dass die Schwelle überschritten wird, wahrscheinlich sogar schon in absehbarer Zeit, irgendwann in den Zwanziger- oder Dreißigerjahren. Die Frage ist eher, ob und wie schnell die Erhitzung danach weitergeht. Im besten Fall nur noch ein bisschen, bevor sie nachlässt oder es sogar leicht abkühlt.

Für jedes Jahr von nun an ist die Wahrscheinlichkeit hoch, dass es das heißeste Jahr seit Beginn der Wetteraufzeichnungen sein wird. Zugleich ist die Wahrscheinlichkeit hoch, dass es das kälteste Jahr für die nächsten Jahrzehnte oder Jahrhunderte bleiben wird. In einzelnen Jahren wird es Schwankungen geben. Nimmt man Zeiträume von fünf, sieben oder zehn Jahren, trifft es fast sicher zu. Dann gilt: So kühl kommen wir nicht mehr zusammen.

Das bedeutet eine fundamentale Veränderung unseres Fortschrittsverständnisses. Eine Erwärmung auf 1,5 Grad und eine wahrscheinliche Erhitzung darüber hinaus ist nicht unser

Ende, aber das Ende des Glaubens an den Fortschritt, der sich über kurz oder lang einstellt. An die Stelle der allgegenwärtigen Erzählung, dass die Dinge schon besser werden, muss etwas anderes treten. Wir als Gesellschaft müssen den Umgang mit sinkender Erwartungssicherheit lernen. Nach der Krise kommt die alte Normalität nicht zurück und auch keine bessere Zukunft, der man sich gehärtet zuwenden kann, sondern nur die nächste, noch etwas schlimmere Krise. Instabilität wird Dauerzustand.

Das heißt nicht, dass kein gutes Leben auf der Erde mehr möglich ist, aber nicht mehr an so vielen Orten wie zuvor und schwerer vorherzusagen. Es stellt doch alle Gewohnheit auf den Kopf, wenn man damit planen muss, dass die Umstände härter werden. Wenn man sich darauf verlassen kann, dass man sich auf die Zukunft nicht verlassen kann. Wenn man das Glück am besten von der Gegenwart her denkt.

Das Physikalische ist politisch
Warum Politik ohne Physik keinen Sinn mehr ergibt

Wenn es so wirkt, als sei diese Aufzählung von wahrscheinlichen Folgen einer ungebremsten Erwärmung nicht auf den ersten Blick politisch, dann ist das richtig. Die Folgen der Klimakrise sind oft beschrieben. Und das hier ist ein politisches Buch, es geht eigentlich um den Staat und den Menschen, die Freiheit, die Demokratie und die Veränderung. Doch das Politische und das Physikalische lassen sich eben nicht trennen, deshalb waren diese ganzen Ausführungen nötig.

Über Politik zu sprechen, ohne über die materielle Wirklichkeit der Klimakrise zu sprechen, heißt, über Fantasiepolitik zu sprechen. Und umgekehrt: Von Klimakrisenpolitik zu hören, muss für alle sonderbar klingen, die sich der materiellen Folgen der Klimakrise nicht bewusst sind.

Lässt sich die Demokratie bewahren und wenn ja, wie? Schon, um die zentralen Fragen dieses Buchs überhaupt für sinnvoll halten zu können, muss man sich die konkreten Realitäten der Klimakrise vor Augen führen.

Die grundstürzendste Realität ist diese: Würden wir einfach auf demselben Niveau wie heute fossile Energieträger verbrennen, Wälder abholzen, Moore trockenlegen, Tiere halten, Fleisch essen und Ackerbau betreiben, dann würde sich die Welt über die nächsten Jahrhunderte aufheizen, bis menschliches Leben sehr wahrscheinlich nicht mehr möglich wäre.

Man muss also in etwa verstehen, was die Klimakrise bedeutet, man muss verstehen, was Nicht-Linearität bedeutet und warum Zeit so eine wichtige Rolle spielt, und verstehen bedeutet in all diesen Fällen etwas anderes, als zu wissen, dass es schlimm wird. Das Ausmaß der Klimakrise wirklich zu realisieren, braucht Zeit und folgt irgendwann nach einer Phase des Wissens. Man hat nicht richtig verstanden, bevor einem der Schreck wenigstens kurz in die Glieder fährt.

Wir kommen noch zu der Stelle, an der es explizit um die Frage gehen wird, was es bedeutet, Klimaschutz als notwendige Bedingung für liberale Demokratie zu begreifen. Üblicherweise versteht man darunter so etwas wie freie Wahlen, unabhängige Gerichte, freie Medien – also Dinge, die zur Definition von real existierender Demokratie gehören.

Als unabdingbar für Demokratie wird verstanden, was unmittelbar zur Demokratie gehört. Das ist dann immer eine Tautologie, eine offensichtliche wahre Aussage, und deshalb recht unkontrovers. Es ist so, wie zu sagen, dass zu einem Fahrrad Reifen, Pedale und ein Lenker gehören.

Ich argumentiere, dass einem ein Fahrrad nichts nützt, wenn es keinen Untergrund gibt, auf dem man damit fahren kann, weil man sich eigentlich auf einem Ruderboot zu Wasser befindet. Dass das Fahrrad dann in einem gewissen Sinne überhaupt kein Fahrrad mehr ist, weil es seinen Zweck nicht erfüllen kann – so wie die Demokratie in einer Welt der Klimakrise. Dass Demokratie nicht zu erhalten ist, wenn ihre materielle Grundlage fehlt.

Ohne Bezüge, ohne historische Einordnung, ohne Fakten, ohne physikalische Konkretion ist dieses Argument nicht zu machen. Ohne all das lassen sich auch die Zweifel nicht formulieren, die Unsicherheiten nicht bewerten. Diese politische Krise ist zuvorderst eine materielle Krise, sie ist ein Krisenderivat, eine abgeleitete Krise. Das Physikalische ist politisch geworden. Nicht große Männer machen Geschichte, sondern kleine Moleküle.

Die große Frage ist, ob in dieser Geschichte auch liberale Demokratien noch ihren Platz haben.

Das große Freiheitsprojekt
Was Demokratie im Kern ausmacht und was nicht

Damit ist die neue Wirklichkeit beschrieben, innerhalb derer Politik schon jetzt und künftig stattfindet. An der Grenze einer neuen Epoche, an einer historischen Wegmarke, einem Paradigmenwechsel.

Das Klima ist kein Thema unter vielen, kein Politikfeld wie jedes andere, sondern das, was Politik immer und überall umgibt, grundiert, ermöglicht und einschränkt. Die Klimakrise ist eine Epoche, sie ist unsere Gegenwart und unsere Zukunft. Politik findet immer in einem bestimmten Moment und in einer bestimmten Zeit statt. Von jetzt an wird Politik in Zeiten der Klimakrise gemacht. Sie unterscheidet sich da nicht von anderen Phänomenen wie Wohnen, Reisen, Essen, Lieben. Sie unterscheidet sich aber grundlegend von Politik in der Zeit vor der Klimakrise.

Demokratie ist immer schon ein merkwürdiges Doppelwesen. Ihre Definition enthält stets zwei Elemente: das, was sie sein soll, und das, was real existierende Demokratien sind. Empirische Theorie und normative Theorie fließen zusammen.

Um das, was Demokratie praktisch bedeutet, wie sie aussieht und wie wandelbar sie ist, soll es später gehen. Beginnen wir mit dem, was Demokratie im Kern sein soll: nicht nur ein System, das auf freien, gleichen, geheimen Wahlen basiert, um den Machtwechsel zu organisieren. Nicht nur ein spezifisches Verhältnis der gesetzgebenden, ausführenden und rechtsprechenden Staatsgewalt und der Gesellschaft. In ihrem Zentrum steht die Überzeugung, dass all jene, die Teil der politischen Gemeinschaft sind, gleichen Anspruch und gleiche Rechte haben sollen, frei über ihr Leben und die Geschicke der Gemeinschaft zu entscheiden.

Mit Letztbegründungen ist es so eine Sache, auch die Richtigkeit von Demokratie lässt sich nicht ohne gewisse Vorannahmen begründen. Aber es braucht dafür immerhin nicht viel mehr als diese eine Annahme, dass es kein ursprünglich Richtiges gibt. Keinen göttlichen Willen, keinen auserwählten Herrscher, keine Zwangsläufigkeit des Bodens. Nichts, das vorgeben könnte, was gut und richtig ist. Es gibt nur Menschen und das, was sie wollen und für richtig halten, und niemand kann beanspruchen, eine höhere Legitimation zu haben als andere.

Wenn man das akzeptiert, dann erweisen sich alle politischen Ordnungen als ungerecht, die Einzelnen übermäßige Entscheidungsgewalt über das Gute und Richtige einräumen: jede Form von Absolutismus, Monarchie, Diktatur, Oligarchie, jede Herrschaft des Einzelnen oder einer Clique.

Ein legitimes Herrschaftssystem kann nur eines sein, dass die gemeinsame und gleichberechtigte Suche aller nach der Antwort auf diese eine Frage ermöglicht: Wie wollen wir leben?

Man kann Demokratie auch anders herleiten und legitimieren: über die Güte der Politik, die sie macht, weil sie sehr viele Menschen einbindet; oder über die Vernunft und gute Gründe. Aber diese Begründung ist die schlankste, ich glaube, die intuitivste und jene, die es am ehesten erlaubt, die Probleme und Lösungen herauszuschälen, die in der Klimakrise auf die Demokratie zukommen.

Natürlich entsprach Demokratie die meiste Zeit ihrer Existenz diesem Ideal nicht, und sie tut es bis heute nicht. In der attischen Demokratie galt nur ein kleiner Teil der Männer als Staatsbürger mit Wahlrecht, während nicht wenige andere Menschen als Sklaven gehalten wurden. Auch die meisten Gründerväter der US-Demokratie waren Sklavenhalter. Frauen erlangten erst im 20. Jahrhundert nach und nach das Wahlrecht. Zugewanderte können bis heute meist nicht mitbestimmen, die Frage, ab welchem Alter es Jugendliche können sollten, treibt Gesellschaften bis heute unverändert um.

Die Geschichte der Demokratie ist eine der Demokratisierung der Demokratie, der Expansion der Freiheit gegen die Gewohnheit. Man begreift das intuitiv, wenn in einer Diktatur eine Revolte ausbricht, wenn plötzlich Menschen gegen das Regime auf die Straße gehen. Eine Revolte ist an sich ja kein demokratischer Akt: Eine kleine Gruppe macht sich daran, die politische Ordnung umzustoßen, mit nichts ausgerüstet als Wut, Zorn, dem Gefühl, dass es so nicht weitergehen kann. Wenn sie auf Erlangung der Macht für sich selbst zielt, ist das nichts anderes als ein Staatsstreich. Trotzdem verstehen wir revolutionäre Bewegungen üblicherweise zunächst einmal als demokratisch, weil sie auf die Befreiung von Menschen zielen, auf die Übertragung an Entscheidungsmacht an andere, die bisher keine haben. Wir erkennen darin den eigentlichen demokratischen Impuls.

Es ist dieser Impuls, der demokratische Ordnungen seit Beginn treibt und ausmacht. Es ist die gleiche Beteiligung Vieler an der Regierung des Gemeinwesens, die uns selbst Systeme als demokratisch erkennen lässt, die Teile der Gesellschaft von elementarsten Rechten ausgeschlossen haben.

Es ist dieser Impuls, der Kritik an real existierenden Demokratien leitet, sodass es Sinn macht, die demokratische Qualität eines Herrschaftssystems zu beschreiben und zu messen, wie es die Politikwissenschaft tut. Wohingegen es keinen Sinn macht, die autokratische Qualität eines Herrschaftssystems beschreiben zu wollen.

Demokratie also ist, in ihrem Kern, ein Freiheitsprojekt, ist selbst nicht nur ein System, sondern auch ein Prozess, ist von Demokratisierung und Befreiung nicht zu trennen. Daran muss sich Demokratie messen lassen.

Bedrohung der Freiheit

Warum die Klimakrise irgendwann Demokratie
unmöglich machen wird

Diese Systeme der größtmöglichen Freiheit sind nun, das ist
eine Grundvermutung dieses Buchs, schwer gefährdet. Sie
sind sogar das, was in der Klimakrise eigentlich gefährdet ist.
Es stimmt ja, das Ende der Menschheit steht nicht unmittelbar bevor. Sollte die Emission von Treibhausgasen so weitergehen wie bisher, sollten viele Kippelemente aktiviert werden,
sollte sich die Erderwärmung tatsächlich über 3, 4, im nächsten Jahrhundert dann 5 oder 6 oder 8 Grad hinaus erhöhen,
kann selbst das realistisch niemand mehr garantieren. Einst-
weilen aber werden die Folgen nicht umfassend fatal genug.
Dafür sind Menschen zu zahlreich und anpassungsfähig. Von
acht Milliarden werden mehr als nur eine Handvoll auch auf
einer viel heißeren Welt überleben, davon ist auszugehen.

Vorerst wird die große Apokalypse ausbleiben, und selbst
das Leben unter Extrembedingungen wird im Großen und
Ganzen vermutlich ähnlich weitergehen wie bisher. Menschen
werden Kleidung tragen, in arbeitsteiligen Gesellschaften leben. Sie werden zur Arbeit gehen und ins Konzert. Sie werden
Feierabend machen und einkaufen gehen. Sie werden Kinder
haben und mit ihnen spielen. Sie werden Haustiere halten und
in Häusern leben, viele mit Wasser und Strom.

Menschen haben sich schon an viele Schrecken angepasst. Sie haben schon unermessliches Leid verursacht und durchstehen müssen: Versklavung, Völkermord, Hungersnöte, die Pest, Kriege, den Holocaust.

Und doch wird alles um sie herum grundsätzlich anders werden, und die Wahrscheinlichkeit, dass unter diesen Umständen noch liberale Demokratien bestehen können, ist extrem gering. Es ist eine Hochrisikowette mit wenig Argumenten jenseits von Hoffnung oder Gewohnheit. Auch die Demokratie ist von dieser Welt. Oder genauer: Von einer Welt, die wir schon verlassen haben.

Dabei muss man zunächst drei Ebenen unterscheiden. Drei Ebenen, auf denen die Folgen der Erderwärmung auf ökonomische und politische, auf Ernährungs- und auf Wertesysteme trifft, die unter ganz anderen Bedingungen entstanden sind.

Auf der ersten Ebene geht es um Extremwetterereignisse als Naturkatastrophen, also Brände, Überschwemmungen, Stürme. Und um dauerhaftere Extremwetterphasen.

Das, was da auf uns und künftige Generationen zukommt, habe ich in vorigen Abschnitten schon skizziert. Hitze, Dürre, Starkregen, Ernteausfälle, Wassermangel. Überall auf der Welt, in zunehmender Heftigkeit und Häufigkeit, beinahe als Dauerzustand, wenn wir mit dem Klimaschutz scheitern. All das ist unausweichlich.

Auf der zweiten Ebene müssen wir uns auf die Zerstörung von Lieferketten und zusammenhängenden Produktionssystemen einstellen, die eine Folge dieses Extremwetters sind. Auf Nahrungsmittel- und Wasserknappheit. Auf Hungersnöte. Auf wirtschaftliche Krisen. Auf verletzte Identitäten. Auf eine gestörte Energieversorgung. Auf Seuchen. Auf große Migrationsbewegungen. Auch davon habe ich vieles schon angedeutet.

Die vergangenen Jahre bieten einen ersten, leisen Vorgeschmack. Schon zwei Dürrejahre in Europa haben dazu geführt, dass die Getreideproduktion den globalen Bedarf nicht mehr deckte – diesmal reichten aber die Vorräte noch locker aus. Zweimal in vier Jahren fiel der Rhein so trocken, dass die Schifffahrt gestört wurde und Produkte nicht mehr ans Ziel kamen. In Teilen Texas fiel im Winter 2021 während heftiger Winterstürme für Millionen Menschen immer wieder der Strom aus. Hunderte Menschen starben. Wenige Monate später brachte eine Hitzewelle das texanische Stromnetz an seine Grenzen. (Wir erinnern uns: Unsere Infrastruktur ist fürs Holozän gemacht, nicht für eine Welt in der Klimakrise). Auch das ist alles unausweichlich.

Auf der dritten, der eigentlich politischen Ebene schließlich, kann all das zu Revolten führen, zu politischer Notstandsregierung, zum Machtgewinn autoritärer Parteien, zur Militarisierung, zur Verhärmung von Gesellschaften, nationalistischer Abschottung, zu Apartheidsgesellschaften, zu Krieg oder Bürgerkrieg.

In der Corona-Pandemie zeigte sich, wie schnell gestörte Lieferketten und unregelmäßige Muster von Angebot und Nachfrage für leere Regale, höhere Gaspreise und damit eine hohe Inflation sorgen können. Der russische Überfall auf die Ukraine hatte nichts mit dem Klima zu tun, hatte aber den Ausfall zweier wichtiger Kornkammern zur Folge. Die negativen Auswirkungen auf die globale Nahrungsmittelversorgung wurden von Extremwettern in vielen Weltregionen und steigenden Energie- und damit auch Düngerpreisen zusätzlich verschärft.

Wie in der Geschichte üblich, folgten auf steigende Brotpreise unweigerlich Brotrevolten: unter anderem im Iran, in Ecuador, Panama und Uganda kam es zu Protesten. In den Jahren zwischen 2007 und 2011 lässt sich das Aufkommen von Revolten, teils Revolutionen, sehr überzeugend mit steigenden Lebensmittelpreisen zusammenbringen. Dazu gehören auch die Revolutionen des Arabischen Frühlings, darunter die in Syrien. Damals traf es Diktaturen. Aber wenn in den Demokratien der Welt Nahrung zu teuer wird, wird es auch sie treffen.

Als in den Jahren 2015 und 2016 unter anderem als Folge des Bürgerkriegs in Syrien, wo grob ein Viertel der Geflüchteten herkamen, rund 2,5 Millionen Menschen nach Europa flohen, waren die politischen Folgen immens. Wie fast immer, wenn Zuwanderung ein beherrschendes politisches Thema ist, profitierten radikal rechte Parteien. In Deutschland stand die AfD nach innerparteilichen Machtkämpfen in Umfragen nur noch bei rund 3 Prozent, zwei Jahre und viele Diskussionen über Geflüchtete später holte sie 12,6 Prozent bei der Bundestagswahl. Ins Jahr 2016 fielen auch das Referendum über den Brexit, den britischen EU-Austritt, das massiv von Zuwanderung beherrscht wurde, und der Wahlsieg Donald Trumps in den USA.

Zu dieser Zeit waren weltweit rund 60 Millionen Menschen auf der Flucht. Die Weltbank schätzt, dass allein aus Klimagründen in den nächsten dreißig Jahren 200 Millionen Menschen vertrieben und auf der Flucht sein könnten. Die Prognosen von Thinktanks reichen bis zu 1,2 Milliarden Flüchtlingen bis zum Jahr 2050.

Die Abschottung würde in solchen Szenarien fast sicher zunehmen. Nach außen, gegen Migration über Staatengrenzen.

Aber auch innen, denn der größte Teil der Fliehenden wird wie bisher auch das eigene Land lange nicht verlassen. So entstehen im doppelten Sinne Fliehkräfte in Gesellschaften, zwischen Regionen und gewiss auch in Städten. Wer Geld hat, kann schon jetzt in Kaliforniens Brandwochen private Feuerwehren bezahlen und sein Grundstück schützen. Wer Geld hat, kann Mauern bauen, Wassertanks anlegen, sich mit Energie versorgen, Medikamente horten und all das von Sicherheitspersonal schützen lassen. Ungleichheit würde unter solchen Bedingungen wachsen. Ungleiche Gesellschaften aber sind instabiler als gleiche Gesellschaften. Gesellschaften, die akzeptieren, dass anderen Menschen für sie Leid widerfährt, das sie selbst mitverursacht haben, drohen zu verhärmen. Man kann nur eine begrenzte Menge Qual verursachen, ohne selbst daran zugrunde zu gehen oder bitter und kalt zu werden.

Eine populäre Erklärung für den Zusammenbruch der Weimarer Republik und den Aufstieg des Nationalsozialismus betont die Rolle der Weltwirtschaftskrise. Die deutsche Industrieproduktion brach um etwa 40 Prozent ein, die Löhne sanken um 30 Prozent. Die Erklärung ignoriert verbreiteten Antisemitismus, andere kulturelle Faktoren und die Kooperation der alten Eliten mit dem Nationalsozialismus, aber fraglos können Wirtschaftskrisen zur Destabilisierung von Demokratien beitragen. Die heftigen Krawalle in Athen während der Eurokrise nach 2008 sind ein aktuelleres Beispiel.

Eine Modellierung des Rückversicherers SwissRe, dessen Kerngeschäft es ist, Risiken in Geld zu übersetzen, kommt zum Ergebnis, dass der globalen Wirtschaft im Fall einer Erwärmung von 2 Grad bereits zur Mitte des Jahrhunderts etwa 11 Prozent Wirtschaftsleistung verloren gehen könnten. Eine andere Studie schlussfolgert, dass die Wirtschaftsleistung der ärmsten Staaten selbst bei Einhaltung des 1,5-Grad-Ziels, also im fast schon undenkbar besten Fall, bis Mitte des Jahrhunderts 13 Prozent, bis Ende des Jahrhunderts ein Drittel geringer wäre, als sie ohne Klimakrise sein könnte.[12] Bei rund 3 Grad Erwärmung gingen diesen Staaten bis zum Jahr 2100 fast zwei Drittel der Wirtschaftskraft verloren. Damit könnte globale Ungleichheit noch weiter wachsen. Für Demokratie in diesen Ländern und für demokratische Beziehungen zwischen verschiedenen Weltregionen wäre das eine denkbar schlechte Dynamik.

Grund dafür sind unter anderem Katastrophenfolgen. Allein die zehn größten Naturkatastrophen haben im Jahr 2021 Schäden in Höhe von 170 Milliarden US-Dollar angerichtet. Die Zahl von Katastrophen, die mehr als eine Milliarde Dollar an Zerstörung verursachen, nimmt zu. Eine neue Untersuchung findet aber auch Hinweise, dass Temperaturschwankungen lang anhaltend das Wachstum bremsen, weshalb die Effekte auf die Wirtschaft noch größer sein könnten als bisher angenommen.[13]

Ganz sicher spielte die Abwehr von Wandel und gesellschaftlicher Modernisierung eine entscheidende Rolle, wann immer Demokratien in der Vergangenheit unter Druck gerieten. So war es zu Zeiten des US-Bürgerkriegs und des weißen Terrors im 19. Jahrhundert. Genauso wie während des Zusammenbruchs vieler europäischer Demokratien zwischen den Weltkriegen. So ist es auch während der aktuellen Welle der Autokratisierung und des Erstarkens der radikalen Rechten: Die Welt veränderte sich rasant, Schwarze bekamen Rechte, die Moderne veränderte Lebenswelten und Familienbilder, die Pluralisierung der Gesellschaften beschleunigte sich, und autoritäre Kräfte nutzen das Unbehagen damit für Angriffe auf die Demokratie.

Es ist gewiss kein Zufall, dass sich um Klimafragen jetzt schon ein Kulturkampf entwickelt hat (mehr dazu in Teil 2). Die Klimakrise wirkt in gewisser Hinsicht wie eine ultimative Modernisierung, weil sie die Welt, wie wir sie kannten, umfassend vernichtet.

Sie zerstört Erwartungen, sie widerlegt Glaubenssätze, sie macht Gewohnheiten zerstörerisch, die bisher harmlos waren, und macht damit Lebensentwürfe rechtfertigungsbedürftig, die bisher als normal galten. Sie bedroht die Lebensmodelle von Nomaden in Kenia oder Kaschmir genauso wie von Weinbauern in Spanien, von Fischern in der Elfenbeinküste und Farmern in den USA und zerstört damit nicht nur regionale Wirtschaften, sondern auch Identitäten. Sie entwertet Expertise, wie der Journalist und Futurist Alex Steffen eindrücklich beschreibt: Das, was Menschen können und wissen, hilft unter den neuen Bedingungen nicht mehr wie gewohnt weiter.[14] Sie entwertet aber auch Eigentum, das sich auf einmal an Orten befindet, die dem Leben nicht mehr zugetan sind.

Sie zerstört, kurz gesagt, in irrwitzigem Tempo und ungekanntem Ausmaß Wissen, Gewissheiten und Lebensmodelle und damit alles, was uns bisher Orientierung verschafft hat. Wann immer das passiert, ist Abwehr, ist Trotz, ist Reaktanz, ist aggressive Selbstbehauptung durch Angriffe auf andere eine häufige Folge.

Und die Transformation, die die Klimakrise nötig macht, bedeutet auch eine grundlegende Umwälzung aller Lebensverhältnisse. Es braucht nicht viel Fantasie, um sich vorzustellen, dass radikale Parteien diese Transformation für alles verantwortlich machen werden, was schlecht läuft in den kommenden Jahren, alle Wohlstandsverluste, alle Wirtschafts-krisen, alle Preissprünge – selbst wenn die Klimakrise selbst sie erzeugt. Das Potenzial für einen nationalistischen, autoritären Backlash ist groß. Die Demokratie gedeiht besser, wenn es Zukunftslust gibt. Das Autoritäre dagegen kann sich an Gegenwartsverdruss, Zukunftsangst und Vergangenheitsverklärung berauschen.

Auch die Gefahr von Kriegen bedroht die Demokratie. Es ist sehr leicht vorstellbar, dass Ernteausfälle, Nahrungsmittelknappheit oder Wassermangel klassische Ressourcenkriege entstehen lassen. Der Autor Julian Cribb zitiert die ehemalige Direktorin der UN-Wüstenkonvention damit, dass etwa 40 bis 60 Prozent aller bewaffneten Konflikte in Afrika seit dem Jahr 1960 mit Ressourcenknappheit in Verbindung gebracht werden können.[15] Er zeigt auch, dass es in der Geschichte oft so war. Manchmal schlachteten und plünderten Gesellschaften nur, um reicher zu werden; oft genug, um einfach mehr für sich zu haben.

Es gibt aber auch noch jene potenziellen Konfliktgründe, die die Klimakrise selbst überhaupt erst entstehen lässt: Geoengineering zum Beispiel. Mit diesem Begriff bezeichnet man gezielte Eingriffe in die Umwelt, um gegen die Erderhitzung anzuarbeiten. Die potenziell folgenreichste Form wäre das sogenannte »Solar Radiation Management«. Die Idee ist simpel: Indem man bestimmte Partikel in großer Höhe ausbringt, soll Sonnenlicht reflektiert und somit verhindert werden, dass sich die Erde weiter erwärmt. Das natürliche Vorbild für diese Technik sind Vulkanausbrüche, die zu großen Abkühlungen der globalen Temperatur führen können.

Ein solcher Eingriff würde das Klima jedoch nicht nur regional verändern, und ganz sicher nicht nur über einem Staat.

Wasserströme, Winde und Niederschläge wären davon betroffen, die Konsequenzen wären weder vorhersehbar noch steuerbar. Deshalb sind solche Eingriffe auch extrem umstritten (außerdem lässt die Wirkung nach einiger Zeit nach, der Vorgang müsste also permanent wiederholt werden, damit es nicht zu extremen Temperatursprüngen kommt). Die Versuchung wird zunehmen, Staaten könnten sich dazu genötigt sehen, wenn die Erhitzung weiter steigt.

Prinzipiell können also einzelne Staaten die Lebensverhältnisse anderswo über das Weltklima nicht nur ungesteuert beeinflussen wie bisher, sondern auch ganz bewusst massiv verändern – und damit die Verhältnisse in anderen Staaten beschränken. Ohne dass deren Gesellschaften mitentscheiden können. Schon das wäre ein enormer Autonomieverlust für demokratische Gesellschaften.

Die größte Gefahr läge aber darin, dass die Klimakrise dann plötzlich nicht mehr nur mittelbar durch Menschheitshandeln wirken, sondern unmittelbar durch das Handeln bestimmter Menschen geformt werden würde. Ihre Folgen würden konkretisiert, individualisiert und politisiert. Es wurden in der Menschheitsgeschichte schon Kriege für weniger geführt.

All das ist nicht unausweichlich, weil in Gesellschaften nichts unausweichlich ist. Aber jede Form der autoritären Bedrohung wird durch die Klimakrise absehbar wahrscheinlicher, potenziell häufiger und heftiger. Wirtschaftskrisen, Hungerkrisen, Migrationskrisen, Krisen der Erwartungssicherheit, die Entwertung alter Lebensmodelle. Das ist die Ausgangslage zu Beginn der Klimakrise.

Man muss schon sehr optimistisch sein, um zu glauben, dass liberale Demokratien auf Dauer diesem Druck standhalten.

Aber selbst wenn sie das tun und nicht komplett zerstört werden, schwinden die Freiheiten in einer erhitzten Welt – dies ist eine ganz neue Bedrohung der Demokratie durch die Klimakrise. Wenn die Wirtschaft wankt, müssen Arbeitsplätze bewahrt werden, wenn Infrastruktur wie Straßen, Brücken oder Wohnungen zerstört wird, muss sie aufgebaut werden. Wenn die Preise existenzbedrohlich steigen, müssen sie gedämpft werden. Wenn Bauern Ernteausfälle erleiden, müssen sie kompensiert werden. Wenn die Arbeitslosigkeit steigt, muss sie gesenkt werden. Wenn Hunderttausende Flüchtlinge ins Land kommen, müssen sie versorgt werden.

Dann muss Geld für Krisenbewältigung fließen, wodurch die Spielräume für andere Ausgaben sinken, für Sozialprogramme, für Gestaltung, die Zeit für solche Arbeit ist auch rar, die Bereitschaft der Bevölkerung womöglich gering.

Von außen sieht es so aus, als verfüge eine Regierung über riesige Mittel, um in ihren Ministerien mit ihren Tausenden Mitarbeiter*innen und den vielen nachgeordneten Behörden hoch spezialisiert und zeitgleich viele Krisen zu bearbeiten, und vorausschauend zu planen. Tatsächlich ist Politik viel zentralisierter, der Flaschenhals ist eng, weil die wichtigsten Entscheidungen von einer kleinen Zahl an Menschen getroffen werden. Und deren Erfahrung ist, dass Politik sehr oft das Bewältigen der jeweils drängendsten Krise ist. So erzählen sie es in vertraulichen Gesprächen. Es geht häufig nur darum, über den Tag zu kommen, durch die Woche, den Monat. Auf Sicht fahren, so wird das öffentlich genannt.

Jede weitere Krise, die sich auftut, frisst zusätzlich Zeit und Gedanken, verdrängt andere Probleme. Wenn die Klimakrise also Schockereignisse in größerer Intensität und stetig kürzeren Abständen erzeugt, beschränkt das die Möglichkeit, Politik außerhalb von akuter Krisenbewältigung zu betreiben. Raum für Gestaltung wäre winzig, der Sachzwang überwältigend, der Maßnahmenstaat die fast zwingende Folge. So läuft es ja jetzt schon, wann immer irgendwo die Flut kommt oder das Wasser ausbleibt. Dann greift der Staat durch, er gibt vor, aber er folgt dabei Notwendigkeiten. Wie viel Freiheit hat ein Bürgermeister im Ahrtal, der sein zerstörtes Dorf wieder aufbauen muss? Wie viel Freiheit die Politik in Pakistan, wenn ein Drittel der Landesfläche unter Wasser steht? Wie viel Freiheit hat die Regierung von Madagaskar, wo jahrelange Dürre eine Hungersnot zur Folge hatte, ganz ohne Krieg und Konflikt?

So erzwingt die Eindämmung der Klimakrise radikalen Klimaschutz (mit schrumpfender Freiheit, sich dagegen zu entscheiden), damit wir uns für später zumindest einen Restbestand an Entscheidungsspielräumen bewahren können – wenn es gut läuft.

Die hier skizzierten Gefahren für liberale Demokratien werden in der Klimakrise zunehmen. Was man im Kopf haben muss, wenn man ihre Größe erfassen will, ist, wie fragil unsere sozialen Systeme sind.

Die Instabilität sozialer Systeme
Warum man auch bei der Risikoabwägung
mit Brüchen rechnen muss

Als im Jahr 2000 in Belgrad Menschen auf die Straße gingen, um gegen Slobodan Milošević zu demonstrieren, den autoritären Präsidenten und Kriegsverbrecher, dann war immer wieder eine Faust zu sehen. Sie war das Symbol einer Gruppe von Dissidenten, die sich den Namen »Widerstand« (Serbisch: Otpor) gaben.

Milošević stürzte und Otpor gelangte in der Folge zu einiger Bekanntheit, weil aus der serbischen Widerstandsgruppe eine Organisation wurde, die das Konzept der gewaltfreien revolutionären Proteste lehrte. Sie stand im Kontakt mit Aktivist*innen der georgischen Rosenrevolution von 2003, der ukrainischen orangefarbenen Revolution von 2004 und Teilnehmer*innen der niedergeschlagenen Demonstrationen in Belarus.

Otpor wurde zum Symbol des Revolutionstransfers, die Gruppe gab einem Prozess einen Namen und eine Geschichte. Nicht nur Virus-Pandemien und die Klimakrise sind nichtlineare Phänomene, auch politische Ereignisse folgen Kipppunkten und sind sehr häufig nicht-linear.

Vor allem Imitation ist ein mächtiger Faktor der Geschichte. Revolutionen kommen immer wieder in Wellen: Das gilt für die Farbrevolutionen, in die Otpor involviert war, aber es war auch 1830 und 1848 in Europa so, 1918 nach dem Ersten Weltkrieg, im Arabischen Frühling ab 2011. Auch die Demokratisierung kam in Wellen und der Backlash, der Zusammenbruch der Demokratie, die Ausbreitung des Autoritarismus tut es ebenso.

Was für den Asphaltbelag und Kabelisolation gilt, für Stromnetze und jede andere Form der Infrastruktur, für Städte oder Bewässerungsanlagen, das gilt mit hoher Wahrscheinlichkeit erst recht für soziale Systeme. Auch sie sind nur für eine bestimmte Umgebung gemacht. Auch sie können kollabieren, wenn sich die Umstände ändern. Auch sie verändern sich oft eruptiv, bruchhaft, durch Systemsprünge.

Wahrscheinlich gilt das für Gesellschaften sogar noch viel stärker als für asphaltierte Straßen, weil sie komplexe Systeme sind und weil Menschen die Freiheit haben, in jedem Moment auch anders zu handeln. Der Satz »Gesellschaftsanalyse ist keine Raketenwissenschaft« ist wahr, weil Raketenwissenschaft in gewisser Hinsicht viel einfacher ist. Der Flug einer Rakete lässt sich derart genau berechnen, dass Weltraumbehörden Sonden auf fliegenden Gesteinsbrocken in den Weiten des Alls landen lassen können, während sich noch nicht einmal ordentlich vorhersagen lässt, welche Partei ins Parlament einzieht und welche nicht.

Man muss bei alldem bedenken, wie fragil Demokratie schon in guten Zeiten ist, weil sie das Zusammenleben einer ganzen Gesellschaft betrifft, weil sie eingeübt werden muss, weil sie immer Kompromisse bedeutet, weil sie fast immer allen den ganzen Sieg verwehrt. Weil sie erfordert, die Anderen auszuhalten. Weil sie eingeübt werden muss und weil sie viel leichter zerstört als geschaffen werden kann.

Eine freie Wahl macht noch keine konsolidierte Demokratie, erst nach mehreren Wahlen und mindestens einem friedlichen Machtwechsel gelten Demokratien klassischerweise als wirklich etabliert. Aber schon ein Putsch, eine fingierte Wahl kann genügen, um sie zu zerstören. Wie fragil die Demokratie ist, lässt sich seit Jahren beobachten. Einige der größten, wichtigsten, mächtigsten Demokratien werden autoritärer oder sind schon zusammengebrochen. Russland war in den Neunzigerjahren auf dem Weg der Demokratisierung und ist längst eine geschlossene Diktatur. In Indien, der Türkei und Brasilien regieren oder regierten kürzlich autoritäre Regierungschefs, gewählt, aber mehr oder weniger offen feindlich gegenüber dem Konzept der Demokratie. Und die republikanische Partei in den USA ist mittlerweile nach allen Standards eine radikal rechte und autoritäre Partei, der AfD ähnlicher als der CDU. Polen und Ungarn, obwohl sie Mitglieder der EU sind, sind mittlerweile mehr (Ungarn) oder weniger (Polen) konsolidierte autoritäre Systeme. Radikal rechte Parteien, die der liberalen Demokratie mindestens indifferent, teils offen ablehnend gegenüberstehen, regierten zuletzt in Italien, Österreich und mehreren skandinavischen Staaten mit.

Seit einigen Jahren wächst die Zahl der Staaten, die ganz oder teilweise aus der Riege der konsolidierten Demokratien herausfallen oder in denen zumindest die Qualität der Demokratie massiv abnimmt. Die dritte Welle der Demokratisierung, die ihren Höhepunkt nach dem Zusammenbruch des Ostblocks erreichte, ist längst gebrochen. Eine neue Welle der Autokratisierung rollt bereits über die Welt.

In den vergangenen Jahren ließ sich in zahlreichen vormals demokratischen Staaten beobachten, wie genau sich Demokratie zerstören lässt und wie der Prozess des Verfalls abläuft. Autoritäre Machthaber verändern das Wahlrecht und schneiden sich Wahlkreise zurecht, damit sie erst nur noch schwer und irgendwann faktisch nicht mehr abgewählt werden können. Sie verändern die Verfassung oder verankern andere Gesetze so, dass sie praktisch unveränderbar werden. Sie gehen gegen freie Medien vor, gegen die Justiz, gegen Kontrollinstanzen, gegen Kulturschaffende. Sie schreiben die Geschichte ihrer Länder um, weil Erinnerung und Identität die dauerhaftesten Garanten von Macht sind.

Anfangs ist all das noch umkehrbar, oft lassen sich einzelne Maßnahmen sogar gut begründen. Nach einer Weile allerdings wirken sie so zusammen, dass das System in einen neuen Zustand übergeht. Aus der Demokratie wird nach und nach ein autoritärer Staat. Die neuen Herrschenden arbeiten gezielt auf diesen Kipppunkt hin. Und andere schauen dabei genau zu und lernen von ihnen.

In Ungarn ließ sich diese Entwicklung seit 2010 besonders klar beobachten. Polen folgte auf sehr ähnliche Weise. Die Vereinigten Staaten sind auf dem Weg – was die Radikalisierung der republikanischen Partei so besorgniserregend macht, ist, dass sie nach und nach das System in einen neuen Zustand überführt. Eine radikalisierte parteiische Medienteilwelt von Reichweite gibt es bereits. Systematisch besetzen die Republikaner wichtige Richterposten neu, vor allem den Supreme Court, den obersten Gerichtshof des Landes. Auch durch einen Bruch aller Konventionen, indem sie eine Besetzung durch die Demokraten kurz vor einer Präsidentschaftswahl blockierten, um dann selbst diesen Posten zu besetzen und sich vier Jahre später um die eigenen Argumente nicht mehr zu kümmern, als erneut ein Richterposten ganz kurz vor einer

Präsidentschaftswahl frei wurde. Auch das Wahlsystem wird nach und nach verändert.

Es sind nicht nur Gesinnungen, die die Republikaner so gefährlich machen, sondern es sind diese Handlungen, die das System verschieben, bis es absehbar kippen könnte.

Nun sind Menschen anpassungsfähig. Freie Gesellschaften können wahrscheinlich auch in einer heißeren Welt existieren – aber sie müssen die Möglichkeit haben, sich daran anzupassen. Dafür schreitet die Erderhitzung zu schnell voran, sofern sie nicht rasch eingedämmt wird.

Was mit Gesellschaften geschieht, deren Umwelt sich plötzlich radikal ändert, lässt sich nicht nur spekulativ erahnen. Es lässt sich in der Geschichte zahlreich studieren. Selbst Weltreiche sind davor nicht sicher.

Auch Rom ist untergegangen

Wie Klimaveränderungen früher Gesellschaften
erschüttert haben

Im alten Ägypten galten die Pharaonen als gottgleich. Ihre
Macht und ihre Stellung gründeten auch auf der Behauptung,
die Nilflut stehe unter ihrer Kontrolle. Wenn die Flut kam,
konnten Bauern das Getreide ausbringen. Die Gesellschaft
wusste dann, dass ihr das Essen nicht ausgehen würde. Die Pharaonen sorgten dafür, dass das Wasser jedes Jahr über die Ufer
trat, Wüstenland mit Wasser und Schlamm überschwemmte
und es so fruchtbar machte. Das war die Behauptung.

Den Herrschern kam zugute, dass die Flut über einen sehr
langen Zeitraum überaus verlässlich kam. Nicht immer auf
ideale Art, aber oft und umfassend genug, um die Gesellschaft
stabil zu halten. Zu dieser Zeit, im dritten Jahrtausend vor
Christus, entstanden die Pyramiden von Gizeh.

Gegen 2250 vor Christus setzte die Dürre ein. Eine große,
sogenannte Megadürre, die heute den Namen 4.2-ka-Ereignis
trägt und sich über rund drei Jahrhunderte zog, vom Nahen
Osten bis ins heutige China. In Ägypten fielen die Nilfluten zu
niedrig oder ganz aus. Hunger war die unvermeidliche Folge.
Und wie immer, wenn Hunger herrscht, gab es auch soziale
Unruhen.

Die Pharaonen, so zeigte sich, kontrollierten nicht das

Schicksal des Flusses. Der Fluss kontrollierte ihr Schicksal. Das Alte Reich ging nach einem halben Jahrtausend zu Ende. Die Königsherrschaft überlebte wohl nur deshalb, weil sich die Pharaonen neu erfanden, nicht mehr als gottgleich, sondern als Menschen.

Etwa zur gleichen Zeit wie das Alte Reich in Ägypten zerfiel, setzte auch der Niedergang des Reichs von Akkad im heutigen Irak und Iran ein, genauso wie das Verschwinden der Indus-Kultur, wo heute Indien und Pakistan aufeinandertreffen, wie die Archäolog*innen Brian Fagan und Nadia Durrani anschaulich zusammengetragen haben.[16] Drei der größten Zivilisationen dieser Zeit erlebten extreme Umbrüche in einer Zeit gravierender Klimaveränderungen.

Die Bedingungen für Landwirtschaft in jenen Gegenden des heutigen Mexiko, wo das Maya-Reich einst sein Zentrum hatte, waren ohnehin prekär. Infolge von Dürren und Ernteausfällen verlor eines der mächtigsten und ikonischsten Reiche Lateinamerikas seine Bedeutung. Auch das Reich, das im heutigen Kambodscha den Tempel Angkor Wat schuf, zerfiel im 15. Jahrhundert nach Jahrzehnten geringen Niederschlags und dann plötzlich einsetzenden heftigen Regenfällen, die die Bewässerungssysteme zerstörten, von denen die Stadt abhing.

Zum Niedergang des Römischen Reichs gibt es zahllose Thesen. Eine geht davon aus, dass auch in diesem Fall Klimaveränderungen eine nicht zu vernachlässigende Rolle spielten. Die stabilen und fruchtbaren Jahre des römischen Klimaoptimums endeten (damals war es etwa so warm, wie in der zweiten Hälfte des 20. Jahrhunderts). Ungewöhnlich viele Vulkanausbrüche kühlten die Erde ab. Das Klima wurde unberechenbarer. Die gewohnten Getreidelieferungen aus der ägyptischen Kolonie blieben aus. Die Pest schlug zu. Das

101

Reich wurde immer verwundbarer und schwächer und war Feinden von außen ausgeliefert.

Das alte Ägypten, Rom, die Maya, Angkor Wat, die Indus-Kultur, das Reich von Akkad – der Machtverlust einiger der zu ihrer Zeit wichtigsten Kulturen ihrer Kontinente lassen sich zumindest mit Klimaveränderungen in Zusammenhang bringen.

Ein Blick in die Geschichte hilft auch dabei, unsere Erwartungen zu justieren. Einzelne Orte werden von Fluten, Bränden oder Seuchen ausgelöscht. Kleinere Gesellschaften verschwinden, indem sie sich zerstreuen. Komplexe Gesellschaften aber brechen nicht zusammen wie ein Haus, das gesprengt wird. Sie siechen dahin. Sie verändern ihre Form. Sie verlieren an Einfluss, an Wohlstand, an Freiheit, an Beziehungsgeflechten, bis sie nicht mehr sind, was sie einmal waren. Systeme funktionieren nicht mehr. Die Widerstandskraft gegen äußere Bedrohungen nimmt ab. Bevölkerungszentren verlagern sich, Menschen wandern ab. Die Zeiträume, in denen sich das abspielt, können Jahrzehnte oder Jahrhunderte umfassen.

Man sollte also auch in Zukunft keinen abrupten Zusammenbruch erwarten, eher ein Hinüberschlittern von Ausnahmezustand zu Ausnahmezustand. Andererseits bedeutet das Ausbleiben eines Zusammenbruchs eben nicht, dass alles, was wir erleben und was uns noch bevorsteht, nicht so schlimm ist.

All das ist kein klassischer Teil der westlichen Geschichtsschreibung. Da geht es oft eher um Politik, viel um Gewalt, Kriege, Herrscher, auch um Religion, selten ums Wetter oder eben das Klima, das man leicht übersieht, weil es ja immer und überall ist. Weil man deshalb auch schlecht Wirkungsbeziehungen feststellen kann, denn es gibt ja keine Kontrollgruppe, nicht einmal eine in Gedanken. Dazu kommt die schnöde Tatsache, dass erst seit wenigen Jahren das historische Klima sehr genau und kleinräumig rekonstruiert werden kann. Erst seitdem kann man die Menschheitsgeschichte vor diesem Hintergrund neu lesen. Wenn man einmal darauf achtet, sind Klimaeinflüsse überall. Dann kann man sie nicht mehr ignorieren. In Ägypten ereilte die Fatimiden-Dynastie, ein islamisches Kalifat, im 11. Jahrhundert ein ähnliches Schicksal wie die alten Pharaonen. Wieder blieben die Fluten aus, wieder kehrte Hunger ein. Quellen aus dieser Zeit berichten von Menschen, die von der Straße gefangen und gegessen wurden.[17] Die Dynastie, die zuvor ein Konkurrenzreich zu den Abbasiden errichtet hatte, fiel kurz darauf.

Einige der berühmten Gemälde von William Turner und Caspar David Friedrich zeigen besonders feuerrote oder besonders trübe Himmel, wie er im Jahr ohne Sommer aussah, 1816 war das. Der Ausbruch des Vulkans Tambora in Indonesien hatte so viel Asche und Staub und Gase in die Atmosphäre geschleudert, dass Sonnenlicht kaum noch durchkam und sich die Erde um gut ein halbes Grad abkühlte. In Europa wurden Frauen als Hexen verbrannt, nachdem Klimaveränderungen während der Kleinen Eiszeit zu Ernteausfällen geführt hatten. Der Historiker Geoffrey Parker bringt die Verwerfungen der Kleinen Eiszeit sogar mit der sogenannten »General Crisis« zusammen, einer Epoche großer Kriege und Revolten vom Dreißigjährigen Krieg an bis ins frühe 18. Jahrhundert, von Spanien bis nach Japan.[18]

Wenn man also darauf achtet, zeigen sich Klimaeinflüsse überall und man muss sich gerade deshalb immer zur Ordnung rufen, um nicht nur noch sie zu sehen und es sich nicht zu einfach zu machen: Nicht jeder Umbruch hat mit dem Klima zu tun und die wenigsten Umbrüche gehen einzig und allein auf eine Klimaveränderung zurück. Determinismus und Reduktionismus führen in die Irre. Aber man kann die Klimaeinflüsse nicht mehr *nicht* sehen, wenn man sich ihre Wirkung einmal bewusst gemacht hat.

Nur haben wir uns diese Sichtweise lange abgewöhnt. So erklärt sich, warum die Welt in den vergangenen Jahren auf einmal wieder so seltsam biblisch wirkte: Sturzfluten zerstörten selbst in Deutschland Städte und Dörfer und töteten fast 200 Menschen. Waldbrände zerstörten große Teile nicht nur der Wiege des westlichen Traums, Kalifornien, und, symbolisch, den Ort »Paradise«, sondern auch Ferienanlagen in Griechenland, Italien und an der Côte d'Azur. Flammen brannten derart intensiv, dass sie eigene Gewitter erschufen, deren Blitze und Winde die Feuer wiederum anheizten. Feuertornados erschienen als Feuersäulen. Und Heuschreckenschwärme verheerten große Teile Ostafrikas.

Als die Bibel geschrieben wurde, wurde die Natur selbstverständlich noch als lebensverändernde Kraft wahrgenommen. Wir haben das in der Zeit des wachsenden fossilen Wohlstands vergessen. Das ändert sich jetzt wieder. Die Naturkontrolle, die seit Moses Zeiten immer nur vorangeschritten ist, endet, und kehrt sich gerade um.

Das fossile Zeitalter stellt eine Art neue Version der neolithischen Revolution dar, ihr dialektisches Gegenstück: das, was für eine Weile die totale Naturkontrolle ermöglicht hat, bringt nun den Kontrollverlust zurück. Nur, weil das Klima sich stabilisierte, konnte der Mensch sich die Welt untertan machen. Und nur, weil er sich die Welt untertan machte, konnte er das Klima so radikal verändern, dass es sich womöglich bald ohne sein Zutun aus diesem stabilen Zustand herausbewegt. Was den Menschen nun vor sehr große Fragen stellt.

Was den Menschen zum Menschen macht

Warum es eine Menschheitssehnsucht stillen würde,
die Klimakrise abzuwenden

Man kann, wenn man nun schon so weit hinaufgestiegen ist,
die Fallhöhe noch ein kleines bisschen mehr steigern, weil es
sich offensichtlich um eine fundamentale Krise im Mensch-
Natur-Verhältnis handelt, wie der Journalist Bernd Ulrich
treffend formuliert[19] – und weil dieses Mensch-Natur-Ver-
hältnis im Zentrum des menschlichen Selbstverständnisses
steht.

Dieses Selbstverständnis kommt schon in der Selbstbe-
zeichnung zum Ausdruck: Homo sapiens, der verständige,
kundige, weise Mensch. Vor uns kam der Homo erectus, der
aufrecht gehende Mensch, ein direkter Vorfahr, der immerzu
und flink auf zwei Beinen lief. Der erste Meilenstein in der
Menschwerdung. Wohl noch etwas früher lebte der Homo ha-
bilis, der geschickte Mensch. Viel später entwickelte sich der
Homo sapiens, der hat, was nur uns auszeichnen soll – die
Klugheit, die Anpassungsfähigkeit, das große Gehirn.

Als diese Begriffe geprägt wurden, wusste man noch weniger über die tatsächliche Entwicklungsgeschichte. Aber die
Linearität, die darin zum Ausdruck kommt, hat sich bis heute
nicht überholt: erst der Affe, dann der aufrechte Gang und das
Handwerk, am Ende die Klugheit. Darin kommt ein offenbar

sehr tief sitzendes Bedürfnis zum Ausdruck, sich von der eigenen Einzigartigkeit zu überzeugen. Der Mensch als Krone der Schöpfung, als verständige Ausnahmeerscheinung der Evolution, als ganz und gar von den Tieren verschieden. Darauf hat der Mensch ja immer Wert gelegt, dass es da einen kategorialen Unterschied gebe. Das Tier musste dafür stets eine instinktgetriebene Maschine sein, jedes Gefühl, jeder Werkzeuggebrauch, jede Empathie, jedes Lernen, jede Kommunikation eines Tieres muss mühevoll bewiesen werden, weil sie die Selbstverständlichkeit dieses Selbstverständnisses infrage stellt.

Dabei hat offensichtlich nicht nur der Mensch ein Selbstbewusstsein, nicht nur er erkennt sich im Spiegel, nicht nur er bezeichnet Individuen mit besonderen Lauten (auch Delfine tun das). Nicht nur der Mensch kommuniziert, nicht nur der Mensch nutzt abstrakte Laute dafür. Nicht nur der Mensch hat Kultur geschaffen, im Sinne von kollektiv geteilten, tradierten und weiterentwickelten Wissensbeständen (auch verschiedene Wale haben das). Nicht nur der Mensch kultiviert andere Lebewesen und Lebensmittel (auch Ameisen tun es). Nicht nur der Mensch nutzt Werkzeuge (auch Affen und Vögel tun es). Seine Einzigartigkeit ist nicht viel mehr als eine trotzig wiederholte Behauptung. Nun aber bietet sich ihm die Chance, sich wirklich grundsätzlich von den Tieren zu unterscheiden.

Züchtet man Mikroben in einer Petrischale mit begrenzten Nährstoffen, wachsen sie, bis sie alle Nährstoffe aufgebraucht haben. Dann sterben sie ab. Sie haben keine Möglichkeiten, die Begrenztheit ihrer Umgebung zu begreifen. Sie können die Bedingungen ihrer eigenen Existenz nicht bewahren.

Auch dem Menschen ist das wohl immer wieder so gegangen, in Grönland etwa, wo er die Walrosse überjagte, ohne die

die lokale Wirtschaft nicht funktionierte. Oder auf den Oster-
inseln, wo er aus einer bewaldeten Insel eine baumlose Insel
machte, auf der nur noch wenige Menschen überlebten, während Kulturen zugrunde gingen.

Nun weiß er um die Gefahren für seine Lebensgrundlagen.
Er kennt die Beschränktheit des Lebensraums. Er könnte
durch Einsicht und Verständigkeit die Grundlagen seiner Lebensweise bewahren. Er könnte sich, kurz, wirklich als sapiens erweisen, und so die Grenze zwischen sich und der Tier-
welt ziehen, nach der er so lechzt.

Gelingt ihm das, überlebt er und überlebt er in Freiheit, hat
er es geschafft. Dann wäre der Titel von Max Frischs Roman
doch noch wahr geworden: *Der Mensch erscheint im Holozän.*[20]

Der Mensch ist nur wirklich Homo sapiens, wenn er der
Homo libris bleibt, der freie Mensch, und das geht nur, wenn
er der Homo aequanimus ist, der beherrschte Mensch. Gelingt es ihm nicht, geht das, was ihn ausmacht zugrunde, vernichtet er das, was ihn in seinen Augen zum Menschen macht,
die Zivilisation, die Kultur, die Freiheit, dann ist er doch nur
Pan interiens, der zügellose Affe.

Die Fallhöhe dieser Jahrzehnte
Warum dies keine Krise wie frühere Krisen ist

An diesem Punkt also stehen wir, kollektiv, nach gut 10 000 Jahren Ackerbau, 5000 Jahren urbaner Zivilisation, rund 200 Jahren fossilem Kapitalismus und liberaler Demokratie, und nur, wenn man diese Bezugsräume öffnet, haben wir eine Chance, zu begreifen, wie bedeutsam die nächsten Jahre werden, wie entscheidend diese kommenden Jahrzehnte sind.

Denn im Alltag zwischen Morgenyoga, Babybrei, Bügeleisen, Stop-and-Go, Mitarbeitendengespräch, After-Work-Drink, Kreisliga A und Mensch-Ärgere-Dich-Nicht fällt das oft nicht auf. Im Alltag des globalen Nordens waren die Krisen der vergangenen Jahre aushaltbar, wurde es nun sehr lange recht beständig besser.

Mitten in der »Great Acceleration«, als die ökologischen Krisen schon sichtbar waren, gaben sich Vordenker in westlichen Gesellschaften in den Neunzigerjahren des 20. Jahrhunderts noch dem Gefühl hin, es seien nun unpolitische Zeiten eingekehrt. In der Kultur dominierte der unpolitische Pop, in dem es vor allem darum ging, nicht zu langweilen, weil die Welt so unendlich fad schien.

Im Alltag der Industriegesellschaften erinnert man sich an andere Krisen, das Ozonloch zum Beispiel, den sauren Regen, und dass alles nicht so schlimm kam. Im Alltag, muss man sagen, irrt man sehr. Man unterschätzt das, was auf uns zukommt. Man unterschätzt sogar das, was schon passiert ist. Dabei wirken mehrere Prozesse zusammen, gegen die wir bewusst anarbeiten müssen, um eine Chance zu haben, die Bedeutsamkeit der Gegenwart zu verstehen.

Erstens das Präventionsparadox, sattsam bekannt aus der Corona-Pandemie. Es bedeutet: Wenn Prävention erfolgreich war, sieht es hinterher so aus, als wäre sie nie nötig gewesen. So war es auch beim Waldsterben und dem Ozonloch.

Zweitens die Überzeugung, dass es so schlimm schon nicht kommen wird. Vielleicht ist es eine menschliche Grundeigenschaft, ganz sicher ist es auch ein Teil der Ideologie der westlichen Nachkriegsgesellschaften, also der Jahre der »Great Acceleration«. Unsere Kinder sollen es einmal besser haben, lautete der Anspruch der meisten Menschen in der zweiten Hälfte des 20. Jahrhunderts. Unsere Kinder werden es einmal besser haben, hieß die Erwartung.

Wie mächtig die Scheinerfahrung von beständiger Besserung ist, sieht man daran, dass der Kalte Krieg heute als Beispiel für die stabilisierende Wirkung von Aufrüstung gilt. In der Rückschau erscheinen der Kollaps der Sowjetunion und das weitgehend friedliche Ende des Systemkonflikts so zwangsläufig. Dabei war es zu einem guten Teil reines Glück, dass der Atomkrieg ausblieb. Die Stabilität war in Wahrheit Instabilität. Sie hat nur zufällig nicht zum Zusammenbruch geführt.

Hinterher sieht immer alles so aus, als habe es genau so kommen müssen, wie es letztlich kam. Hinterher wird alles eingefügt in die große Erzählung. Und die lautet im Westen nun einmal seit Jahrzehnten, dass das Leben immer besser wird. Diese Einstellung wird auch in die Zukunft projiziert.

Drittens der falsche Vergleich bisheriger Krisen mit der Klimakrise. Etwa dem Ozonloch, das vor allem durch freigesetzte Fluorkohlenwasserstoffe (FCKW) verursacht wurde, wodurch mehr schädliche UV-Strahlung der Sonne auf die Erde dringt, wo sie in menschlichen Zellen Strukturen zerstört und Tumore verursacht. Diese FCKW wurden vor allem als Kühlmittel eingesetzt und dann, nach internationalen Verhandlungen, mit dem Montreal-Protokoll 1987 weitgehend verboten. Seitdem schließt sich das Ozonloch langsam.

Der saure Regen hat nicht alle Wälder dahingerafft. Der Himmel über der Ruhr, einst schwarz vom Kohleruß, ist wieder blau geworden, so wie Willy Brandt es gefordert hatte.[21] Badegewässer sind heute in Deutschland sauberer als noch vor einigen Jahrzehnten und die Wasserqualität im Rhein hat enorm zugenommen, seit der Zufluss von Abwässern reguliert wird. Sogar Wolf, Biber und Seeadler sind wieder nach Deutschland zurückgekehrt oder zahlreicher geworden.

Solche Krisen scheinen immer wieder zu zeigen: Am Ende bekommt der Mensch die Kurve. Sie lassen sich natürlich mit der Klimakrise (und dem Artensterben) vergleichen, aber das Ergebnis dieses Vergleichs lautet immer: Sie sind grundverschieden. Die Menschheit verändert, wie bis hierhin skizziert, in einem nie dagewesenen Tempo und in nie dagewesener Tiefe die Erdsysteme. Und zwar so, dass sich der Mensch in einer zunehmend extremen Umwelt wiederfindet, die noch niemand vor uns erlebt hat und auf die all unsere gesellschaftlichen Systeme nicht eingestellt sind.

Auch die bisherigen ökologischen Krisen wurden nur abgemildert, als hinreichende Maßnahmen ergriffen wurden. Die ökologischen Krisen heute sind aber unendlich viel komplexer in ihren Ursachen und Folgen, als das Ozonloch es war.

Um sie einzudämmen, reicht es nicht aus, Filter in Autos einzubauen, neue Kühlmittel in Kühlschränken zu nutzen oder die Unternehmen am Oberlauf des Rheins zu regulieren. Unsere gesamte Lebensweise auf der ganzen Welt muss sich grundlegend verändern.

Menschheitsrevolution, Zeitenwende, Epochenbruch, das sind die Begriffe, die diesen Moment wenigstens näherungsweise und doch unzureichend beschreiben. Eine Veränderung der Umwelt ohne Vergleich, sui generis, unerhört. Neuland. Der Klimaumbruch ist die eigentliche Zeitenscheide, die Grenze einer neuen Zeitrechnung. BC, Before Christ, vor Christi Geburt, und AD, Anno Domini, im Jahr des Herrn, werden abgelöst. Vorher war BCC, Before the Climate Crisis. Jetzt kommt ACD, After Climate Discontinuity, um einen Begriff des Journalisten und Klimafuturisten Alex Steffen zu leihen, der die Klimakrise als große Diskontinuität beschreibt.[22] Wenn es schlecht läuft, wird aus ACD auch After Climate Destruction. Nach der Zerstörung.

Das so zu verinnerlichen, ist alles andere als einfach. Wenn man sich eine Weile nicht mit der Klimakrise befasst, wächst die Neigung, sich vom Alltag einlullen zu lassen. Selbst beim Schreiben dieses Buchs stelle ich mir fast täglich die Frage: Was, wenn es doch alles nicht so schlimm kommt? Was, wenn doch alles schon wird? Übertreibe ich? Betreibe ich Alarmismus? Muss ich hier noch eine Relativierung einbauen, dort noch einen Hinweis auf Unsicherheiten?

Zu einem gewissen Teil ist das gesunde Skepsis. Zu einem größeren Teil ist es Verdrängung in Aktion. Die Größe der Krise zu sehen, ist eine beständige aktive Handlung, die nicht aus der Übung geraten darf. Normalität ist eine starke Droge. Nur, wenn man die Größe dieser Veränderung vor Augen hat, nur, wenn man versteht, dass sich die alte Normalität nicht bewahren lässt, wird eine Veränderung unseres Demokratieverständnisses aber überhaupt plausibel.

Im Sport sagt man: Never change a winning team, verändere nie etwas an einer Mannschaft, die gewinnt. In anderen Lebensfeldern heißt es: Never fix what isn't broken – repariere nicht, was nicht kaputt ist. Unsere Demokratie ist nicht zerbrochen, aber die äußeren Umstände sind es, in denen sie entstanden ist und geformt wurde.

Dies ist eine zentrale Wahrheit der Klimakrise, die für so vieles gilt: Es kann nicht so bleiben, wie es ist – weil sowieso nichts so bleiben wird, wie es ist. Entweder wir werfen alles um und denken auch neu über die Funktionsweise dieses Systems nach, oder die Klimakrise wird dafür sorgen, dass unsere Systeme nicht mehr funktionieren. Im ersten Fall haben wir die Kontrolle, im zweiten Fall sind wir nur noch ausgeliefert. Anders gesagt: Im ersten Fall sind wir freie politische Subjekte, im zweiten Fall sind wir unfreie Objekte der Klimakrise und ihr unterworfen.

Darauf baut das ganze Argument auf. Wenn die nächsten Jahre und Jahrzehnte fehlschlagen, geht es an die Substanz der Demokratie und unserer Freiheit. Selbst im besten Fall wird sie nicht so bleiben, wie sie ist. Diese Analyse ist die Grundlage, sie ist der entscheidende Unterschied zwischen leichtfertiger Infragestellung der Demokratie und der notwendigen Anpassung an neue Zeiten.

Einschub:
Die große Unsicherheit

Was wir wissen und was nicht
Warum wir das Schlimmste nicht ausschließen können

An dieser Stelle muss man einmal eine kurze Pause einlegen und über Unsicherheit nachdenken. Denn über die Klimakrise, ihre möglichen Folgen und ihre Einhegung zu sprechen, bedeutet, ohne Sicherheit zu sprechen, ohne Gewissheit, ohne Netz und doppelten Boden. Stattdessen geht es um Wahrscheinlichkeiten, um Konfidenzintervalle, um die Grenzen des Plausiblen.

Das liegt zum einen schlicht daran, dass es um die Zukunft geht. Die lässt sich bekanntermaßen nicht verlässlich vorhersagen. Es liegt auch am Wesen der Wissenschaft: Die kann sich irren, und dann korrigieren, das macht sie gerade aus. Es liegt aber auch an der Art unseres Wissens bisher und am Wesen der Klimakrise selbst.

Sehr vieles wissen wir sehr genau. Dass Treibhausgase die Erde erwärmen und wie sie es tun. Wo die meisten von ihnen herkommen und also auch, wie sie sich vermeiden lassen. Manches können wir sehr gut vorhersagen: Dass es mit hoher Wahrscheinlichkeit mehr Dürren geben wird und wo, oder an welchen Orten mehr Starkregenereignisse zu erwarten sind. Manch anderes können wir zwar recht gut berechnen, aber längst nicht gut genug: Wie sehr eine Verdopplung von CO_2

die Temperaturen auf der Erde genau erhöht. Wie stark die Teufelskreise wirken, die der tauende Permafrost oder schmelzendes Eis in Gang bringen. Wie viele Kippelemente es wirklich gibt. Wie sie miteinander interagieren. Wie wahrscheinlich ein Teufelskreis aus sich selbst verstärkenden Phänomenen ist.

In den letzten Jahren, durch neue Bemühungen um Klimaschutz, eine Veränderung der globalen Nutzung von fossilen Energieträgern, und auch durch bessere Berechnungen, hat sich der Korridor der vorstellbaren Szenarien deutlich verkleinert.

So halten Wissenschaftler*innen etwa jenes Szenario, das lange Zeit als »business as usual« beschrieben wurde, also als »Weiter wie bisher«-Verlauf (technisch heißt es beim Weltklimarat SSP5–8.5), für nahezu ausgeschlossen, weil es beispielsweise unplausibel große Mengen an verbrannter Kohle bis zum Ende des Jahrhunderts voraussetzt. Allerdings beschreibt bislang dieses Modell die realen Emissionen recht gut. Wenn es ungünstig läuft, könnten außerdem vergleichbare Folgen auch eintreten, wenn wir weniger CO_2 ausstoßen. Und noch immer reicht der Korridor von katastrophalen, aber beherrschbaren Veränderungen bis zu einer Treibhauserde wie vor vielen Millionen Jahren.

Der Weltklimarat errechnet für jedes Emissions-Szenario eine Spannbreite, innerhalb derer die Erwärmung sehr wahrscheinlich (aber nicht hundertprozentig sicher) bis Ende des Jahrhunderts liegen würde. Diese Spanne beträgt je nach Szenario 0,8 bis 2,2 Grad Schwankung. In jenem Szenario, das der derzeitigen Politik am ehesten entspricht, ist die beste Schätzung: 2,7 Grad. Der Korridor des Möglichen aber liegt zwischen 2,1 Grad (sehr viel besser) und 3,5 Grad (verheerend).

Blättert man durch den sechsten Bericht des Weltklimarats, dann stößt man auf eine Tabelle, die zeigt, wie viel Gigatonnen CO_2 der Menschheit noch als Restbudget bleiben, wenn sie gewisse Klimaziele erreichen will. Da steht dann, dass noch 900 Gigatonnen verbleiben, um eine 83-prozentige Chance auf 2 Grad Erwärmung zu haben. Dort steht aber auch, dass noch 900 Gigatonnen CO_2 übrig bleiben, um eine 17-prozentige Chance auf eine Erwärmung von nur 1,5 Grad zu haben.

Noch einmal in Ruhe: Die gleiche Menge CO_2 könnte zum bestmöglichen Ausgang führen (1,5 Grad Erwärmung), wahrscheinlicher zur mit Ach und Krach geschafften Einhaltung des Pariser Abkommens (2 Grad) oder aber auch zu einer stärkeren Erhitzung. Für den besten und schlechtesten Ausgang ist die Chance etwa jeweils so hoch, wie mit einem Würfel eine Sechs zu werfen.

Selbst die Fähigkeiten der besten Forscher*innen, die leistungsstarke Computer und hochkomplexe Modelle nutzen und ihre Befunde systematisch vergleichen, schaffen über die realen Folgen keine Gewissheit. Sie erzeugen handhabbare Ungewissheit, eine Form von Unsicherheit, auf deren Grundlage wir Entscheidungen treffen können. Das ist sehr viel. Man darf diese produktive Unsicherheit nicht für völlige Blindheit halten. Man darf sie aber auch nicht mit Sicherheit verwechseln.

Ein weiteres Problem ist das Auseinanderklaffen der Größe der Wirklichkeit und der Größe der Zeichen, mit der wir sie beschreiben. 2 Grad oder 3 Grad, dazwischen liegen die größten Umweltveränderungen, die die menschliche Zivilisation je erlebt hat. Zwischen der aktuellen Politik, die zu einer Erwärmung um rund 2,7 Grad führen würde, und den Netto-Null-Versprechen, die zu etwa 1,9 Grad führen würden, liegt die größte politische Anstrengung, die Gesellschaften je unternommen haben, von der unklar ist, ob sie überhaupt zu schaffen ist. Die unvorstellbar großen Sprünge verschwinden hinter unvorstellbar klein klingenden semiotischen Differenzen.

Über die Klimakrise zu schreiben, bedeutet, Sätze zu schreiben, die eigentlich unvorstellbar sind. Dieses ganze Buch ist voll davon. Massenaussterben, mögliches Ende der Menschheit, Zusammenbruch der Demokratie, Milliarden auf der Flucht, Megadürren, Ende der Zivilisation, wie wir sie kannten: Aber die Unfassbarkeit dieser Sätze verschwinden hinter der Beiläufigkeit des Schreibens und des Lesens. Wir sind es nicht gewohnt, dabei die Botschaften zu vermitteln und zu erfassen, die wir vermitteln und erfassen müssten. Wenn das Medium immer auch die Botschaft ist, dann ist die Botschaft des Schreibens, Verlegens, Druckens und Lesens eines Buchs eher Normalität als Epochenbruch.

Was also wissen wir, was gelingt uns, zu wissen?

Wir haben eine gute Vorstellung von dem, was uns droht. Es gibt, das ist wahr, eine sehr kleine Chance, dass alles nicht so schlimm kommt. Es gibt aber, und das ist in diesem Fall wichtig, auch eine Chance, dass es noch viel schlimmer kommt, als wir im Moment ahnen.

Und das betrifft nur jene Veränderungen, die man berechnen kann. Wie Gesellschaften reagieren, lässt sich nicht berechnen. Aber es spricht wenig dafür, dass sie unter Druck und Belastung, zwischen permanenten Krisen und wachsender, ungesteuerter Ressourcenknappheit, trotz der dauernden Erfahrung von Ohnmacht und fehlender Selbstwirksamkeit stabil bleiben, frei bleiben, vielleicht sogar freier und stabiler werden.

Das Prinzip Vorsicht

Warum die Gefahr so groß ist, dass wir
nicht auf Risiko spielen können

Im Umgang mit Unsicherheit stehen einem zwei grundlegende Strategien zur Verfügung. Entweder wenig zu tun, wenig zu verändern, vor allem zu hoffen, dabei bewusst zu riskieren, dass die negativen Folgen eintreten. Oder alles zu tun, um den Schaden zu verhindern, und dabei zu riskieren, dass man unnötig viel getan hat. Wofür man sich entscheidet, hängt im Wesentlichen von der Eintrittswahrscheinlichkeit und den potenziellen Folgen ab.

Niemand wird an einem sonnigen Tag einen Regenschirm einpacken, weil das Risiko, durch einen plötzlichen Regenguss nass zu werden, klein ist und praktisch irrelevant. Sind Schauer gemeldet und man transportiert wichtige Dokumente, wird man wegen der möglichen Folgen eventuell einen Schirm einpacken. Nieselt es schon den ganzen Tag, wird man womöglich einen Schirm mitnehmen, weil die Wahrscheinlichkeit, nass zu werden, sehr hoch ist, auch wenn es nicht allzu gefährlich wäre, allenfalls unangenehm.

Derzeit behandeln wir die Klimakrise und die Überschreitung von Kipppunkten im Grunde ähnlich wie einen möglicherweise drohenden Regenguss. Wir schauen seit Jahrzehnten auf die Restunsicherheit: Ist der Klimawandel real? Ist er wirklich menschengemacht? Schreitet er tatsächlich so schnell voran? Wissen wir sicher, dass es Kipppunkte gibt? Könnten wir nicht auch mit weniger Gegenmaßnahmen zurande kommen?

Dabei müssten wir eigentlich eine andere Frage stellen: Was droht uns im schlimmsten Fall, wenn alles schiefgeht? Wenn wir nicht schnell genug Treibhausgase einsparen, wenn ein System nach dem anderen kippt?

Und was wäre, andersrum, wenn wir die Welt im Rekordtempo von fossilen Energieträgern befreien? Die wirtschaftliche Rechnung ist klar: Würden wir aufhören, Öl, Gas und Kohle zu verbrennen, würde die Luftverschmutzung sinken, wodurch Menschen gesunder würden, und allein dadurch, schätzen Ökonom*innen, hätten sich die Investitionen in eine fossilfreie Welt schon finanziell gerechnet.

Tatsächlich ist Luftverschmutzung durch Verbrennung von Öl, Gas, Kohle eine der extremsten Schadquellen. Im Schnitt, heißt es, verliere jeder Mensch weltweit zwei Jahre an Lebenserwartung nur wegen dreckiger Luft. In Indien sind es sogar fünf, in der Hauptstadt Delhi 9 bis 10 Jahre. Luftverschmutzung trägt zu ungefähr allen Krankheiten bei: Herz-Kreislauf-Erkrankungen, Lungenkrankheiten wie Asthma, Krebs und neurologischen Störungen.

Ohne Verbrennungsmotoren wären Städte außerdem viel leiser, mit weniger Autos wären sie sicherer. Obendrein würden viele autoritäre Machtcliquen die Grundlage ihrer Herrschaft verlieren: in Russland, Saudi-Arabien, Venezuela, Oman, Katar, den Vereinigten Arabischen Emiraten.

Wenn Klimarealist*innen mit dem Einwand konfrontiert werden, vielleicht komme es ja doch alles nicht so schlimm, entgegnen sie deswegen manchmal sarkastisch: Gott bewahre, wenn wir am Ende umsonst eine bessere Welt geschaffen haben! Mit erneuerbaren Energien, sauberer Luft, leisen Städten und dezentraler Energie.

An diesem Satz ist viel wahr, aber ganz so einfach ist es natürlich auch nicht. Die Transformation aller Gesellschaften ist eine immense Aufgabe, eine, die sich unter dem Strich selbst dann rechnet, wenn man noch gar nicht über vermiedenes menschliches Leid redet. Sie macht die Welt im Großen für alle besser, aber sie macht das Leben im Kleinen für manche natürlich auch unangenehmer. Sie kostet etwas: Geld, Bequemlichkeit und alte Gewissheiten. Sie ist durchaus eine Zumutung. Nur ist die Alternative eben die Zerstörung der Freiheit, also die ultimative Zumutung. Und auch wenn nicht ganz sicher ist, dass es so kommt wie prognostiziert – allein, dass der Verlust der liberalen Gesellschaften möglich ist, muss die Kalkulation und unser Bewusstsein fundamental verändern. So, wie man im Alltag üblicherweise lebensgefährliche Situationen anders bewertet als die Gefahr, bei Regen nass zu werden. Das Risiko ist so groß, dass es neues Denken von uns erzwingt.

Im vorigen Teil habe ich zu argumentieren versucht, dass die Klimakrise, wenn sie nicht entschieden eingedämmt wird, freiheitliche Gesellschaften auf vielfältige Weise unwahrscheinlich machen wird. Nicht mit Sicherheit unmöglich, aber doch zumindest sehr unwahrscheinlich.

In den nächsten Teilen wird es darum gehen, wie wir dafür sorgen können, dass sie entschieden eingedämmt wird.

II Wir werden das Klima nur demokratisch retten

Autoritärer Sirenengesang
Warum die Diktatur für manche wie eine Lösung aussieht

Im ersten Teil des Buches ging es darum, zu zeigen, dass nur eine weitreichende Klimapolitik die Möglichkeiten für liberale Demokratien, für freie Gesellschaften nach unserem Verständnis bewahren kann. Klimaschutz, das folgt daraus, ist eine schiere Notwendigkeit. Das, was zur Eindämmung der Erderhitzung getan werden muss, ist nicht politisch entscheidbar, sondern ergibt sich aus physikalischen Realitäten. Der Scheinwiderspruch zwischen Klimaschutz und der Langsamkeit der Demokratie lässt sich daher nicht aufheben, indem man die Ambition senkt. So einfach ist es leider nicht.

In diesem Teil geht es darum, zu zeigen, dass sich der Widerspruch aber auch nicht in die andere Richtung auflösen lässt. Wer glaubt, eine Form von Ökodiktatur würde die Probleme lösen, der irrt.

Dass der Gedanke überhaupt aufkommen kann, liegt an mehreren Eigenarten demokratischer Entscheidungsfindung: der Umkehrbarkeit von Entscheidungen, der Orientierung an Machtwechseln alle paar Jahre und dem Kompromisszwang.

Wie schon ausgeführt, begründen sich Demokratien am einfachsten aus der Idee, dass niemand den Anspruch erheben kann, das Gute und Richtige für eine Gesellschaft zu kennen, dass also alle Menschen mitreden und das Zusammenleben mitgestalten können. Auch, wenn sie nicht alle das Gleiche wollen. Oder gerade, weil sie nicht das Gleiche wollen. Demokratie lebt vom Prozess. Sie stellt Mittel und Wege bereit, um unter diesen Bedingungen trotzdem zu Entscheidungen zu kommen, mit denen alle einigermaßen leben können und die sie auch dann als gültig akzeptieren, wenn sie anders ausfallen als gewünscht. Dabei kommt sie in großen Gesellschaften nicht ohne Repräsentation aus. Einige Vertreter*innen, die dazu üblicherweise in Wahlen ermächtigt werden, treffen bindende Entscheidungen für alle.

Das kann nur funktionieren, wenn zwei Prinzipien gelten: Entscheidungen sind gültig, aber revidierbar. Und diejenigen, die sie treffen, sind frei, aber verantwortlich, und können ausgetauscht werden – womit verhindert wird, dass immer zugunsten von bestimmten Interessen und zulasten von anderen entschieden wird.

Deshalb steht jede Entscheidung in einer Demokratie prinzipiell infrage, sobald sie getroffen wurde. Nach einiger Zeit stellen sich die Volksvertreter*innen dem Volk, üblicherweise in freien Wahlen, und müssen dann Rechenschaft ablegen über ihre freien Entscheidungen. Finden sie keine Zustimmung, kommt es zum Machtwechsel. Der friedliche und regelmäßige Machtwechsel ist praktisch ein Wesenskern der Demokratie.

Damit die Mächtigen eine Chance haben, mächtig zu bleiben, müssen sie populäre Politik vertreten, jedenfalls in gewissem Maße. Sie müssen zusehen, es sich nicht mit zu vielen Bürger*innen zu nachhaltig zu verscherzen.

All das führt dazu, dass demokratische Politik dazu neigt, eher kurzfristig zu denken. Was bis zur nächsten Wahl Erfolge bringt, ist erst einmal gut. Was bis dahin Kosten erzeugt, ist erst einmal schlecht. Eine Studie hat gezeigt, dass Menschen Politiker*innen belohnen, wenn diese Geld für Katastrophenhilfe auszahlen, aber bestrafen, wenn sie dieses Geld vorher ausgeben, um Katastrophen vorzubeugen.[23] Zumal langfristige Planung sowieso dadurch erschwert wird, dass Entscheidungen revidierbar sein müssen, also wieder umgeworfen werden können. Besonders eindrücklich lässt sich das am Umgang mit Kernenergie in Deutschland sehen: Erst beschloss die rot-grüne Regierung den Atomausstieg (2002), dann folgte der schwarz-gelbe Ausstieg aus dem Ausstieg (2010), dann, nach Fukushima im nächsten Jahr (2011), der erneute Ausstieg durch schwarz-gelb. Im letzten Jahr entfachte der russische Überfall auf die Ukraine erneut die Debatte über einen Wiedereinstieg. Das wirkt erratisch und ist auch erratisch, aber muss in einer Demokratie genau so möglich sein.

Schließlich erzwingt die demokratische Methode lange Beratungen und ständige Kompromisse, denn wenn alle Interessen gleichermaßen legitim sind, muss verhandelt werden. Und wenn nur lang genug verhandelt wird, wird im Regelfall irgendein Mittelweg gefunden.

Es ist nicht schwer zu erkennen, dass diese Prinzipien nicht immer leicht mit der Realität der Klimakrise zu vereinbaren sind. Die Klimakrise drängt, die Zeit läuft ab, selbst Maßnahmen, die heute radikal aussehen, sind tendenziell unterambitioniert, weshalb wenig Raum für Kompromisse bleibt. Mit Molekülen und Energiebilanzen kann man nicht verhandeln. Die Klimakrise bringt so einen nicht revidierbaren Aspekt in die Demokratie.

Klimapolitik in Demokratien scheitert bislang auch daran, dass zu viele Menschen mit zu unterschiedlichen Interessen mitreden und wichtige Projekte gestoppt werden, weil zu wenige Menschen bereit sind, im persönlichen Leben Abstriche hinzunehmen. Windräder wollen viele gern, aber nicht in Sichtweite des eigenen Hauses. Weniger Autos wären gut, ja, aber auf das eigene kann nicht verzichtet werden. Im Zweifel wird vor Gericht geklagt. Was den demokratischen Prozess und die Umsetzung von klimapolitischen Zielen mindestens verlangsamt.

All das macht Menschen im Angesicht der Klimakrise offen für den Sirenengesang des Autoritären. Herrschende in Diktaturen können vergleichsweise unbeschränkt handeln. Sie müssen kurzfristig keine Mehrheiten in der Bevölkerung oder im Parlament hinter sich bringen. Langfristig müssen sie nicht fürchten, bei nächster Gelegenheit abgewählt zu werden.

Dazu kommt bei Teilen der über die Klimakrise Besorgten womöglich das Gefühl, dass es bisher demokratisch nicht funktioniert hat und dass nun etwas ganz anderes versucht werden muss. Oder auch, dass extreme Zeiten extreme Ideen verlangen, und der Ökoautoritarismus ist ziemlich extrem.

Diese Position ist immer noch eine Nischenhaltung unter Klimarealist*innen, also jenen, die einen Umgang mit der Krise fordern, der deren Größe angemessen ist. In den allermeisten Fällen ist von der Ökodiktatur nur dann die Rede, wenn vor ihr gewarnt wird. Selten bis nie wird sie offen eingefordert. Die Ökodiktatur ist in Wahrheit in den allermeisten Fällen ein Strohmann.

Auch der Politologe Ross Mittiga hat sie nicht explizit eingefordert. Aber sein Aufsatz im *American Political Science Review* aus dem Winter 2021/22 endet mit den Worten, zur Wahrung der Legitimität des Systems könnte, notfalls, auch »ein autoritäres Vorgehen« nötig werden.[24] Selbst in der vielleicht renommiertesten politikwissenschaftlichen Zeitschrift lassen sich solche Gedanken mittlerweile formulieren. In *Foreign Policy* erschien im Frühjahr 2022 ebenfalls ein Essay dazu. »Demokratie in ihrer aktuellen Form ist nicht notwendigerweise der Weg zu einer Lösung. Sie könnte, im Gegenteil, sogar Teil des Problems sein«, schreibt Cameron Abadi, der stellvertretende Chefredakteur des Magazins, darin.[25]

Die Debatte ist also in der Welt und wer über grundlegende systemische Fragen spricht, über Klimakrise und Demokratie, muss sich zu ihr verhalten. Glücklicherweise ist das relativ leicht.

Diktaturen zerstören die Freiheit
Warum man Freiheit nicht durch Unfreiheit
schützen kann

Die Antwort auf die Frage, ob die Ökodiktatur eine Lösung
sein kann, lautet: nein. Der unmittelbare Grund dafür ist ähnlich kurz wie die Antwort und zunächst ein Bekenntnis: Sie
darf keine Option sein. Wie im ersten Kapitel beschrieben, ist
es gerade die Freiheit, die in der Klimakrise gefährdet ist. Eine
Diktatur würde die Freiheit zerstören, die es zu schützen gilt.
Und Demokratie und Freiheit abzuschaffen, um sie zu bewahren, ergibt keinen Sinn.

Damit könnte alles gesagt sein, aber glücklicherweise lässt
sich sowohl theoretisch als auch empirisch zeigen, dass dieser
Impuls nicht nur richtig ist, sondern auch stimmt.

Diktaturen dienen nur den Herrschenden

Warum sich eine Diktatur nicht steuern lässt

Paul Kagame war einmal ein ruandischer Held. Als Kind war seine Familie vor ethnischer Verfolgung aus dem Land geflohen, als junger Mann baute er im Nachbarland Uganda eine Miliz auf. Als von 1994 an radikale Hutus, Angehörige einer der von Kolonialherren definierten Volksgruppen, einen Völkermord an den Tutsis begannen, da waren es Kagames Truppen, die dem hunderttausendfachen Morden ein Ende bereiteten – während die internationale Gemeinschaft untätig zuschaute. Kagame war zunächst vor allem ein Befreier, wurde 1994 Verteidigungsminister und im Jahr 2000 Präsident. Danach jedoch wurde aus dem Befreier ein Unterdrücker. Heute, zwanzig Jahre später, ist Ruanda ein durch und durch autoritärer Staat.

Der Freiheitskämpfer, der zum Unterdrücker wird, der Revolutionär, der sich an der Macht berauscht, ist eine Art Archetyp politischer Herrschaft.

Robert Mugabe, ein Kämpfer gegen den britischen Kolonialismus, wurde in Simbabwe zum repressiven Diktator über Jahrzehnte, den vor allem seine Macht und seine Bereicherung interessierten. Fidel Castro brachte Kuba nicht die klassenlose Gesellschaft, sondern eine kommunistische Diktatur mit einer herrschenden Machtelite.

Hinter der Idee einer Ökodiktatur steckt daher vor allem ein sehr großes Missverständnis über die Funktionsweise von autoritären Systemen. Wer dem autoritären Sirenengesang erliegt, muss sich eine Ökodiktatur ja so vorstellen, dass sich die unbeschränkte Herrschaft zweckrichten lässt. Eine kleine Gruppe von Menschen bekommt Macht übertragen (oder nimmt sie sich?) und setzt sie dann ein, um kompromisslos der Klimakrise zu begegnen. Es handelte sich gewissermaßen um eine Diktatur von unten, vom Volk getragen, für das Volk und damit für die Menschheit.

Ungefähr alles daran ist unklar oder absurd: Wer sollte diese Gruppe sein? Wie soll sie an die Macht kommen? Soll sie sich selbst an die Macht putschen? Mit welchen Mitteln soll sie dagegen vorgehen, dass doch Treibhausgase produziert werden? Soll sie foltern und morden für die Freiheit?

Aber selbst wenn sich all diese Fragen irgendwie klären ließen, ergibt eine Ökodiktatur theoretisch keinen Sinn, weil sich unbeschränkte Herrschaft eben nicht lenken lässt. Selbst wenn ein Machtapparat eingesetzt würde, dessen Aufgabe es ist, vor allem das Klima zu schützen – wer könnte dafür sorgen, dass er es auch tut? Und was geschähe, wenn er es nicht tut? Wer überwacht dann die Wächter, wer schützt den Klimaschutz vor den Klimaschützerherrschern?

Selbst wenn eine Gesellschaft in freier Entscheidung solche Macht vereinbaren würde, würden ihre zuvor freien und gleichen Mitglieder damit im selben Moment zu Untertanen. Sie könnten fortan nur noch hoffen, dass der Apparat tut, was sie wollen. Sie würde sich in einer großen verzweifelten Tat ausliefern und ihre Handlungsfähigkeit verlieren. Aber die Diktatur kommt nicht ohne Bereicherung, die Autokratie ist immer auch eine Kleptokratie.

Zumal sich mit Errichtung der Ökodiktatur auch sofort die Interessenlagen verschieben würden. Es droht ja gerade nicht das Ende der Menschheit (jedenfalls nicht unmittelbar), sondern nur das Ende unserer Freiheit. Die Gefahr für die Freiheit macht Klimaschutz so drängend. Nur ist die Freiheit nichts, was autoritäre Herrschende allzu sehr kümmert oder kümmern müsste. Und auch die materiellen Kosten für die Gesellschaft brauchen sie nur während ihrer Lebzeiten zu interessieren.

Sie können diese Kosten auch noch abwägen gegen die Wohlstandsgewinne in den nächsten Jahren, die durch eine Fortsetzung der fossilen Lebensweise entstehen können. Wer den Leuten ihr Leben lässt, wie es ist, wer Öl verkauft oder Gas, kann sich für die nächsten Jahre womöglich ein bequemeres Herrscherleben machen.

Herrschende in autoritären Systemen sind nicht ans Recht gebunden, dieses Kernprinzip von Rechtsstaatlichkeit findet sich nur in Demokratien (wenn auch nicht immer bedingungslos), genauso wie sich unabhängige Gerichte nur in Demokratien finden. Damit fehlt autoritären Systemen ein entscheidender Mechanismus, der Herrschende dazu zwingen kann, Eigennutz hintenan zu stellen, Versprechen einzuhalten, Rechte zu wahren, und der (dazu im vierten Teil noch mehr) neben Parlament und Regierung und Verwaltung auch für mehr Klimaschutz sorgen kann.

Es lässt sich also kalten analytischen Herzens darlegen, warum die Ökodiktatur ein Hirngespinst ist und bleiben wird. Schaut man darüber hinaus in die Welt, dann bestätigt die Wirklichkeit diese Einschätzung.

Diktaturen schützen die Umwelt nicht

Wie mau die Bilanz der Autokraten in ökologischen
Fragen ist

Der UN-Generalsekretär Antonio Guterres hatte wenig Geduld für diplomatische Nettigkeiten, als er die Staatenlenker*innen 2019 zu einem Sonder-Klimagipfel zusammenrief. Wer dort reden wollte, das war Guterres' Ansage, müsse auch etwas zu bieten haben. Konkrete Versprechen, verbindliche Politik, nicht nur leere Worte.

Am Ende stand er vor dem Problem, dass es unter dieser Maßgabe ein sehr kurzer Gipfel geworden wäre – zu wenige Staaten waren wirklich willens, etwas zu tun. So wurden die Anforderungen gelockert, aber dennoch galt: Wer früh reden durfte, gehörte zu den Einäugigen unter den Blinden.

Als Erste sprach Jacinda Ardern, die neuseeländische Premierministerin. Dann Hilda Heine, die Präsidentin der Marshallinseln, vor dem indischen Premierminister Narendra Modi und der deutschen Kanzlerin Angela Merkel. Demokratie, Demokratie, Demokratie (mit Schwächen), Demokratie. Oder, andersherum formuliert: keine Diktatur, keine Diktatur, keine Diktatur, keine Diktatur.

In Demokratien geht es um den Ausgleich individueller Interessen, aber immer auch um das Gemeinwohl. Auch diejenigen, die nicht im eigenen Sinne argumentieren, sondern im

Sinne eines angenommenen Gemeinwohls, bekommen Gehör. Auch sie werden Teil der allgemeinen Kompromissfindung. Nicht wenige entscheiden, sondern viele, also auch immer genügend, denen das Thema wichtig ist.

Für beinahe jede Form von Umweltschutz ist das Bild daher wenig überraschend eindeutig, das die Politikwissenschaft seit Jahrzehnten zusammengesetzt hat. In fast allen Umweltfragen haben Demokratien eine bessere Bilanz als Diktaturen, und selbst wenn es mal nicht so eindeutig ist, dann ist nur strittig, ob Demokratien wirklich besser abschneiden oder nur genauso schlecht. Diktaturen schneiden jedenfalls nie besser ab.

Das gilt für Luftverschmutzung genauso wie für Überfischung im Afrika südlich der Sahara, Stickstoffausträge, Abholzung, Übernutzung von Land oder Wasserverschmutzung – Demokratie hat, verglichen mit Diktaturen, tendenziell einen positiven Einfluss auf die Umwelt. Auch wenn ein Teil der Befunde damit zusammenhängen mag, dass es nach dem Zusammenbruch der Sowjetunion und ihrer Wirtschaft in ihren demokratischeren Nachfolgestaaten oft weniger schmutzig zuging als zuvor – das spricht nicht gegen Demokratie, sondern nur gegen die sowjetische Diktatur.

Mit der proto-autoritären Wende in Brasilien unter Jair Bolsonaro nahm die Zerstörung des Regenwaldes wieder extrem zu – was die Regierungen vorher mühevoll erarbeitet hatten, die Strukturen, die über zwei Jahrzehnte gewachsen waren, wurden seit 2019 wieder zerschlagen. Auch das ist wieder ein anschauliches Beispiel dafür, wie schnell Systeme kippen, wie nicht-linear die Zerstörung voranschreiten kann.

Klimaschutz hat unter all diesen ökologischen Krisen eine gewisse Sonderstellung. Die Studienlage dazu ist, vereinfacht gesagt, nicht ganz so eindeutig. Auch wenn die Befunde eher lauten, dass Demokratien alles ein bisschen weniger schlecht machen.

Das ergibt auch theoretisch Sinn. Was Demokratien unter anderem ausmacht, ist Rechtsstaatlichkeit: Auch die Mächtigen sind ans Recht gebunden (während in Diktaturen die Mächtigen das Recht sind). Sie halten sich tendenziell eher an internationale Vereinbarungen[26], die wiederum, wie Forschung zum Kyotoprotokoll zeigt, zu sinkenden Emissionen führen[27]. Auch wenn es bislang so ist, dass Demokratien vor allem bereitwillig mehr versprechen, aber nicht unbedingt immer sofort auch entsprechend liefern.

Zu den klareren Befunden gehört, dass Demokratien wahrscheinlich dann und nur dann weniger emittieren, wenn sie wenig korrupt sind, und dass das Korruptionsniveau nur in Demokratien eine Rolle spielt. Diktaturen sind ohnehin eigentlich immer korrupt, denn wo das Recht willkürlich gesetzt und angewandt wird, blüht Willkür logischerweise.

Nach Naturkatastrophen verändern Diktaturen ihre Klimapolitik bisher nicht, wie der Politologe Lauri Peterson ermittelt hat.[28] Demokratien, so viel gehört zur Wahrheit, tun es auch nicht sonderlich nachhaltig, aber sie reagieren immerhin unmittelbar, vor allem die wohlhabenderen unter ihnen.

Ein Grund dafür dürfte auch sein, dass in Demokratien Menschen eher für die Umwelt kämpfen können, ohne dabei um ihr Leben fürchten zu müssen.

Der gefährlichste Job der Welt
Warum es kein Zufall ist, dass Umweltschützer*innen
so bedroht sind

Uniformierte Männer dringen am frühen Morgen des 7. März
2021 in das Haus von Ana Mariz Lemita-Evangelista und
ihrem Mann Ariel Evangelista in der philippinischen Stadt Na-
sugbu ein. Gegen vier Uhr morgens werden die beiden in ein
angrenzendes Haus gebracht, mindestens er ist bereits gefes-
selt, so berichtet es ein Zeuge. Kurz darauf fallen Schüsse. Die
beiden sind Umweltaktivist*innen, die sich für den Küsten-
schutz einsetzen. An diesem Tag werden sie erschossen. Später werden Polizisten dafür angeklagt. Bei weiteren Razzien
an diesem Tag, den philippinische Aktivist*innen seitdem
»Blutsonntag« nennen, wurden insgesamt neun Umweltschützer*innen und Menschenrechtler*innen getötet. Der damals
neunjährige Sohn von Ana Mariz Lemita-Evangelista und
Ariel Evangelista überlebte. So steht es in einem Bericht mehrerer UN-Sonderberichterstatter.

Wie gefährlich Umweltschützer*innen leben, zeigt sich,
wenn man sie mit Journalist*innen vergleicht. Dass die in
repressiven Systemen bedroht sind, ist allgemein bekannt.
Sie decken Korruption auf, sie berichten aus Krisengebieten
und machen sich dabei mächtige Feinde. Jedes Jahr werden Reporter*innen umgebracht. Das »Committee to Protect

Journalists« sammelt alle Fälle, deshalb lassen sich dazu genaue Angaben machen: Im Jahr 2020 starben mindestens 32.

Im gleichen Jahr wurden weltweit mindestens 227 Umweltaktivist*innen ermordet, wie die Organisation »Global Witness« berichtet. Die meisten von ihnen in Staaten, die keine liberalen Demokratien sind. Es gibt kaum eine Arbeit, kaum eine Berufung, die so gefährlich ist, wie sich für den Schutz der Umwelt einzusetzen.

Natürlich werden Umweltschützer*innen auch in liberalen Demokratien eingeschränkt. In Deutschland haben die Unionsparteien immer wieder Vorstöße unternommen, um etwa der Deutschen Umwelthilfe oder Greenpeace die Gemeinnützigkeit zu entziehen. Aktivist*innen, die sich in zivilem Ungehorsam üben, werden regelmäßig in Haft genommen. Sie übertreten dabei allerdings häufig gezielt das Recht, um die Politik herauszufordern. Dann handelt es sich nicht um Repression im engeren Sinne. Trotzdem ist Umweltaktivismus schon in freien Gesellschaften nicht ohne Risiko.

In Autokratien sind Umweltaktivist*innen wie alle zivilgesellschaftlichen Gruppen aber systematischer großen Repressionen ausgesetzt. Und regelmäßig mit dem Tod bedroht. Das ist kein unglücklicher Zufall.

Aktivist*innen kommen Menschen in die Quere, die sich durch Ressourcenabbau (oftmals Raubbau) extrem bereichern. Sie werden dort, wo Menschen unkontrolliert Macht ausüben können und sich entsprechend bevorteilen, als extreme Bedrohung empfunden.

Mal sind es Polizist*innen, denen diese Morde vorgeworfen werden, mal werden illegale Holzfäller*innen verdächtigt, Angehörige von Drogenkartellen oder Auftragskiller von Unternehmen. Wer die Geschäfte von Organisierter Kriminalität oder von Herrschercliquen stört, lebt gefährlich. Und oft genug lassen sich autoritäre Eliten und Organisierte Kriminalität kaum sauber trennen.

Autokratie gebiert immer auch Kleptokratie, weil sie bestimmte Akteure von Regeln befreit, formal oder faktisch. Bereicherung funktioniert immer dort besonders gut, wo Ressourcen wie Energiereserven, Edelmetalle, Holz, Wasser, Land oder Fisch übermäßig abgebaut werden können. Der Kampf gegen die Klimakrise bedeutet auch, Land stillzulegen, Wald nicht abzuholzen, Moore nicht trockenzulegen. Er passt nicht zur autoritären Logik der Willkür und Bereicherung.

Natürlich kennen auch Demokratien die formalisierte Übernutzung des Planeten nur zu gut. Formalisierte Nutzung aber lässt sich zumindest prinzipiell eindämmen. Die unregulierte, gewaltvolle Übernutzung dagegen lässt sich schwerer unterbinden und sie gedeiht in Autokratien besonders.

Selbst das Land, das mitunter als Gegenbeweis herhalten soll, ist aus verschiedenen Gründen keiner.

Sonderfall China
Warum China nicht die autokratische Regel ist, sondern die Ausnahme

Die Welt hatte gerade von einem neuen Atemwegsvirus Notiz genommen, das in China bereits viele Menschen tötete, da zogen die Behörden in der zuerst betroffenen Stadt Wuhan ein neues Krankenhaus hoch. Von Grund auf in knapp zwei Wochen. Es wurde zum Symbol für die Handlungsschnelligkeit, Organisationsfähigkeit und Tatkraft des chinesischen Systems.

Wenn anerkennend, manchmal auch kaum verborgen neidisch auf eine real existierende Diktatur geschaut wird, dann zumeist auf die Volksrepublik. In wenigen Jahren ist China zu einer absoluten Großmacht aufgestiegen, wirtschaftlich und militärisch in die Nähe der USA gerückt, technologisch auf höchstem Niveau. In einer Welt der Großen Beschleunigung beschleunigte zuletzt niemand so sehr wie China. Und all das politisch gesteuert.

Daraus lässt sich aber nicht folgern, dass Diktaturen besonders handlungsfähig seien und diese Handlungsfähigkeit auch nutzen könnten, um die Erderhitzung einzudämmen.

Dahinter steckt, zuallererst, ein fundamentales Missverständnis über das, was China derzeit ausmacht. Die Herrschaft der Kommunistischen Partei (KP) ist eine hyperrationale Diktatur, wobei die Hyperrationalität viel mehr zu ihrer Einzigartigkeit beiträgt als die Diktatur. China zeichnet sich in den vergangenen Jahrzehnten nicht so sehr durch Repressionen aus (die es auch gab und zunehmend gibt), sondern vielmehr durch eiskalte Berechnung, Rationalität, Vernunft und Zielorientierung.

Systematisch baute China seine Macht aus. Die harte, die aus Geld und Waffen erwächst, und die weiche, die aus Beziehungen und Charisma entsteht. Das Militär wurde hochgerüstet, heute hat China nicht nur die größte Armee der Welt, sondern auch eine hochmoderne. Die Wirtschaft ist in einem beispiellosen Tempo gewachsen, hat Abermillionen Menschen aus der Armut herausgebracht. Das Land wurde von einem Billiglohnland zur Hochtechnologienation.

Über Investitionen auf dem afrikanischen Kontinent und die neue Seidenstraße sicherte sich China sehr planvoll Einfluss und Zugänge in weiten Teilen der Welt, auf den Seehafen in Piräus, viele wichtige europäische Häfen und zahllose andere Infrastrukturprojekte. Dabei gilt das Win-win-Prinzip: Beide Seiten gewinnen, deshalb gehen alle den Deal ein, aber China gewinnt immer ein bisschen mehr. Weil China so aber als hilfreicher Partner erscheint, wächst auch sein Einfluss. Es ist das Modell, das auch die USA über Jahrzehnte erfolgreich genutzt haben, von dem sie aber inzwischen etwas Abstand genommen haben.

Zugleich hielt sich China aus den militärischen Konflikten der Welt weitgehend heraus. Es rüstete zwar im südchinesischen Meer auf, versuchte, Hongkong wieder unter volle Kontrolle zu bringen, und lässt Interesse an einer Annexion von Taiwan erkennen. Ohne dabei aber die eigene Stellung durch heiße Kriege in Gefahr zu bringen, wie es beispielsweise die USA im Irakkrieg taten oder Russland in der Ukraine.

Diktaturen gibt es zuhauf auf der Welt, aber derart rationale Machtmaximierer gibt es kaum – weder unter den Diktaturen noch unter den derzeitigen Demokratien. Diese Form von kühler Strategie mag leichter fallen, wenn man sich nicht in einem demokratischen Wettbewerb behaupten muss, aber sie ist auch keineswegs ein typischer Wesenszug von Diktaturen. Und es deutet manches darauf hin, dass sich das bald ändern könnte.

Die Unterdrückung nationaler Minderheiten wie der Uiguren nahm zuletzt deutlich zu. Es ist nicht zuletzt China, das das Konzentrationslager (ohne Vernichtungsinfrastruktur) im 21. Jahrhundert in die Weltpolitik zurückgebracht hat. Diese brutale Repression, der Versuch der Auslöschung der uigurischen Kultur, ist aber nur durch Ideologie zu erklären, nicht durch Strategie. Sie schadet sowohl der harten als auch der weichen Macht der Volksrepublik.

So strikt die Kontrolle des Coronavirus durch Lockdowns in China war, so schlecht und unvollständig kümmerte sich die chinesische Regierung um die wirksame Durchimpfung der Bevölkerung. Das führte nach mehr als zwei Jahren Pandemie dazu, dass die Millionenmetropole Schanghai erneut über Wochen abgeriegelt wurde, was wiederum immensen Frust und wirtschaftliche Verwerfungen zur Folge hatte. Auch die Rationalität der KP hat Grenzen, sofern es überhaupt noch um sie geht.

Früher, vor allem unter Mao Zedong, war China im Kern eine Ein-Mann-Herrschaft, eine personalisierte Diktatur. Während des großen Aufschwungs dagegen herrschte tatsächlich die Partei, ein Zirkel aus Funktionären im Zentrum, bis nach ganz unten in die Dörfer. Nun dreht sich die Verfasstheit des chinesischen Autoritarismus wieder, Xi Jinping unternimmt erkennbare Anstrengungen, sich permanent als Führer Chinas zu etablieren.

Damit wird eine dauerhafte Abkehr vom Prinzip der eiskalten Berechnung immer wahrscheinlicher. Chinas in vielerlei Hinsicht erfolgreiches System erfordert ein unheimliches Maß an Impulskontrolle, das ein allmächtiger Mensch kaum aufbringen kann. Studien zeigen, dass autoritäre Systeme, die an einem Machthaber hängen, unberechenbarer sind, schlechter performen, häufiger als andere autoritäre Staaten Kriege beginnen und sie auch noch häufiger verlieren.[29] Wenn die Beratung fehlt, wenn sich ein Herrscher zunehmend mit Jasagern umgibt, wenn es keine Kontrolle in der Elite gibt, wird es schnell irrational. Ein Tyrann ist nie so kalkulierend wie ein Apparat.

Wahrscheinlicher, als dass Chinas strategische Autokratie zum Vorbild für einen Autoritarismus des 21. Jahrhunderts wird, ist also, dass Chinas Vernunftdiktatur sich wieder in Richtung impulsiver, gieriger, ideologischer Unvernunft entwickeln wird.

Abgesehen davon erstreckte sich Chinas strategischer Ehrgeiz bisher nicht auf den Klimaschutz. Dabei sind seine Küstenmetropolen und damit seine industriellen Zentren, aber auch die Hauptstadt Peking durch die Klimakrise, durch den steigenden Meeresspiegel, Stürme, Starkregen, Dürre, Hitze und Verwüstung stark bedroht. Die Klimakrise dürfte China deutlich heftiger und früher treffen als die anderen Großmächte der Welt, früher als die USA, die Staaten der EU und Russland. Trotzdem ist China schon jetzt über die ganze Menschheitsgeschichte hinweg betrachtet der zweitgrößte Verursacher der

Klimakrise. Aktuell ist es mit Abstand größter CO_2-Emittent, für mehr als 30 Prozent der Emissionen verantwortlich, und auch wenn Wind- und Solarkraft dort zurzeit rasant wachsen, so steigen auch Chinas Emissionen weiter. Noch heute nimmt China neue Kohlekraftwerke ans Netz. Auf der Weltklimakonferenz 2022 in Ägypten organisierte sich China noch immer mit den Entwicklungsländern, als sei es nie gewachsen, wie ein Bodybuilder, der die Fetzen seines Kinderpullovers über den Muskeln trägt und versucht, sich noch als unschuldiger Dreijähriger auszugeben.

Noch nicht einmal die beherrschteste Hochtechnologiediktatur der Welt, nicht einmal der hyperrationale Ausnahmefall ist also ein Beleg für die klimapolitische Überlegenheit des Autoritarismus. Anderswo ist es gerade der Autoritarismus, der mehr Klimaschutz aktiv verhindert.

Kulturkampf ums Klima ·
Wie sich Autoritarismus und Anti-Ökologie
vermengt haben

Es ist schon einige Jahre her, dass der damalige polnische
Außenminister Witold Waszczykowski in einem Zeitungs-
interview sagte, er lehne die Idee ab, »als müsse sich die Welt
nach marxistischem Vorbild automatisch in nur eine Richtung bewegen – zu einem neuen Mix von Kulturen und Ras-
sen, eine Welt aus Radfahrern und Vegetariern, die nur noch
auf erneuerbare Energien setzen und gegen jede Form der Religion kämpfen.« Die Aussage stammt aus dem Jahr 2016[30],
Waszczykowskis Karriere endete zwei Jahre später. Er spielt in
Polens Politik und der Neuausrichtung der autoritären radikalen Rechten in Europa keine relevante Rolle mehr. Aber selten
vorher oder nachher hat jemand jenes Weltbild so schön in
einen Satz komprimiert, das den Erfolg der autoritären radikalen Rechten möglich gemacht hat.

Die Zumutungen einer sich verändernden Welt führen zum
Impuls, die bisherige Normalität zu verteidigen und alles, was
die eigene Normalität durch bloße Existenz infrage stellt, notfalls grell und scharf abzulehnen. Besonders im Fokus stehen
dabei die Repräsentation von Frauen, sexuellen, ethnischen
und anderen Minderheiten oder jenen, die mal Minderheit
waren oder so behandelt werden. Im Fokus steht auch die Ver-

änderung von Sprache. An dieser Stelle ist wichtig, dass auch die Ablehnung von Ökologie schon lange ein Teil dieses Überzeugungsbündels ist (Radfahrer und Vegetarier!).

Auch wenn die Klimakrise objektiv beschreibbar ist und mit höchster Wahrscheinlichkeit das Leben jedes einzelnen Menschen verändern wird, weil es nichts außerhalb des Klimas gibt und niemand unabhängig vom Klima existieren kann, ist Klimaschutz tief hineingeraten in einen Kulturkampf.

Auf der ersten Ebene, wo im Grunde wohlmeinende Demokrat*innen miteinander debattieren, führt dieser Kulturkampf zu einer Ent-Materialisierung des Klimaschutzes. Es gibt wenige Probleme, die so materiell sind wie Klimakrise. Und doch werden Klimadebatten häufig als Identitätsdebatten geführt, moralisiert, kulturalisiert. Es geht dann um Städter, die angeblich das Leben auf dem Land nicht verstünden oder gar verachten würden. Oder es geht um einen angeblichen Kampf gegen das Auto als Symbol statt als Maschine, die Sprit verbrennt und Abgase erzeugt. Oder es geht um das Lastenrad, das ein praktisches Nischengefährt ist, aber zum Symbol der urbanen Hochnäsigkeit gemacht wird. Natürlich geht es auch ums Fleisch oder die Currywurst, die manche als Kraftriegel der Arbeiterklasse verklären, die nicht über Flächenverbrauch und Methan sprechen wollen, sondern über das Lebensgefühl des Grillens.

Dieser Kulturkampf überdeckt die realen Zielkonflikte, die unleugbaren materiellen Fragen. Wenn etwa ein Windpark entstehen soll, wo Menschen wohnen, geht es materiell um Veränderungen. So, wie die von jeder Infrastruktur jenseits von Straßen entleerten US-Suburbs nur entstehen konnten, weil es das billige Auto gab. Weshalb sich dieses Modell der verstreuten Einfamilienhaussiedlungen kaum in der gleichen

Form bewahren lässt. Das hat konkrete materielle Folgen. Die Kulturalisierung des Konflikts aber macht es nahezu unmöglich, sie zu lösen. Denn die materiellen Einbußen lassen sich nicht mehr materiell verrechnen, kompensieren, aufwiegen, begründen, wenn sie zu Identitätsfragen werden: Wenn also Veränderung zum Angriff auf das Selbst wird und Ökologie zur herablassenden Demütigung.

Alle Kämpfe gegen die Infragestellung der Normalität haben eine hedonistische Form und eine extremistische. Das ist auch im Ökologie-Kulturkampf der Fall. Auf dieser Ebene nutzt die radikale Rechte die beschriebenen Konflikte gezielt, um Unverständnis zwischen Stadt und Land, Fahrradfahrer*innen und Autofahrer*innen, Veganer*innen und Fleischessenden zu schüren, um am Ende einen Streit zwischen dem sogenannten Volk und der angeblichen Elite anzufachen. Das ist das Grundmotiv des Populismus, das die radikale Rechte hemmungslos bedient.

Der Autoritarismus instrumentalisiert Freiheit und Gleichheit zur Erzeugung von Kränkung, weil er Freiheit und Gleichheit fürchtet und verachtet. Er braucht außerdem den Konflikt, und die Klimakrise verspricht mehr davon, als sich irgendjemand vorstellen kann.

Autoritarismus und Umweltzerstörung, Demokratie und Ökologie hängen nicht notwendigerweise so eng zusammen, wie das derzeit der Fall ist. Schon gar nicht theoretisch. Aber praktisch sind sie miteinander verschmolzen. Selbst so etwas wie nationalistischer Heimatkult, eine Verklärung des deutschen Waldes etwa, oder der Schutz des Bodens in autoritär-nationalistischen Ideologien, führt praktisch nicht zu Umweltschutz. Wenn man in Europa oder den USA heute noch Parteien findet, die die Klimakrise leugnen oder herunterspielen, dann fast immer am rechten Rand. Dort, wo auch der Autoritarismus ein warmes Zuhause hat.

Dieser Kulturkampf wird besonders heftig in den USA ausgefochten. Dort droht er, die Demokratie zu zerstören – und alle Hoffnungen auf wirksamen Klimaschutz gleich mit.

Kippt die Supermacht?

Wie Demokratie und Klimaschutz in den USA
zusammenhängen

Donald Trump war noch kein halbes Jahr als US-Präsident im
Amt, da verkündete er den Rückzug der USA aus dem Pariser
Klimaabkommen. Nachdem sogar Syrien seinen Beitritt ange-
kündigt hatte, standen die USA mit ihrer Entscheidung allein
da. Es war nicht das einzige internationale Übereinkommen,
das Trump verlassen hat. Er versuchte, sein Land systematisch
aus allen Verpflichtungen zu holen. Aber Paris war auch nicht
nur ein zufälliger Kollateralschaden einer Politik der internationalen Verantwortungsflucht.

Mehr als 125 Umweltschutzvorgaben drehte Trump zurück,
wie die *Washington Post* zusammengetragen hat. Fast immer
ging es darum, die Erde einfacher, schneller und ungehemm-
ter nutzbar zu machen. Er erlaubte das Abholzen in einem der
raren gemäßigten Regenwälder in Alaska, er blockierte schär-
fere Vorgaben seines Vorgängers Obama für Energiekonzerne,
um Methanemissionen zu senken. Er machte es Unternehmen leichter, im Meer nach Öl und Gas zu bohren, indem er
Sicherheitsvorschriften lockerte. Und er erlaubte die umstrit-
tene Keystone-X-Pipeline. Vor allem schwächte er von Beginn
an die mächtige Umweltagentur Environmental Protection
Agency (EPA). Unter anderem, indem er die Klimawandel-

verharmloser Scott Pruitt und danach Andrew Wheeler zu deren Chef machte. Die EPA führte unter Trump kaum noch Kontrollen durch, die Zahl der von ihr eingeleiteten Strafverfahren fiel auf den niedrigsten Wert seit 30 Jahren.

Die republikanische Partei setzte all das auch nach Trumps Abwahl fort. Sie ist eng verflochten mit fossilen Industrien, mit organisierten Interessen von Öl-, Kohle- und Gasproduzenten. Und der Kulturkampf hat längst die Massen erreicht. Während der Großteil der Anhänger*innen der Demokraten davon überzeugt ist, dass die Klimakrise real, menschengemacht und eine Gefahr ist, trifft dies nur auf eine kleine Minderheit von etwa einem Fünftel unter den Republikaner*innen zu. Unter Demokrat*innen sind diejenigen mit höherem Bildungsabschluss besorgter, unter Republikaner*innen verhält es sich umgekehrt: je höher der Bildungsabschluss, desto stärker leugnen sie die Klimakrise.

Der kleptokratische Impuls, die Bereicherung durch Ressourcenabbau, befördert die Klimawandelleugnung der Mächtigen in der Partei. Die Rechtfertigung dafür suchen sie im Kulturkampf, der wiederum das Selbstbild der Wähler*innen formt. Ginge es um Materielles, vielleicht gar um Wohlstand und Wirtschaft, müssten die republikanische Partei und ihre Basis für die Energiewende sein. Die Bundesstaaten, die verschiedenen Analysen zufolge die größten Potenziale für Solarkraft und Windparks haben, sind überwiegend republikanisch dominiert (Texas, Oklahoma, Nebraska, Kansas, North und South Dakota, Missouri). Wer billig und massenhaft Energie bietet, wird attraktiv für Unternehmen und kann anderen den Strom teuer verkaufen. So war es bisher immer. Energie macht reich. Offenbar kommt diese Gelegenheit aber nicht gegen die identitäre Ablehnung an.

Die Republikaner stellen sich sogar zunehmend aktiv gegen die Wirtschaft. Amtsträger aus zahlreichen Bundesstaaten nehmen gezielt Unternehmen ins Visier, die sich aus Öl, Gas oder Kohle zurückziehen oder erneuerbare Energien fördern. West Virginia beispielsweise schloss im Sommer 2022 mehrere Großbanken wie JPMorgan oder Goldmann Sachs von Staatsaufträgen aus, weil die ihre Investitionen in fossile Energien reduzierten. In Texas sind staatliche Pensionsfonds gezwungen, ihre Gelder aus Unternehmen zurückzuziehen, die kein Geld mehr in fossile Industrien stecken. Zahlreiche andere US-Bundesstaaten gehen in ähnliche Richtungen.

Die Republikaner haben sich zu einer radikal rechten autoritären Partei gewandelt und zugleich zur Partei für Klimakrisenleugnung. Die Klimakrise ist zu einer Identitätsfrage geworden, die mit dem identitären Projekt der Republikaner verzahnt ist. Der US-Journalist Ezra Klein hat die Dynamik der zunehmenden Polarisierung gut beschrieben[31], die maßgeblich von der Radikalisierung der Republikaner getrieben wird: die zunehmende Unversöhnlichkeit, das Misstrauen, die Vereinheitlichung der Weltbilder in den Parteien.

Dass darin eine akute Bedrohung für die ganze Welt liegt, ist offensichtlich. Die USA sind allein für etwa 14 Prozent der globalen Emissionen verantwortlich und sie stellen immer noch die deutlich größte Volkswirtschaft. Kulturell und in internationalen Organisationen sind sie die einflussreichste Nation der Erde. Wie dort Energie erzeugt wird, hat unmittelbare Folgen für die weltweite CO_2-Bilanz. Wie dort gewirtschaftet wird, was produziert, was nachgefragt, was importiert wird, verändert auch anderswo die Lebenswirklichkeit.

Nach den klimapolitisch düsteren Trump-Jahren versuchten die Demokraten zumindest teilweise, wieder gegenzusteuern. Joe Biden verfügte nur Stunden nach seiner Amtseinführung die Rückkehr ins Pariser Klimaabkommen. Eine solche Wellenbewegung aus Blockade und zaghafter Beschleunigung wird mutmaßlich zu wenig sein. Es könnte allerdings noch viel schlimmer kommen.

Denn es besteht die reale Gefahr, dass die USA dauerhaft in Richtung Autokratie abrutschen. Die Republikaner arbeiten systematisch daran, ihre Macht auch unabhängig von Mehrheiten zu festigen. Sie besetzen Richterposten, sie verändern das Wahlrecht, wo immer es geht, sie zweifeln faire Wahlen an und sie fordern von den Demokraten ein, sich an Regeln zu halten, die sie selbst brechen. Selbst der Sturm auf das Kapitol vom 6. Januar 2021, als Trump-Anhänger*innen von ihm angestachelt gewaltsam versuchten, die Anerkennung von Joe Biden als Wahlsieger zu verhindern, wird in der Partei heute verteidigt.[32]

Das 1,5-Grad-Ziel, selbst das 2-Grad-Ziel wird ohne Führung und Vorreiterrolle der USA kaum zu erreichen sein. Gegen sabotierende USA ist es ganz sicher nicht zu erreichen, gegen autokratische USA ebenso fast sicher nicht. Es wird selbst in einer klimapolitisch ambitionierten demokratischen Welt schwer genug.

Trotzdem muss man noch nicht alle Hoffnung aufgeben.

Wie der Funke überspringt

Warum die Welt nicht verloren ist, auch wenn weiter
Diktaturen bestehen

Nun ergibt sich aus den bisherigen beiden Thesen natürlich
streng genommen ein Widerspruch, sobald man die erste
Eigenschaft der Klimakrise dazunimmt, nämlich ihre All-
gegenwart. Wenn wir die Demokratie nur retten können, indem wir die Klimakrise einhegen, und wenn wir das Klima
nur demokratisch retten können, wenn aber zugleich viele
Staaten der Welt Autokratien sind und alle Staaten ihren Beitrag leisten müssen: dann hinge das Schicksal der Demokratie
am guten Willen der Autokratien. Mit anderen Worten: Sie
hätte ein Problem. Nun, sie hat ein Problem.

Natürlich wird alles komplizierter durch die Tatsache, dass
der größte Emittent (China) eine Diktatur ist, der viertgrößte
(Russland) auch, während der zweitgrößte (USA) und dritt-
größte (Indien) zwar Demokratien sind, in denen aber autoritäre Parteien reichlich Einfluss haben. Trotzdem ist nicht
schon jetzt alles verloren. Es lässt sich zumindest theoretisch
noch eine Welt ersinnen, die kollektiv (wenn auch noch nicht
koordiniert) die Klimakrise erfolgreich eindämmt.

Bislang stellte man sich Klimaschutz häufig als sogenanntes
Problem kollektiven Handelns vor, oder einfach gesagt: als
verflixtes Dilemma. Für alle Beteiligten wäre es vorteilhaft,

zusammenzuarbeiten. Denn alle Menschen sind auf einen bewohnbaren Planeten angewiesen. Aber solange nicht alle zusammenarbeiten, ist es für einzelne Akteure scheinbar lohnender, nur auf ihren eigenen Vorteil zu schauen und darauf zu setzen, dass die anderen in Vorleistung gehen. So kommt aber in der Summe zu wenig Klimaschutz heraus. Das ließe sich nur lösen, indem man alle einbindet, alle an einen Tisch bekommt. Was bislang verlässlich spätestens dann verpuffte, wenn alle wieder vom Tisch aufstanden.

Doch es ist gut möglich, dass das gar nicht stimmt. Denn es gibt mindestens drei grundlegende Mechanismen, die dazu führen könnten, dass Staaten sich schnellem Klimaschutz zuwenden, die bisher zögerten: Druck, Imitation und Konkurrenz. In allen Fällen steigen die Chancen auf Erfolg, wenn Demokratien voll auf 1,5-Grad-Politik gehen.

Druck würde bedeuten, dass Staaten wie beispielsweise China den Klimaschutz beschleunigen, weil sie an ihre Verpflichtung nach dem Pariser Abkommen erinnert werden, weil sie moralisch, politisch und wirtschaftlich unter Druck gesetzt werden. Das ist gegenüber China schwer vorstellbar, gegenüber kleineren Staaten schon eher. So oder so kann es nur funktionieren, wenn man selbst ernsthaft in Vorleistung geht. Nur dann kann man glaubhaft sagen: Wir tun unseren Teil, nun tut ihr euren. Nur dann ist man selbst auch technologisch auf eine andere Welt eingestellt und muss nicht denselben Interessenkalkulationen folgen wie andere Staaten.

Imitation würde bedeuten, dass bestimmte Vorreiterstaaten beweisen, dass sich eine radikale Transformation umsetzen lässt und sich lohnt. Sie würden zeigen, dass Klimaschutz möglich ist und dass die Vorteile die Nachteile überwiegen. Damit würden sie die Sorgen und Ängste der anderen mildern – die dann aus Eigeninteresse an einer lebenswerten Erde nachziehen.

Konkurrenz hieße dagegen, dass Staaten erkennen, dass sie sich selbst wirtschaftlich und ökonomisch schaden, wenn sie nicht radikal transformieren. Weil erneuerbare Energien so günstig werden, weltweit so begehrt, weil sie weitgehend autonom machen, würde sich ein Wettrennen der Staaten entwickeln, um nicht ins Hintertreffen zu geraten. Wieder würde es um Eigeninteresse gehen, aber diesmal an Technologieführerschaft und günstigen Standortbedingungen. Das kann nur passieren, wenn wichtige Staaten das Rennen eröffnen, wenn sie einen Wettbewerb entstehen lassen, wenn sie auch einen Raum bieten, um neue Technologien wirklich im großen Maßstab zu entwickeln und zu nutzen. Nachdem US-Präsident Biden im Sommer 2022 überraschend den »Inflation Reduction Act« durchs Parlament bekam, der ungeheure Subventionen für die grüne Transformation enthält, zeigte sich diese Dynamik sofort. Unternehmen erwogen die Verlagerung von Investitionen aus Europa in die USA. Die EU wurde sofort nervös. Und muss eigentlich nachziehen.

Alle drei Mechanismen können zumindest theoretisch dazu führen, dass sich auch zurückhaltende Staaten einreihen in die Klimafront. Alle drei setzen aber eben voraus, dass eine Reihe wichtiger Staaten Klimapolitik macht, die dem Ernst der Lage angemessen ist. Das können, wie es aussieht, nur Demokratien sein.

Weltklimapolitik

Warum globale Klimapolitik im Kern demokratisch ist

Es besteht also eine gewisse Hoffnung, dass Klimaschutz auch dann gelingen kann, wenn er vor allem aus Eigeninteresse von Staaten verfolgt wird. Was gut ist, weil es keine koordinierte Weltklimapolitik gibt. Natürlich gibt es aber trotzdem internationale Bemühungen und selbst sie kann man als Beleg für die Stärke des Demokratischen im Klimaschutz lesen.

Auf globaler Ebene ergibt die Unterscheidung in demokratische und autokratische Staaten zunächst einmal nicht übermäßig viel Sinn. Zwar machen Staaten internationale Politik und sie sind demokratisch oder autokratisch ausgerichtet, aber das, was sie untereinander tun, entzieht sich klassischerweise diesen Kategorien.

Unsere Theorien von Politik in den vergangenen Jahrhunderten sind in einem Staatensystem entstanden und auf ein Staatensystem ausgelegt. Nationen sind, was zählt. Für unsere Theorien von Herrschaftssystemen gilt das erst recht. Geherrscht wird im Staat. Entschieden wird im Staat. Nur stimmt das natürlich nicht ganz: Entschieden wird auch zwischen Staaten.

Der Weltklimarat IPCC, von dem schon so oft die Rede war in diesem Buch, wurde vom Umweltprogramm der Vereinten

Nationen (UN) und der Weltorganisation für Meteorologie ins Leben gerufen. Die entscheidenden Abkommen, die Klimapolitik organisieren, das Kyotoprotokoll und später das Pariser Abkommen, wurden auf Klimakonferenzen verhandelt. Dort kommen die Mitglieder des UN-Klimarahmenabkommens zusammen, das seit 1992 existiert. Innerhalb Europas ist es zunehmend die EU, die ihren Mitgliedsstaaten Vorgaben zum Klimaschutz macht.

Klimaschutz ist also nicht nur demokratisch, er findet zu großen Teilen auch außerhalb von dem statt, was sich mit den Begriffen demokratisch oder autokratisch sinnvoll fassen lässt. Andererseits lässt sich das, was da international geschieht, eindeutig eher als einer demokratischen Logik folgend beschreiben. Das entscheidende Prinzip ist das der (Selbst-)Bindung von Staaten durch das Recht, und diese Form der Rechtsstaatlichkeit ohne Staat ist eine im Kern demokratische Sache.

Zudem ist es ja so: Die mächtigsten Staaten sind nicht auf internationale Abkommen angewiesen, schon gar nicht im Konzert mit der ganzen Welt. Die USA zuvorderst, China mittlerweile ebenfalls, auch Russland oder die EU hätten die Wirtschaftskraft, das Geld, die Technologien, die Ausbildung und die Rohstoffzugänge, um voranzugehen mit radikalem Klimaschutz. Dass sie nicht weiter sind, als international vereinbart, deutet darauf hin, dass sie dazu nicht willens waren.

Insofern sind die weitreichenden Ziele des Pariser Abkommens offensichtlich auch von jenen erstritten worden, die nicht in die Reihe der Großmächte gehören. Also in einem Forum, in dem es keine Zwangsmacht gibt, in dem alle Staaten zumindest formal gleichrangig sind und miteinander verhandeln, ohne dass die Mächtigen die Kleinen schlicht überwältigen können.

Es gibt einige Nationen, besonders Inselstaaten, die schon in wenigen Jahrzehnten wortwörtlich mit ihrem Untergang rechnen und daher massiv Druck machen. Sie sind allesamt so klein, militärisch und weltökonomisch unbedeutend, dass sie nur dort Gehör finden, wo sie als Gleichrangige mitsprechen können. Auf den Weltklimakonferenzen ist das der Fall. Dort gilt das Einstimmigkeitsprinzip. Dort sind die ärmeren und die besonders verletzlichen Länder etablierte Machtblöcke.

Und dass sie nicht noch einen ganz anderen Status haben, nämlich den einer Minderheit, deren Schutz die Gesamtheit sicherstellen muss, verweist auf ein Problem der Weltklimapolitik, die eben gerade da schwächelt, wo ihr keine demokratischen Prinzipien zugrundeliegen.

III Ein neues Verständnis von Klimademokratie ist notwendig

Bis hierhin habe ich argumentiert, dass die Klimakrise nicht einfach nur irgendeine Krise ist, sondern eine Zeitenwende in der Menschheitsgeschichte. Wie es mit uns Menschen weitergeht, entscheidet sich maßgeblich in den nächsten drei Jahrzehnten. Was angesichts dessen getan werden muss, um unsere Freiheit zu bewahren, ist nicht politisch definiert, sondern physikalisch.

Wenn Politik bislang nicht genug tut, dann lässt sich dieses Problem nicht dadurch auflösen, dass man die Ambition senkt. Weniger Klimaschutz ist keine Option. Darum ging es im ersten Teil des Buches.

Wenn demokratische Politik nicht genug tut, lässt sich dieses Problem auch nicht durch die Zwangsgewalt eines autoritären Staates lösen. Die Ökodiktatur ist keine Option. Das habe ich im zweiten Teil des Buches ausgeführt.

Nun ließe sich natürlich noch fragen, ob Demokratien nicht einfach doch in ihrer aktuellen Gestalt das Problem lösen können. Vielleicht löst sich das Problem sozusagen mit der Zeit von selbst?

Danach sieht es leider momentan nicht aus. Diktaturen sind nicht besser als Demokratien darin, Umwelt und Klima

zu schützen. Sie sind sogar sehr schlecht darin. Was im Um-
kehrschluss allerdings nicht bedeutet, dass Demokratien sonderlich gut darin wären. Wo es hakt und was aus dieser Erkenntnis nun folgt, darum geht es jetzt.

Schaffen wir das?

Warum es keinen Grund gibt, anzunehmen, dass
Demokratien in ihrer aktuellen Form die Wende schaffen

Der Aufstieg der Demokratien ist eng mit dem Aufstieg des
Westens verknüpft, der wiederum eng zusammenhängt mit
der fossil betriebenen industriellen Revolution und mit Aus-
beutung: der Natur und ihrer Ressourcen, der Energieträger, anderer Gesellschaften. Über den größten Teil ihrer Geschichte verleibten sich westliche Demokratien im großen Stil
Energie, Arbeitskraft, Rohstoffe, Bodenschätze, Lebensmittel
und Land ein.

Unter den zehn Staaten, die historisch am stärksten für
die Klimakrise verantwortlich sind, finden sich fünf liberale Demokratien (USA, Deutschland, Großbritannien, Japan,
Kanada) und drei Staaten, die formal und phasenweise auch
real demokratisch verfasst waren (Indien, Indonesien, Brasilien).

Demokratischer Extraktivismus, also das Aussaugen der
Welt, stabilisierte die Freiheit dieser Staaten im Inneren, auf
Kosten der Destabilisierung von allem, was außerhalb ihrer
Grenzen lag. Über weite Strecken waren Demokratien nur
nach innen demokratisch, verhielten sich nach außen aber
teils offen antidemokratisch – wenn sie Kolonien besetzt hiel-
ten oder Regierungen anderswo wegputschen ließen.

157

Man kann all das, die Demokratie, den modernen Westen, die industrielle Revolution, die fossile Weltordnung und den Kolonialismus, nicht so richtig voneinander abgrenzen. Man kann nicht eindeutig belegen, dass es das eine nur mit dem anderen geben konnte. Dass es das eine nur mit dem anderen gab, ist dafür kein Beweis. Aber es gab das eine eben nur mit dem anderen. Manchmal sind die Zusammenhänge auch überdeutlich.

Als Indien im frühen 19. Jahrhundert damit begann, eine eigene Industrie aufzubauen, und den Umgang mit Kohle und der Dampfmaschine meisterte, als es dabei war, konkurrenzfähige kohlebetriebene Schiffe zu bauen, legte die britische Kolonialmacht indischen Schiffen per Gesetz absichtlich neue Regeln auf. So viele, dass sie die aufstrebende Industrie praktisch zerstörte, wie der Schriftsteller und Klimakrisentheoretiker Amitav Ghosh beschreibt.[33]

Zu Beginn des 20. Jahrhunderts nutzten westliche Staaten ihren kolonialen Zugriff, um massiv in die Ölgewinnung einzusteigen. Westliche Investoren hatten im damaligen Persien umfassende Konzessionen für wenig Geld erworben. Nach einigen noch mageren Jahren rettete der britische Staat die Gesellschaft, weil Kriegsminister Winston Churchill verstanden hatte, dass die Marine durch Öl einen entscheidenden Vorteil haben würde. Ölbetriebene Schiffe waren schneller und konnten länger auf See bleiben, das Öl qualmte weniger, war leichter zu lagern und ersparte der Besatzung Arbeit. Churchill sicherte so die Versorgung. Bald darauf sprudelte das Öl. Die britische Marine trug zum Sieg im Ersten Weltkrieg bei. Aus diesen Ursprüngen wurde später der Weltkonzern BP.[34]

Das also gilt es zunächst einmal festzuhalten: Ohne Kohle, Öl und Gas wäre diese Welt eine andere, ohne die koloniale

Aneignung wäre Reichtum anders verteilt, wären Macht und Einfluss heute vielleicht in anderen Händen. Demokratien und fossile Energien haben eine sehr eng verflochtene gemeinsame Geschichte.

Gerade in Demokratien selbst scheint sogar der Verdacht weit verbreitet, stabile freie Gesellschaften seien auf das Ausbeuten ihrer Umwelt geradezu angewiesen. Wann immer Vorschläge zur Eindämmung der ökologischen Krisen darauf hinauslaufen, das unkontrollierte Einverleiben zu bremsen, warnen die Ersten vor dem aufwallenden Zorn der Massen. Als hänge die demokratische Verfasstheit einer Gesellschaft direkt vom Benzinpreis ab.

Man sollte darüber nicht all jene Demokratisierungen vergessen, die ohne Zutun Europas oder der USA geschahen oder gar gegen sie erkämpft wurden. Die Demokratisierung der einstigen sowjetischen Satellitenrepublik Mongolei nach dem Ende der Sowjetunion, ähnlich wie in Osteuropa, aber ohne die rasche institutionelle Anbindung an EU und NATO. Die erneute Demokratisierung in Chile, nach dem von den USA unterstützten Putsch von Augusto Pinochet im Jahr 1973. Die Demokratisierung Indiens nach der Unabhängigkeit von Großbritannien und überhaupt alle anti-kolonialen Befreiungsbewegungen, die nicht sofort in Diktaturen umschlugen. Demokratien und der Westen sind nicht identisch.

Zudem ist das weitgehend demokratische Europa der Kontinent, der seit 1990 Emissionen senkt. Genauso wie die USA. Während die Emissionen in Asien, Afrika oder Südamerika steigen. Natürlich sind es eben auch überproportional diejenigen Staaten, die zuvor zweihundert Jahre lang im fossilen Zeitalter so reich wurden, dass sie sich jetzt die (immer noch zu langsame) Transformation zutrauen. Aber Reichtum allein ist noch keine notwendige Bedingung dafür, dass Klimaschutz gelingt. Wo der Wohlstand wächst, wachsen bislang auch die Emissionen, und nur manche Studien kommen zum Ergebnis, dass sie in Demokratien vielleicht etwas langsamer wachsen, dass also Demokratien womöglich ein bisschen weniger klimaschädlich reicher werden als autoritäre Staaten.[35]

Kein Staat der Welt macht derzeit eine wirkliche 1,5-Grad-Politik, auch keine Demokratie. Es gibt eine Handvoll Länder (Surinam, Bhutan, Panama), die nach eigenen Angaben schon CO_2-negativ sind, also mehr CO_2 binden, als alle menschlichen Aktivitäten dort produzieren. Einige andere, vor allem kleine Inselstaaten (Tonga, Kiribati, Tuvalu, Nauru oder Niue) könnten bald so weit sein. Unter ihnen sind keine Diktaturen, und ebenfalls stark vom Klimawandel bedrohte Inselstaaten mit fragiler Freiheit wie die Komoren fallen weniger als Vorreiter auf – oder taten es besonders in einer kurzen demokratischen Phase, wie die Malediven.

Andererseits planen derzeit, im Jahr 2022, Energiekonzerne insgesamt 195 Großprojekte, die bis zu ihrem Ende jeweils mehr als eine Milliarde Tonnen CO_2 ausstoßen würden, wie der *Guardian* recherchiert hat.[36] Rund 40 Prozent davon sind bislang noch nicht einmal in Betrieb, aber in Planung, obwohl diese 195 »Kohlenstoffbomben« allein so viel Treibhausgase produzieren würden, dass sie jede Chance vernichten würden, das 1,5-Grad-Ziel einzuhalten. Der potenziell größte Schuldige: die USA. Dann folgen einige Diktaturen, aber auch Kanada ist weit vorn mit dabei. Im Herbst 2022 werden einem Bericht zufolge gut 24 000 Kilometer neue Ölpipelines gebaut oder geplant, die größten Teile davon in den Demokratien USA und Indien sowie in China.[37]

Die Geschichte ist kein Beleg dafür, dass Demokratien nur bei permanenter Einspritzung von Öl reibungslos laufen können. Theoretisch gibt es sowieso keinen Grund, warum es so sein müsste. Die Geschichte ist aber eine Warnung davor, mit naiver Verliebtheit auf Demokratien zu blicken und ihre Verantwortung für die Klimakrise zu ignorieren.

An fehlendem Bewusstsein kann der schleppende Fortschritt übrigens kaum liegen. Der Weltklimarat IPCC wurde 1988 ins Leben gerufen, sein erster Bericht stammt aus dem Jahr 1990, der erste Umweltgipfel fand 1992 in Rio de Janeiro statt, die erste Weltklimakonferenz 1995 in Berlin (Gastgeberin war die damalige deutsche Umweltministerin Angela Merkel), das Kyotoprotokoll stammt von 1997. Selbst Greta Thunberg begann ihren Protest schon 2018.

Es ist nicht so, als hätten die demokratischen Gesellschaften keine Zeit gehabt, sich am Notwendigen auszurichten. Und doch sind die notwendigen Schritte noch nicht einmal in Sicht.

Vom Flugzeug, das nicht fliegen kann

Wie weit die Politik am Notwendigen vorbeizielt

Einige Zeit bevor Olaf Scholz deutscher Bundeskanzler wurde, auch noch bevor er im Wahlkampf für sich als »Kanzler für Klimaschutz« warb, als er Bundesfinanzminister und damit wichtiges Mitglied von Angela Merkels Kabinett war, sagte er im Bundestag diesen Satz über das damalige Klimapaket: »Ich glaube, zusammen mit all diesen Maßnahmen haben wir eine echte Chance, es zu erreichen, dass die Klimaziele für 2030 nicht verfehlt werden. Das ist aber aus meiner Sicht auch notwendig und ein ehrgeiziges, richtiges Programm.«[38]

Dieser Satz führt noch einmal zurück zur Diagnose vom Anfang dieses Buchs. Es gibt einen Unterschied zwischen ehrgeizig, gemessen an den physikalischen Notwendigkeiten, und ehrgeizig, gemessen an den politischen Standards der vergangenen Jahrzehnte.

Wenn Scholz die geplanten Maßnahmen ehrgeizig nannte, hatte er politisch recht. Sie gingen über das hinaus, was noch vor wenigen Jahren möglich schien. Sie bedeuteten damals schon eine umfassende Transformation unserer Gesellschaft, wie sie vielleicht noch nie in Angriff genommen wurde. Trotzdem hatte er im Kern mit seiner Aussage unrecht.

Ein ehrgeiziges Ziel zu haben, bedeutet nach üblichem Verständnis doch wohl, dass man hat, was man will, wenn man es erreicht. Klimapolitik dagegen stapelt Unsicherheit auf Unsicherheit, bis von Ehrgeiz in der Sache keine Rede mehr sein kann. Sie zielt auf gleich mehreren, mindestens fünf Ebenen am Notwendigen vorbei.

Fast alle Staaten haben sich ausgehend von wissenschaftlichen Einordnungen, bis wann der Planet noch halbwegs ordentlich bewohnbar bleibt (Ebene 1), darauf verständigt, die Erderhitzung auf bestenfalls 1,5 Grad, maximal 2 Grad zu begrenzen (Ebene 2). Dafür formulieren sie selbstständig ihre nationalen Klimaziele (Ebene 3). Dabei orientieren sie sich an Berechnungen dafür, welche bestimmte Menge von ausgestoßenem CO_2 es wahrscheinlich noch erlaubt, dieses Ziel zu erreichen (Ebene 4), und sie gehen davon aus, dass wir ein zutreffendes Bild der Emissionsquellen haben (Ebene 5). Auf jeder dieser Ebenen entfernen wir uns etwas vom eigentlichen Ziel einer gerade noch bewohnbaren Erde.

Wir entdecken beispielsweise immer wieder, dass mehr Methan aus lecken Pipelines entweicht, als man bisher glaubte. Oder dass natürliche Prozesse mehr Treibhausgase freisetzen als gedacht. Vermutlich ist es also so, dass die Natur zwar mehr Treibhausgase schluckt, als wir annahmen, wir selbst aber auch noch mehr erzeugen, als uns bewusst ist. Unsere Berechnungen, wie viele Emissionen wir in welchem Sektor ausstoßen (Ebene 5), sind womöglich fehlerhaft. Es könnte also sein, dass wir zwar so viel einsparen wie geplant, aber dann immer noch Treibhausgase ausstoßen.

Wenn wir eine Gesamtmenge an Treibhausgasen berechnen, die noch eine Chance auf die Einhaltung des 2-Grad-Ziels bietet, dann dürfen wir nicht vergessen, dass der Weltklimarat sie mit einer Wahrscheinlichkeit angibt: Ein gewisses

CO_2-Budget führt mit 50 oder 67 Prozent Wahrscheinlichkeit zu nicht mehr als 2 Grad Erwärmung. Es könnte also sein, dass wir so viel einsparen wie geplant (Ebene 4), aber sich die Erde trotzdem stärker erhitzt, weil das Klima doch sensibler auf CO_2 reagiert oder weil Feedbacks stärker wirken.

Allerdings setzen wir (Ebene 3) derzeit kollektiv Klimaziele, die nicht einmal bei Einhaltung ausreichen würden, um eine echte Chance auf eine Erwärmung von 1,5 oder auch nur 2 Grad zu haben (auch wenn sich das langsam ändert). Und vor allem halten wir diese Ziele (Ebene 2) kollektiv überhaupt nicht ein, weil wir politisch zu wenig dafür tun. Das gilt bislang auch in Deutschland, das seine Ziele für das Jahr 2020 nur kurzzeitig erreichte, weil die Corona-Pandemie die Wirtschaft lahmlegte, um sie dann 2021 schon wieder zu verfehlen.

Schließlich (Ebene 1), das war schon Thema, ist durchaus vorstellbar, dass bereits eine Erwärmung um 1,5 oder 2 Grad Prozesse anstößt, die die Erde nach und nach weiter erhitzen, weil Kipppunkte überschritten werden, oder dass die Folgen schon bei 1,5 oder 2 Grad noch viel extremer ausfallen als bisher angenommen.

Man könnte es in einem Bild so formulieren: Es ist, als wollte man mit einem Flugzeug von Berlin nach New York fliegen, das nur drei statt der eigentlich empfohlenen vier Triebwerke hat. Stellen Sie sich vor, es würde von einem unerfahrenen Piloten gesteuert, auf einer anderen als der üblichen Route. Ohne vorherige Wartung und mit so viel Kerosin im Tank, dass es nur mit 50-prozentiger Chance für den Überflug reicht. Zwar ist nicht ausgeschlossen, dass man damit lebendig in New York ankommt, aber es ist auch nicht sonderlich wahrscheinlich.

Niemand würde freiwillig in dieses Flugzeug einsteigen. Wir alle sitzen darin. Aber warum eigentlich?

»It's politics, stupid«
Warum es nicht an Technik fehlt, sondern an Politik

Es gibt eine bemerkenswerte Grafik, die einen Text des Autors und Futuristen Ramez Naam bebildert. Sie zeigt, wie schnell die weltweite neu installierte Leistung von Solaranlagen gewachsen ist. Das Wachstum ist mithilfe einer roten Linie dargestellt, die aussieht wie ein sehr steiler Berg. Und dann zeigt die Grafik noch die Szenarien der Internationalen Energieagentur (IEA) für die Jahre 2006, 2008 bis 2016 und 2018, jeweils dargestellt durch eine relativ horizontale Linie, die von diesem Berg abgeht wie ein Hochplateau.[39] Jahr für Jahr für Jahr haben also Energieexpert*innen vermutet, dass die Solarkapazität kaum mehr schneller wachsen würde. Doch sie lagen falsch und die Kapazität wuchs rascher weiter. Trotzdem stellten sie jedes Jahr erneut die gleiche Vermutung auf und lagen mit ihren Prognosen immer wieder daneben.

So ähnlich lief es schon häufiger: Bereits existierende Technologien werden nicht selten unterschätzt. Technologien hingegen, die noch längst nicht marktreif oder noch gar nicht erfunden sind, werden überschätzt. Es ist eine merkwürdige Mischung aus Gegenwartsblindheit und Technofuturismus, die dazu führt. Die Menschheit werde sich schon etwas einfallen lassen, wenn man Tüftler*innen und Unternehmer*in-

165

nen nur genug Zeit gebe, neue Technologien zu entwickeln, lautet die Hoffnung. Blöderweise fehlt uns dafür die Zeit. Glücklicherweise sind wir nicht darauf angewiesen. Denn die Menschheit hat sich schon reichlich einfallen lassen in ihrer Geschichte.

Die wichtigste technische Regel der Klimakrise lautet: »Electrify everything!« Alles auf Strom umstellen also, was zuvor über Verbrennung von fossilen Energien funktionierte. Autos müssen mit Strom fahren statt mit Benzin, Herde mit Strom kochen statt mit Gas, Heizungen von Wärmepumpen erhitzt werden statt mit Gas. Dazu muss die gesamte Stromerzeugung umgestellt werden. Von Kohle, Öl und Erdgas hin zu Windkraft, Wasserkraft, Biomasse, auf Gezeiten- oder eben Solarenergie. Auch für grünen Wasserstoff, mit dem womöglich dereinst Flugzeuge fliegen oder Kraftwerke betrieben werden können, braucht es zuvor sauberen Strom.

Die Technologien, die dafür nötig sind, existieren seit Jahrzehnten. Gäbe es Fusionsreaktoren oder Atomkraftwerke, die keinen Müll hinterlassen, wäre das erfreulich, aber auch ohne sie fehlt es uns nicht an Technik und Energiequellen. Weltweit herrscht kein Mangel an Windkraft und Sonnenlicht. Es fehlt in den allermeisten Fällen nicht an Know-how und neuen Verfahren, sondern an der politischen Bereitschaft und den richtigen Entscheidungsstrukturen, um die Verantwortungsflucht unserer Gesellschaft zu überwinden, ihr die Sorge vor lauten Minderheiten zu nehmen und mithilfe existierender Technologien das fossile Zeitalter zu verlassen.

Schon heute heizen Menschen im kalten Skandinavien zu großer Zahl mit Wärmepumpen ihre Häuser, schon heute fahren Menschen in elektrischen Autos und schon heute werden sogar große Transportertrucks bereits mit Strom betrieben.

Erneuerbarer Strom, da sind wir wieder bei der Grafik vom Beginn dieses Kapitels, ist längst die günstigste Form der Stromerzeugung und wird künftig eher noch billiger werden. Auch ökonomisch spricht jetzt schon alles für diese Techniken. Naams Fazit und zugleich der Titel seines Textes mit der Sonnenstromgrafik lautet: »Die Zukunft der Solarenergie ist unglaublich billig«. Auch die IEA erklärte Solarenergie zur günstigsten Energiequelle aller Zeiten.

Schätzungen zufolge kosten allein die Gesundheitsschäden, die durch Schadstoffe infolge von Verbrennungsprozessen freigesetzt werden, mehr, als radikaler, umfassender Klimaschutz uns kosten würde. Weniger Smog, weniger Abgase und weniger Ruß bedeuten auch weniger Herzinfarkte, weniger Krebserkrankungen, weniger Asthma, rundum bessere Gesundheit und somit vielfach billigere Gesundheitssysteme.

Die Transformation hin zu erneuerbaren Energien ist bezahlbar und ökonomisch nahezu unausweichlich. Von allein wird sie aber nicht schnell genug passieren. Es muss also nur angegangen werden – nicht mehr und nicht weniger. Auf neue, bisher unbekannte Techniken zu warten, ist Verzögerung, und Verzögerung ist Sabotage.

Anderes hängt sowieso nicht von Technik ab. Fleisch und Milchprodukte lassen sich (theoretisch) immer schon weglassen, mittlerweile aber auch vielfältig ersetzen. Die Alternativen schmecken zwar nicht immer genau wie das Original, aber dafür bringen sie viele neue Geschmacksrichtungen ins Leben. Die Bahn existiert, auch der Bus muss nicht erfunden werden. Wohnungen, Siedlungen, und Städte, die so funktionieren, dass sie mit einem weniger energieintensiven Leben bewohnbar sind, werden nicht aus dem Kreativlabor von

Apple kommen. Müssen sie auch nicht. Sie müssen allerdings gebaut und weiterentwickelt werden.

Politik ist also entscheidender für das nächste Jahrzehnt an Transformation, als neue Technologien es sind. Und die Wirtschaft insgesamt? Sie spielt eine ungemein wichtige Rolle, lässt sich aber auch politisch beeinflussen.

Die Landwirtschaft zum Beispiel, global für etwa ein Viertel der Treibhausgasemissionen verantwortlich und in der EU immer noch für ein gutes Zehntel, ist alles, aber kein freier Markt. Deutsche Bäuer*innen beziehen im Schnitt fast die Hälfte ihres Einkommens aus EU-Hilfen. Weltweit fließt jährlich eine halbe Billion (ja, Sie haben richtig gelesen) Dollar an Agrarsubventionen. In den USA führten Subventionen für Mais, Weizen und Soja zu einem Überfluss an Mais, was wiederum die Rindfleischproduktion antrieb.

Rechnet man die wahren Schäden und Kosten etwa durch Luftverschmutzung ein, dann subventionieren alle Staaten der Welt fossile Brennstoffe mit 5,9 Billionen Dollar jährlich oder mehr als 11 Millionen Dollar pro Minute. Das hat der Internationale Währungsfonds für 2020 errechnet.[40] Allein in Deutschland fließen jedes Jahr viele Milliarden direkt in die Vergünstigung von Öl, Gas und Kohle, wie das Umweltbundesamt zusammengetragen hat: Dieselprivileg (niedrigere Steuer auf Diesel verglichen mit Benzin) – 8,2 Milliarden pro Jahr. Steuerbefreiung auf Kerosin (ja, darauf fällt gar keine Steuer an) – 8,4 Milliarden Euro. Insgesamt kommen so bis zu 65 Milliarden Euro pro Jahr zusammen.[41]

Einige der weltgrößten Energiekonzerne sind zudem Staatsunternehmen: Sinopec und China National Petroleum Corporation in China, Saudi-Aramco, Rosneft und Gazprom aus Russland, Brasiliens Petrobras, um nur die größten zu nennen.

Ob Staatskonzerne neue Ölfelder ausbeuten, liegt offensichtlich in der Entscheidungsgewalt von Staaten. Staaten können die Förderung fossiler Energien genehmigen oder nicht, fördern oder nicht, sie können Subventionen verteilen und umverteilen, sie können ökologische Folgen bepreisen, sie können Zölle verhängen, sie können klimakrisengeeignete Geldanlagen fördern und staatliche Anreize dafür schaffen oder sie verpflichtend machen. Sie können sogar Unternehmen verpflichten, bestimmte Dinge zu produzieren. Sie können und müssen, kurz gesagt, die Geldflüsse direkt und indirekt so lenken, dass sie nicht gegen das Klima arbeiten und damit gegen die Demokratie, sondern dafür. Dazu braucht es aber auch keine große Innovation, viele Instrumente sind längst erfunden, oft sogar schon erprobt.

Woran also hängt es im Klimaschutz zuvorderst? »It's politics, stupid.« An der Politik liegt es, am mangelnden Entscheidungswillen, an den festgefahrenen Strukturen, sicher auch immer noch zu einem gewissen Teil an fehlendem Wissen.

Ohne Namen zu nennen, lässt sich aus zahllosen Gesprächen mit Politiker*innen aller demokratischen Parteien die Erkenntnis ziehen, dass es immer noch am Bewusstsein für die Größe der Klimakrise fehlt. In längst nicht allen wichtigen deutschen Parteien findet sich mehr als eine Handvoll Politiker*innen mit tiefem Krisenverständnis, was sogar Vertreter*innen dieser Parteien im persönlichen Gespräch einräumen.

Als die CDU im Winter 2021 einen neuen Vorsitzenden suchte, verschickte die Klimaunion, ein kleines Grüppchen in der Partei, einen Fragebogen an die drei Kandidaten. Auf die Frage, wie viel erneuerbare Energien Deutschland ihrer Ansicht nach jedes Jahr neu zubauen müsste, nannte Helge Braun, immerhin damals noch Kanzleramtschef, eine Zahl, die zwei- bis dreimal so hoch lag wie das, was die Klimabewegung Fridays for Future fordert. Friedrich Merz, der dann neuer Parteichef wurde, schrieb dagegen zu fast jeder Frage, dass er darauf keine allgemeine Antwort geben könne. Fehlendes Wissen allein erklärt aber nicht alles, vielleicht noch nicht einmal sonderlich viel. Spricht man mit Menschen, die sich für Klimaschutz einsetzen und die Angela Merkel kennen, beraten haben oder mit ihr diskutierten, dann hört man immer wieder dieselbe Einschätzung: Ja, sie habe das Problem verstanden. Die Ausmaße und auch die Dringlichkeit. Sie habe es auch lösen wollen. Trotzdem hat sie als überaus beliebte Bundeskanzlerin in 16 Jahren an der Macht, selbst in den weltpolitisch eher ruhigen und ökonomisch überbordenden Zeiten der späten 2010er-Jahre, objektiv gesehen viel zu wenig gegen die Klimakrise unternommen.

Was unweigerlich die Frage aufwirft, wie das sein kann, wenn es an zu wenig Wissen, Verständnis, Macht und Integrität nicht gelegen haben kann. »It's politics, stupid« bedeutet: Der entscheidende Hebel, um mehr Klimaschutz zu schaffen, liegt im Politischen. Und das heißt vor allem: in Strukturen. Es fehlt nicht an Wissen um Ursachen und Folgen, auch nicht an Ideen, wie sich fossile Energien ersetzen lassen, wie Energieeffizienz erhöht werden kann, wie zurückgelegte Kilometer reduziert werden können oder wie gesunde Ernährung ohne großen Fleischkonsum aussehen könnte.

Will man die Klimakrise noch eindämmen, muss man vermutlich trotzdem Wissen vermitteln, Ideen verbreiten, Integrität einfordern und belohnen. Man muss aber unbedingt auch die Strukturen so anpassen, dass sie selbstverständlich eine Erde erhalten helfen, die der Freiheit zuträglich ist.

Im ersten Teil des Buches habe ich beschrieben, dass die Physik nicht verhandelt und man deshalb nicht einfach weniger Klimaschutz als nötig machen kann, nur weil es politisch einfacher wäre. Dann wäre unsere Freiheit gefährdet, dann hätten liberale Gesellschaften kaum Überlebenschancen. Im zweiten Teil habe ich argumentiert, dass man auch nicht die Demokratie abschaffen kann, um einfacher und schneller den notwendigen Klimaschutz voranzutreiben. Jetzt habe ich hergeleitet, dass wir auch nicht einfach am alten Verständnis von Demokratie festhalten können.

Folglich drängt sich also eine große Frage auf: Was heißt das für die Demokratie?

Ist Demokratie zum Scheitern verurteilt?

Warum man Demokratie sich verändern lassen muss, um sie zu retten

Wenn all das stimmt, was ich bis hierhin hergeleitet habe, dann stehen wir scheinbar vor einem Problem. Also, wenn es stimmt, dass nur maximal schneller und entschiedener Klimaschutz die Chance birgt, die Erderhitzung so weit einzudämmen, dass sie sich nicht von menschlichen Ursachen löst. Wenn es stimmt, dass nur in diesem Fall eine echte Chance besteht, dass Demokratien weiter funktionieren können. Wenn es stimmt, dass andernfalls auch in formal noch liberalen Demokratien die Freiheiten verloren gehen würden. Und wenn es stimmt, dass uns nur noch sehr, sehr, sehr wenig Zeit bleibt. Wenn all das stimmt (und das tut es), dann ist es nämlich so: Es gibt das Richtige doch.

Die demokratische Prämisse, dass allein die freien, gleichen Bürger*innen gemeinsam in einem geordneten Prozess entscheiden, was gut und richtig ist, ist heute nicht mehr korrekt. Die Wirklichkeit der Klimakrise gibt das vor, was zu tun ist: radikalen Klimaschutz. Darüber gibt es nichts zu befinden, wir müssen ihn nur umsetzen. Was natürlich die Spielräume für eine demokratische Gemeinschaft verkleinert. Radikal verkleinert sogar. Sehr viele notwendige Entscheidungen ergeben sich daraus, sogar der Zeitplan ist dadurch weitgehend vorgegeben.

Die logische Reaktion auf diese Feststellung nach dem üblichen Verständnis von Demokratie würde lauten: Das kann nicht sein. Das demokratische Subjekt ist kein Schüler, dem die Wirklichkeit einen Stundenplan schreibt. Das Richtige a priori kann es niemals geben. Klimaschutz geht so schnell und so weitreichend, wie sich demokratische Mehrheiten dafür finden, und einen anderen Maßstab gibt es nicht, wenn alles hart auf hart kommt. Nach dieser Philosophie hat Angela Merkel als Kanzlerin praktiziert. Dieser Impuls ist nachvollziehbar und er war die längste Zeit auch hilfreich, aber er wird spätestens jetzt falsch. Mit unserem bisherigen Verständnis von Demokratie stoßen wir mittlerweile an Grenzen.

Warum, lässt sich zeigen, wenn man das Argument radikal durchdenkt, dass eine Demokratie sich nie an einem von außen vorgegebenen Richtigen ausrichten darf.

Angenommen, es läuft alles weiter wie bisher, die Emissionen sinken zu langsam, die planetaren Systeme kippen und tiefgreifende Klimaschutzmaßnahmen sind rein physisch nicht mehr möglich, weil die Freiheit schwindet. Nach und nach würde deutlich, dass die Erhitzung selbst bei menschlichen Nullemissionen nicht mehr zu bremsen ist oder dass Nullemissionen gar nicht zu erreichen sind. Menschliches Eingreifen wäre nicht mehr möglich.

Nun wäre Klimaschutz im heutigen Sinne keine Option mehr. In diesem Moment würde jene demokratische Zumutung verschwinden, die daraus erwächst, dass Klimaschutz nicht verhandelbar ist. Denn wenn es keine Möglichkeit mehr gibt, das Klima zu schützen, kann es auch keine Notwendigkeit mehr geben, das Klima schützen zu müssen.

Befreit von diesem Zwang zum Klimaschutz, würden es die Demokratien ihren Bürger*innen wieder erlauben, frei und uneingeschränkt das ihrem Empfinden nach Gute und Richtige auszuhandeln, in einem fairen Prozess, ohne vorgegebene Richtung. Jeder überschrittene Kipppunkt wäre eine Erleichterung. Nur, dass die realen Freiheiten der Bürger*innen, dass die politischen Freiheiten nach und nach schwinden.

In diesem Verständnis wäre die Demokratie herausgefordert, solange noch eine Chance besteht, sie zu retten. Und sie wäre heil, sie würde ideal funktionieren, sobald ihr eigener Untergang besiegelt ist. Das ist, um es salopp zu sagen, offensichtlich großer Käse.

Solange man daran festhält, dass eine gezielte, politisch gesteuerte Beschränkung von Entscheidungsspielräumen den ersten Schritt in die Diktatur bedeutet, dass es eine Orientierung an einem vorgegebenen Richtigen nie geben darf, läuft man in eine theoretische Sackgasse. Wenn es so wäre, dann wäre die Demokratie jetzt schon dem Tod geweiht.

Es hieße, die Demokratie zur Märtyrerin zu machen, den Tod in Reinheit vorzuziehen – nur ohne jede Chance, dass sie und mit ihr unser Leben dadurch in Zukunft besser werden könnte. Es wäre ein sinnloses Opfer.

Es würde bedeuten, Demokratie zu einem raumzeitlich begrenzten Phänomen zu erklären, zu einer historisch-kontingenten Erscheinung, deren Zeit nun abläuft. Sie hätte dann funktioniert, bevor es die Klimakrise gab, auch noch ein paar Jahre im Übergang, und danach vielleicht eben nicht mehr. Blöd gelaufen, was soll man schon machen?

Prinzipiell kann man das alles natürlich vertreten, nur vergisst man darüber leicht den Kern der Demokratie. Wir erinnern uns: Demokratie ist nie nur ein Zustand, sondern immer auch ein Prozess. Sie ist ein Befreiungsprojekt. Demokratie ist immer eine unvollständige Übersetzung der Überzeugung, dass alle Menschen gleich mitbestimmen sollen, in ein politisches System. Demokratie ist das System, das seinen Bürger*innen die gemeinsame Suche nach einer Antwort auf die Frage erlaubt, wie sie zusammenleben wollen.

Ein Verständnis von Demokratie, das zum Ergebnis kommt, dass das dauerhafte Überschreiten aller Kipppunkte besser wäre für die Demokratie als radikaler Klimaschutz, ist offensichtlich in Zeiten der Klimakrise nicht mehr brauchbar. Eine Theorie von Demokratie, die nicht deren Erhalt voraussetzt, braucht kein Mensch.

Um Missverständnissen vorzubeugen: Unsere bisherige Theorie von Demokratie war nicht schon immer unbrauchbar. Über viele Jahrzehnte hat sie leidlich getaugt. Aber sie ist unbrauchbar geworden, weil sich durch den Epochenbruch der Klimakrise die äußeren Bedingungen geändert haben.

Darin liegt der Ausweg aus dem beschriebenen Dilemma, dass real existierende Demokratien bislang zu langsam Klimaschutz betreiben, auch wenn der eigentlich nicht zur Debatte stehen darf. Wir haben es nämlich gar nicht mit einem echten Demokratieproblem zu tun. Es handelt sich nicht um ein demokratisches Dilemma, auch wenn es zunächst so aussehen kann. Demokratisches Dilemma hieße: Es gibt keinen demokratischen Ausweg. Aber es handelt sich in unserem Fall erst einmal nur um ein Demokratietheorieproblem.

Wenn Demokratien zu wenig Klimaschutz machen, aber Klimaschutz alternativlos ist, dann brauchen wir nicht die Demokratie infrage zu stellen. Wir müssen dazu nur ein bisschen umdenken. Wir müssen unser Verständnis von Demokratie etwas anpassen. Die Wirklichkeit hereinlassen, die Realität der Klimakrise ernst nehmen, und akzeptieren, dass sich da so oder so etwas wandeln muss.

Alles andere wäre, wenn man in Ruhe darüber nachdenkt, auch beinah kurios. Wie sollte man glauben, dass sich in den nächsten Jahren zwar entscheidet, was der Mensch ist und wie es mit ihm weitergeht, dass die fossile Lebensweise der vergangenen zweihundert Jahre zu Ende gehen muss – dass aber das spezifische Institutionen-Arrangement, das wir moderne Demokratie nennen, auf jeden Fall genau so fortbestehen kann? Dass sich also alles, wirklich alles verändern muss, nur unsere Idee von Demokratie nicht?

Sie ist nicht ausgenommen in einer Zeit, in der auch andere grundlegende politische Kategorien von der neuen Wirklichkeit auf den Kopf gestellt werden. Von Freiheit war im ersten Kapitel schon die Rede. Die Veränderung betrifft aber auch klassische politische Identitäten.

Es gibt keine Möglichkeit mehr, unsere fossilen Gesellschaften einfach zu bewahren. Der Status quo ist nicht erhaltbar. Erst recht gibt es keine Rückkehr in ein Früher, in einen Status quo ante. Veränderung ist unausweichlich. Unter diesen Umständen bringt auch die Bewahrung des Bestehenden Veränderung. Und zwar versehentlich und unkontrolliert. Untätigkeit zum jetzigen Zeitpunkt hat daher später die gravierendsten Folgen. Gesteuerte Veränderung dagegen bedeutet Kontrolle, bedeutet eine Chance auf Bewahrung, die Bewahrung unserer politischen Freiheiten und all dessen, was uns wichtig ist.

Der Konservatismus, erst recht aber reaktionäre Haltungen, werden dadurch plötzlich revolutionär. Revolutionäre oder radikale Forderungen nach Veränderung werden ihrem Wesen nach konservativ. Solche Sätze mögen zunächst verdächtig nach George Orwell klingen, nach Formeln wie »Krieg ist Frieden« oder »Freiheit ist Sklaverei«.[42] Wir sind darauf trainiert, in solchen Umdeutungen zunächst Manipulation zu vermuten. Aber die Welt, in der wir darauf trainiert wurden, gibt es nicht mehr.

Was zu ersinnen ist, ist also eine Ordnung, in der Klimaschutz unausweichlich wird, auch wenn das vorläufig unsere politischen Spielräume mindert. Was verstanden werden muss, ist, dass das nicht undemokratisch ist, sondern demokratisch, wenn es überhaupt noch eine Chance gibt, demokratisch zu bleiben.

Diese Erkenntnis mag im ersten Moment schwer zugänglich wirken. Wie das eben so ist mit Veränderung. Aber tatsächlich ist sie eine große, eine ungeheure Erleichterung. Wir können zwar nicht weitermachen wie bisher, wir müssen aber auch nicht aus zwei fürchterlichen Alternativen wählen, nämlich dem Ende der Freiheit durch immerwährende Notlagen oder dem Ende der Freiheit durch autoritären Notstand. Noch haben wir etwas Raum zur Selbstermächtigung.

Das Gute ist außerdem: So neu und unerhört ist diese Überlegung dann auch gar nicht. Demokratie ist viel wandelbarer, als ihre eigenen Verteidiger*innen oft unterstellen. Die Abwehr von existenziellen Gefahren ist immer schon ein Teil von ihr gewesen. Und auch der Umgang mit Paradoxien, Widersprüchen und Zwängen ist ihr nicht fremd. Beschränkungen der politischen Spielräume kommen ständig vor, auch selbst gewählte Beschränkungen. Um all das wird es in den nächsten Abschnitten gehen.

Da ist eine Anpassung an die Wirklichkeit der Klimakrise einerseits die größte theoretische Aufgabe unserer Zeit. Andererseits aber auch kein großes Ding. »Been there, done that«, sozusagen. Jetzt eben nur mit der Krux, dass davon die Zukunft der Menschheit abhängt.

Die Wandelbarkeit der Demokratie
Warum Systemveränderungen kein grundsätzliches
Problem sind

Auf einem bewaldeten Hügel in Athen, mit Blick auf die Akropolis, liegt eine der ersten demokratischen Arenen. Heute gibt es am Pnyx nicht viel mehr als ein paar Felsen zu sehen, an einem Hang, an dem Gras wächst. Menschen sitzen dort, plaudern, trinken, spazieren. Nur eine wenige Quadratmeter große Felsplattform ist abgetrennt, die Bühne der Redner in der antiken Demokratie.

Einst umgab das Rednerpodest auf dem Pnyx eine Art Arena, die erst 5000, dann 6000, dann mehr als 13 000 Menschen fasste, so steht es dort auf einer Tafel. Schon damals gab es aber mehr freie, also politisch stimmberechtigte Bürger in Athen. Selbst diese frühe Demokratie, die gemeinhin als im Kern direktdemokratisch gilt, funktionierte also nicht so, dass wirklich alle immer aktiv in der Volksversammlung mitsprachen. Das ist schon eine ziemlich folgenreiche Einsicht.

Demokratie ist in ihrem Kern eine sehr unmittelbare Idee, abgeleitet aus der Gleichheit der Bürger*innen – aber sie funktioniert in Gesellschaften praktisch so nicht. Sie geht davon aus, dass jede*r gleichberechtigt mitentscheiden kann, aber natürlich können nie alle alles gleichberechtigt mitentscheiden.

Aus dieser Spannung zwischen der demokratischen Idee und der Notwendigkeit, sie in ein konkretes politisches System zu überführen, erwächst die Vielfalt und auch Formfreiheit der realen Demokratie. Es gibt nicht die eine richtige, logische, zwingende Ableitung. Nicht eine Art von Demokratie in der Praxis. Demokratie ist, aus sich selbst heraus, nie festgelegt und immer veränderbar.

Sicher folgen aus dem demokratischen Prinzip einige Grundsätze, ohne die eine liberale Demokratie theoretisch schwer, aber vor allem praktisch fast nicht funktioniert: irgendeine Form von Staatlichkeit und Staatsgewalten, die abgeleitete Macht ausüben. Periodische, freie, gleiche, geheime Wahlen als zentrales Mittel des Machtübertrags. Revidierbarkeit von Entscheidungen. Rechtsstaatlichkeit, also eine Bindung der Staatsgewalten an das Recht. Gewaltenteilung zwischen Gesetzgebung, Ausführung und Rechtsprechung. Freie Medien, Meinungs-, Versammlungs- und Vereinigungsfreiheit. Aber die genaue institutionelle Ausgestaltung lässt sich nicht scharf umreißen.

Es gibt Demokratien mit direkt gewählten Präsident*innen wie in den USA, mit vom Parlament gewählten Regierungschef*innen wie in Deutschland, mit Mischformen wie in Frankreich. Es gibt Demokratien, in denen Parlamentswahlen nach dem Mehrheitswahlrecht abgehalten werden wie in Großbritannien, solche mit Verhältniswahlrecht wie in Österreich (oder im Grunde Deutschland) und Mischformen wie das Grabenwahlrecht in Italien oder das Patchwork-System, nach dem in Südkorea gewählt wird.

Es gibt Demokratien, in denen Richter*innen gewählt werden und solche, in denen das nicht geht. Es gibt Demokratien mit Verfassungsgericht und ohne, es gibt sogar Demokratien mit und ohne geschriebene Verfassung. Es gibt starke direkte Demokratien und solche fast ohne direktdemokratische Möglichkeiten. Es gibt Demokratien, die zugleich das Königtum bewahrt haben, und strikte Republiken. Es gibt Demokratien ohne und solche mit unterschiedlich hohen Sperrhürden für den Einzug ins Parlament. Es gibt Demokratien mit und ohne Wahlpflicht und solche, in denen die stärkste Partei Bonussitze bekommt. Es gibt föderale Demokratien und zentralisierte Bundesstaaten.

Es gibt Demokratien, in denen Kirche und Staat strikt getrennt, und solche, in denen sie verwoben sind. Es gibt einsprachige und mehrsprachige Demokratien, solche mit zusammenhängendem Staatsgebiet und solche mit Exklaven. Demokratien, in denen Minderheiten gesicherte parlamentarische Beteiligung haben oder sogar feste Plätze in der Regierung, und andere, in denen das nicht so ist.

Es gibt Demokratien mit und ohne öffentlich-rechtliche Mediensysteme. Es gibt Demokratien, in denen darf man ab 16 wählen, oder ab 18. In manchen darf man erst ab 25, 30, 40 oder ab 50 Jahren in ein bestimmtes Amt gewählt werden, während es anderswo unbeschränkt ist.

Es gab sogar Demokratien, in denen Sklaven gehalten wurden und Schwarze Menschen keine politischen Rechte hatten. Es gab und gibt Demokratien mit ungleich gestellten Bevölkerungsgruppen. Es gab Demokratien, in denen Frauen nicht wählen durften oder nicht ohne Zustimmung des Ehemanns arbeiten konnten (das waren natürlich ziemlich schlechte Systeme).

Es gab und gibt, kurz gesagt, sehr viele verschiedene Ausprägungen von demokratischen Systemen, vielfach haben sie sich gewandelt oder sind gerade dabei. Was es nicht gibt, ist eine bestimmte, spezifische Erscheinungsform.

Das macht, wie immer, wenn vieles möglich ist, die Beschreibung und Bewertung von Demokratien etwas komplizierter. Aber es macht die Sache in diesen Zeiten, die vor uns liegen, auch leichter.

Denn es bedeutet: Demokratie in Zeiten der Klimakrise muss nicht zwingend so aussehen wie Demokratie vorher, weil Demokratie nie einer festgeschriebenen oder unveränderlichen Form entsprechen muss. Sie muss nur das demokratische Prinzip wahren, den demokratischen Impuls. Dann kann sie sich anpassen, auch an eine Welt, in der die politischen Entscheidungsspielräume schrumpfen werden.

Und das werden sie. So oder so.

Das Ende der Geschichte 2.0

Wie die Klimakrise schon heute unser Handeln
einschränkt

Nach dem Ende des Kalten Krieges wurde die Formel vom
»Ende der Geschichte« populär.[43] Damit war gemeint, dass
ideologische Widersprüche und Gesellschaftssysteme nun allesamt in der westlichen Lebensform aufgehen würden. Natürlich ist es so nicht gekommen.

Aber sie eignet sich gar nicht so schlecht als Metapher für
das, was auf uns zukommt. In gewisser Weise nähern sich die
Gesellschaften in und wegen ihrer unzureichenden Klimapolitik schon jetzt und ungeplant einem neuen Ende der
Geschichte an (diesmal aber wirklich). Denn aus den grundlegenden Realitäten der Klimakrise lässt sich ein ziemlich um-
fassendes politisches Programm ableiten.

Wenn die Politik nun auf ein paar Seiten seltsam abwesend
wirkt, dann, weil sie in all diesen Fragen eine geringe Rolle
spielen kann. Nicht gar keine Rolle, aber eine ungewöhnlich
geringe.

Es gab eine Zeit, da wäre es möglich gewesen, einen jeweils
sehr eigenen konservativ-schwarzen, sozialdemokratisch-ro-
ten, liberal-gelben, ökologisch-grünen und sozialistisch-dun-
kelroten Weg zu einer treibhausgasneutralen Gesellschaft zu
gehen. Realistisch betrachtet ist diese Zeit inzwischen vorüber.

Die Spielräume für weltanschauliche Abweichungen werden rasch kleiner.

Die ökologische Transformation wird nach aller Wahrscheinlichkeit nur gelingen, wenn sie die ökologischen Krisen auf grüne Art voll ernst nimmt, wenn sie sozialpolitisch solidarisch und gerecht ist nach linker Art, wenn sie nachhaltige Produktion entfesselt, wie es Liberale wollen, und wenn sie in all den Umbrüchen die Sehnsucht der Menschen nach Beständigkeit ernst nimmt, die Konservative so hegen. Sie muss viel verbieten, vieles fördern, manches über den Preis steuern. Bei all dem muss sie international ausgerichtet sein, weltzugewandt und wissenschaftsfreundlich. Eine gelungene Transformation setzt eine Melange aus Weltanschauungen voraus, aber eben nicht irgendeine, sondern eine sehr spezifische.

So viel auch noch ungewiss ist, einige Wahrheiten lassen sich schon jetzt sehr einfach formulieren: Jede Gesellschaft darf möglichst schnell netto keine Treibhausgase mehr ausstoßen. Das geht nur, wenn zunächst die gesamte Stromerzeugung auf erneuerbare Energien umgestellt wird, also vor allem auf Windkraft, Solarenergie, dazu etwas Wasserkraft, Gezeitenenergie und Biomasse. Das geht nur, wenn nahezu jede verfügbare Fläche genutzt wird. Offshore, also vor der Küste für Windräder, und auch auf dem Land, nicht nur in den günstigen windreichen Gegenden. Dächer und andere versiegelte Flächen müssen für Sonnenkollektoren genutzt werden. Das geht nur, wenn Naturschutz und Widerspruchsmöglichkeiten entsprechend angepasst werden. Unerlässlich wird dann auch der Aufbau eines neuen Stromnetzes, mit mehr Leitungen, anderen Verteilmöglichkeiten und viel mehr Resilienz gegen Ausfälle.

Weiterhin müssen alle sonstigen Prozesse, die aktuell Treibhausgase ausstoßen, umgestellt oder beendet werden: Es dürfen keine Autos, Flugzeuge, Schiffe oder Lastwagen mehr mit fossilen Treibstoffen fahren. Keine Heizung darf mehr Öl oder Gas verbrennen. Das geht nur, wenn wir unsere Verbrenner durch Elektroautos ersetzen, die wiederum eine funktionierende Ladeinfrastruktur brauchen. Das geht nur mit mehr Zugverkehr und erst perspektivisch wieder Schiffen oder Flugzeugen, wenn diese mit grünem Wasserstoff oder synthetischen Kraftstoffen emissionsfrei unterwegs sind. Es geht nur mit Fernwärme, Holz und Wärmepumpen.

In der Chemieindustrie, in der Erzeugung von Stahl etwa, geht es nur mit neuen Produktionsprozessen, und teilweise geht es auch nur mit weniger Verbrauch: Zement etwa erzeugt während der Herstellung durch chemische Prozesse Treibhausgase, die sich auch mit grünem Strom nicht vermeiden lassen. Man kann zwar große Teile des CO_2 noch im Werk mit der sogenannten »Carbon Capture and Storage«-Methode (CCS) abfangen, wegleiten und speichern, aber eben keine 100 Prozent und auch nur unter großem Energieeinsatz. Das ist notwendig, aber nicht beliebig ausweitbar. Es geht also letztlich nur mit weniger Zement.

Auch wenn die gesamte fossile Energie künftig durch erneuerbar erzeugten Strom ersetzt werden soll (die Anlagen dafür entstehen auch nicht emissionsfrei), wird es nur mit weiteren Einsparungen gehen. Das bedeutet, wir müssen mehr dämmen, effizienter bauen, generell weniger bauen, dichter wohnen und weniger und kleinere, leichtere Autos nutzen.

Die größten menschlich erzeugten Quellen von Methan und Lachgas sind die Landwirtschaft und Landnutzung. In der Landwirtschaft geht es um Wiederkäuer und ihre Verdauung, um Ausdünstungen aus der Gülle und von anderen Düngern (die zudem extrem energieintensiv hergestellt werden), außerdem um Waldrodung für den Anbau von Tierfutter. Die einzige Lösung sind sehr, sehr, sehr viel weniger Kühe, Ziegen, Schafe und Schweine, die sehr viel weniger Gülle produzieren, weniger Methan ausscheiden und insgesamt weniger Futter brauchen, das Platz für den Anbau in Anspruch nimmt. In Deutschland enden rund 60 Prozent des angebauten Getreides als Tierfutter. Die einzige Möglichkeit, zu reduzieren, ist, dass sehr viel mehr Menschen vegetarisch und auch sehr viele sehr viel umfassender vegan leben. Dass wir alle also sehr, sehr viel weniger Fleisch und Milchprodukte konsumieren.

Enorme Treibhausgasemissionen entstehen außerdem, wenn Moore und Feuchtgebiete trockengelegt werden, was sich nur durch einen Stopp der Entwässerung und Wiedervernässung ändern lässt. Dadurch wiederum wird Ackerbau auf diesen Flächen zwar unmöglich, die Moore halten dann aber wieder effektiv den Kohlenstoff im Boden.

All das ist im Ergebnis alternativlos. Es lässt sich nicht objektiv herleiten, welcher Bauernhof noch Vieh halten soll und welcher nicht oder wer ganz vegan leben soll und wer nicht, aber die Gesamtheit all dieser Produktions- und Lebensweisen lässt sich recht gut beschreiben. Der Weg zu dieser Gesamtheit an Einsparmaßnahmen wiederum ist zwar prinzipiell völlig offen, nur wurde die Transformation so viele Jahrzehnte oft gezielt verschleppt, dass für Experimente jetzt keine Zeit mehr ist. Der Zeitdruck lässt uns nur noch wenige denkbare Möglichkeiten, um diese notwendigen Ziele zu erreichen.

Weil es so ungemein schnell gehen muss und in kürzester Zeit Systeme geändert werden müssen, die in einer fossilen

Welt entstanden sind, wird der Prozess nicht bruchlos vonstattengehen. Das Lebensmodell etwa, aus der Stadt aufs Land zu ziehen, wo Wohnen günstiger ist und die Natur freudvoller, in ein Einfamilienhaus mit Garten, mit möglichst großen Abständen, die man dann mit dem Auto günstig überbrücken kann, um einzukaufen, zu arbeiten, Freund*innen zu sehen und die Kinder zur Schule zu bringen, ist als gesellschaftlicher Normalfall nicht länger tragbar. Gleichzeitig lassen sich diese Strecken aber auch nicht mit öffentlichem Nahverkehr erschließen und nicht überall mit dem Rad zurücklegen.

Verbreitete Ernährungsgewohnheiten, die auf der Nutzung von Tieren beruhen, lassen sich ebenfalls nicht länger fortführen, sind aber auch nur unter hohem Aufwand zu ändern.

Vieles wird nur gehen, wenn sehr schnell sehr viel gebaut, umgebaut, investiert wird: Unternehmen müssen auf neue Techniken setzen, Hauseigentümer*innen Geld in neue Heizungen stecken, Autofahrer*innen in neue Wagen, Kommunen in neue Radwege, der Staat und Betreiber in neue Windräder, Solaranlagen und neue Leitungen – und so weiter, und so weiter. Dabei wird es dann heikel genug, Handwerker*innen und Material zu bekommen, was wiederum Spielräume limitiert: Gebaut werden muss, sobald wieder gebaut werden kann.

Die Kosten für all das sind zwar nur ein Bruchteil der Kosten, die unser Nichtstun bald schon bedeuten würde. Aber sie fallen kurzfristig an und sie werden soziale Verwerfungen mit sich bringen und manche Menschen vor unüberwindbare finanzielle Herausforderungen stellen.

Menschen allein werden sie nicht immer tragen können. Nicht alles kann der Staat übernehmen, vieles wird er übernehmen müssen: Er muss die nötige Infrastruktur bereitstellen, Investitionen absichern, Forschung finanzieren, Zuschüsse zahlen, womöglich auch Unternehmen einmalig dafür Geld geben, dass sie bestimmte Dinge ab jetzt nicht mehr tun: Kohle verbrennen etwa. Oder Schweine halten, so ist es in den Niederlanden schon passiert. Dafür braucht er Mittel, dafür muss er Schulden machen, dafür muss er wahrscheinlich auch seine Einnahmen erhöhen.

Zumal all diese Maßnahmen politisch so aufgefangen werden müssen, dass sie vielleicht nicht mehrheitsfähig werden, aber keine Mehrheit gegen sie aufbegehrt. Das wird wahrscheinlich nur möglich sein, wenn erstens möglichst viele Menschen möglichst unmittelbar von der Transformation profitieren – also von der eigenen Solaranlage oder dem Windpark vor dem Dorf. Und wenn zweitens die Transformation sozial abgefedert ist und sozial gerecht stattfindet. Wenn sie jenen, die wenig haben, nicht noch viel wegnimmt, sondern eher ihr Leben verbessert. Viele Menschen, die viel besitzen und ihre Privilegien als Recht begreifen, werden ohnehin gegen die Transformation agitieren. Sie werden damit nur dann nicht durchdringen, wenn genügend andere Menschen den Nutzen dieser gesellschaftlichen Neugestaltung unmittelbar wahrnehmen und erleben.

Verkompliziert wird all das dadurch, dass Klimaschutz so wenig linear ist wie der Verlauf der Klimakrise selbst. Es ist nicht gleichermaßen leicht, das letzte Fünftel einzusparen wie das vierte oder zweite oder vor allem das erste Fünftel auf dem Weg zur Zielerreichung. Einiges lässt sich einfach durch Effizienzsteigerung oder schlicht weniger Verschwendung einsparen. Manches lässt sich vergleichsweise leicht ersetzen. Anderes erfordert lange Baumaßnahmen. Oder erzeugt besonders große Disruptionen, lokal, regional, national. Für einiges fehlen noch Lösungen.

Noch sind CO_2-neutrale Flugzeuge beispielsweise eher eine Idee als Realität. Noch gibt es keine Möglichkeit, Zement CO_2-neutral herzustellen, und die Zementherstellung erzeugt mehr Emissionen als der weltweite Flug- und Schiffsverkehr zusammen.

Noch ist unklar, wie viele der Methan-Emissionen aus dem Reisanbau wirklich eingespart werden können, denn Methan entsteht nun einmal, wenn Mikroorganismen im Wasser organisches Material zersetzen. Reis ist ein Grundnahrungsmittel für fast die Hälfte der Weltbevölkerung und stellt etwa ein Sechstel bis ein Fünftel aller Kalorien, die Menschen weltweit zu sich nehmen. Reis ist allerdings auch für rund ein Zehntel der Emissionen aus der Landwirtschaft verantwortlich.

Noch ist eine Welt ohne Öl, Kohle und Gas zumindest vorstellbar, eine Welt ganz ohne Rinder aber nicht, und es lässt sich nicht genau sagen, welche Mengen an Emissionen dadurch bleiben.

Zudem sind Ziele stets konzipiert als das, was Politiker*innen im Moment ihrer Formulierung, unter den aktuellen Bedingungen für maximal machbar halten. Ihre Einhaltung setzt daher voraus, dass nichts dazwischenkommt. Kein großer Krieg, keine tiefgreifende Krise, kein neuer politischer Kurs in den einzelnen Ländern.

Schon bisher ist diese Annahme extrem unplausibel. Die 2010er-Jahre waren im Rückblick eher eine Boom-Zeit, mit einem ungewöhnlich stabilen Wirtschaftswachstum und ohne große internationale Konflikte. Und doch traf die Welt in den vergangenen zwei Jahrzehnten eine Finanzkrise und die heftigste Pandemie seit hundert Jahren. Eine Weltmacht wie Russland hat mitten in Europa einen Eroberungskrieg begonnen. Großbritannien hat die EU verlassen. In zahlreichen

Staaten gab es Revolten, Bürgerkriege, Staatsstreiche. Krisen sind der Normalzustand der Welt, sie als Ausnahme zu behandeln, ist eine verbreitete politische Lebenslüge. Dazu kommt schon jetzt eine Vielzahl von Naturkatastrophen und es werden zunehmend mehr. Die Instabilität, die die Klimakrise selbst erzeugt, ist längst sichtbar und steigert sich permanent.

Krisen aber absorbieren Aufmerksamkeit, politische und bürokratische Beschäftigung und nicht zuletzt Geld. Natürlich kann es Synergien geben, kann zufälligerweise die Reaktion auf eine Krise auch bei der Bewältigung einer anderen Krise helfen: auf wiedervernässten Mooren, auf denen bisher Rinder gehalten werden, könnte man künftig Pflanzen zur Gewinnung von Bioenergie anbauen und Solaranlagen installieren. Damit würden die Emissionen aus der Landwirtschaft doppelt sinken, erneuerbare Energie würde ausgebaut werden und es entstünden spezielle Lebensräume für bestimmte Wildtiere. Zugleich würde die Zahl der Nutztiere sinken, was wiederum helfen würde, den Nitratgehalt im Wasser und den Feinstaubgehalt in der Luft zu verringern und den Antibiotikaeinsatz gleich mit, der seinerseits gefährliche Pandemien verursachen könnte. Tatsächlich liegt darin wahrscheinlich der Schlüssel im Kampf gegen die ökologischen Krisen.

So fallen die Preise für erneuerbare Energien seit Jahren schneller, als vorhergesagt wurde. Investitionen in fossile Infrastruktur bergen schon jetzt erkennbar große Risiken. Diejenigen, die hoffnungsvoll in die Zukunft schauen, tun es vor allem wegen solcher Dynamiken. Auch die fossile Gesellschaft besteht aus Systemen, die instabil werden können. Auch die ökologische Transformation kann schneller gehen und muss nicht linear ablaufen, auch hier können soziale und wirtschaftliche Kipppunkte überschritten werden. Wenn es nicht mehr akzeptabel oder nicht mehr rentabel ist, Kohle, Öl und Gas zu verfeuern, wird es kaum mehr jemand tun.

Andererseits wurden die USA erst im vergangenen Jahrzehnt über die Nutzung von Fracking-Öl und -Gas zu einem der größten Energieproduzenten. In den vergangenen Jahren wurden Gasfelder etwa vor Ägypten, Marokko und der Türkei oder in Bolivien entdeckt. Solange sich damit noch Geld verdienen lässt, ist es für jeden Staat wirtschaftlich zumindest scheinbar vernünftig, diese Ressourcen auszubeuten. Und andererseits könnte es künftig immer noch attraktiv sein, billiges Öl und billiges Gas zu verfeuern, wenn man als Staat direkten Zugriff darauf hat, selbst wenn die Preise fallen.

Als allgemeine Erwartung lässt sich formulieren: Jede Krise macht es unwahrscheinlicher, dass andere politische Ziele genau erreicht werden. Sie erzwingt, sich mit ihr zu befassen. Sie verformt Politik.

Die Chance, die Erhitzung der Erde auf weniger als 2 Grad zu begrenzen, ist ohnehin minimal. Die Geschwindigkeit, in der Gesellschaften treibhausgasneutral werden müssen, ist atemberaubend. Funktionieren kann das nur, wenn alle denkbaren und uns aktuell verfügbaren Instrumente genutzt werden. Die Frage lautet eigentlich nicht mehr, wie viel eine Maßnahme wie beispielsweise ein Tempolimit bringt. Die Frage lautet eher: Bringt sie überhaupt etwas? Wenn ja, wird sie höchstwahrscheinlich gebraucht. Wenn sie wenig Kosten verursacht, wird sie in jedem Fall gebraucht.

Die Spielräume für politisches Handeln sind also sowieso geschrumpft, durch das, was uns die schon unausweichliche Erderwärmung aufzwingt, durch die nötigen Gegenmaßnahmen und das, was sie politisch durchsetzbar macht. Noch mehr, darum ging es oben schon ausführlich, würden sie schrumpfen, wenn der Klimaschutz scheitert.

Natürlich ist das unerfreulich in einer Demokratie – und es ist eine existenzgefährdende Situation für jede einzelne Partei. Jede demokratische Partei muss an irgendeiner Stelle Kernüberzeugungen aufgeben und sich der Wirklichkeit fügen. Und wenn andere Parteien es schneller tun, werden die leichter überflüssig, die das nicht einsehen wollen. Wenn sie überdies glauben, der Demokratie zu dienen, indem sie sich rituell durch völlige Opposition profilieren, erliegen sie einem Irrtum. Demokratischer Parteienwettbewerb muss künftig in den Details liegen und im Aufspüren der weiterhin existierenden Freiheitsgrade.

Sofern sie nicht aktiv auf die planetare Katastrophe hinarbeiten wollen und damit auch den politischen Wettstreit permanent existenziell aufladen, Polarisierung vorantreiben und der Demokratie schaden wollen, nähern sich demokratische Parteien unter dem Druck der Realität unweigerlich einander an. So, wie sich Demokratien als Ganze schon jetzt unweigerlich dem Notwendigen annähern. Zu langsam, oft erratisch, aber folgerichtig, sofern die dritte Gewalt in Freiheit ihre Arbeit macht.

Karlsruhe for Future

Warum das Recht sowieso schon
zunehmend Politik bindet

Nicht einmal die Kläger*innen selbst hatten damit gerechnet, dass sie Recht bekommen. Schon gar nicht damit, dass das Bundesverfassungsgericht im April 2021 eine so grundlegende Entscheidung treffen würde. Eine bunte Koalition hatte gegen das Klimaschutzgesetz der Bundesregierung geklagt, und die Richter*innen befanden: Für die Zeit nach 2030 gebe es bisher zu wenig klare Vorgaben. Wahrhaft revolutionär war die Begründung.

Erstens hat das Verfassungsgericht mit großer Selbstverständlichkeit festgestellt, dass die Einhaltung des Paris-Ziels eine grundgesetzlich abgesicherte Aufgabe ist, nicht nur eine revidierbare politische Selbstverpflichtung. »Das Grundgesetz verpflichtet unter bestimmten Voraussetzungen zur Sicherung grundrechtsgeschützter Freiheit über die Zeit und zur verhältnismäßigen Verteilung von Freiheitschancen über die Generationen.«[44]

Zweitens hat es mit den Freiheitsrechten der Klagenden argumentiert, also sehr grundsätzlich. Die entscheidenden Stellen im Beschluss lauten so: »Die Schonung künftiger Freiheit verlangt auch, den Übergang zu Klimaneutralität rechtzeitig einzuleiten. Konkret erfordert dies, dass frühzeitig transparente Maßgaben für die weitere Ausgestaltung der Treibhaus-gasreduktion formuliert werden.« Damit erkennt das Bundesverfassungsgericht die schon ausgeführte, äußerst unangenehme, aber unbestreitbare Tatsache an: Freiheit wird unter den Bedingungen der Klimakrise zu einem knappen Gut.

Das Gericht hat diese philosophische Tatsache damit in eine politische Tatsache verwandelt. Von einer Erkenntnis, der sich kaum jemand ernsthaft stellen wollte, zu einem Rechtsprinzip, das bindet. Dabei griff es auf das Grundgesetz zurück, das Pariser Abkommen, aber auch auf das Klimaschutzgesetz selbst.

Einige Monate später versuchte eine ähnliche Koalition unter Federführung eines auch vorher beteiligten Anwalts, des Umweltrechtlers Remo Klinger, die Klage in die Länder zu überführen. Gleicher Ansatz, nur eine Ebene niedriger. Diesmal nahm das Gericht die Klagen gar nicht erst an. Mit dem Argument, nirgendwo sei ein konkretes CO_2-Budget für die einzelnen Bundesländer festgelegt. Es sei auch nicht ableitbar, also gebe es auch keinen überprüfbaren Maßstab, auf den man die Länder festlegen könne.

Noch vor wenigen Jahren beschränkten sich Klimaklagen fast komplett auf die USA, in deren Rechtssystem sie leichter fallen. Zunehmend weiten sie sich aus. In den Niederlanden erstritt eine Stiftung ambitioniertere Klimaziele. Ebenfalls in den Niederlanden gewannen Umweltschutzorganisationen in erster Instanz eine Klage, die den Ölkonzern Shell dazu verpflichtet, seine Emissionen zu senken. Der irische oberste Gerichtshof verwarf einen Klimaplan der Regierung, weil er unzureichend war. Sie musste daraufhin einen neuen Plan ausarbeiten.

All das geschieht nicht zufällig. Jurist*innen arbeiten sich systematisch durch die Instanzen. Sie prüfen, wo es noch Lücken in der Klimagesetzgebung gibt. Sie drängen auf Umsetzung der bestehenden Vorschriften. Sie schauen sich alle staatlichen Ebenen an. Sie nehmen Unternehmen und ihre Klimaschutzversprechen ins Visier. Sie suchen gezielt nach Kläger*innen, deren Fälle besonders hohe Erfolgsaussichten haben, und machen sich so das bisher in Ländern wie Deutschland kaum etablierte Prinzip der strategischen Prozessführung zunutze, um Urteile zu ermöglichen, die über den Einzelfall hinausweisen. Mit jedem Erfolg schaffen sie sich jene Schultern, auf denen sie im nächsten Prozess stehen können.

Erst das zu laxe Klimaschutzgesetz des Bundes und die Selbstverpflichtung durch das Pariser Abkommen erlaubten eine Klage, die eine Verschärfung des Klimagesetzes zur Folge hat. Dieses verschärfte Klimaschutzgesetz könnte beizeiten wieder Grundlage für einen neuen Prozess sein. Die Begründung mit den künftigen Freiheitsrechten eröffnet ganz sicher umfangreiche neue Klagemöglichkeiten.

Verrechtlichung erzeugt neue Verrechtlichung. Je mehr sich Politik selbst bindet, desto mehr kann sie gebunden werden. All das geschieht bereits, und es wird, das lässt sich jetzt schon sagen, zunehmen. Manche Klimarealist*innen sehen in Klagen sogar den größten Hebel für die Durchsetzung von mehr Klimaschutz überhaupt.

Das Pariser Abkommen überlässt es prinzipiell den Staaten, selbst festzulegen, wie viele Emissionen sie einsparen. Es öffnet also viel Spielraum für Trödelei. Im Text findet sich aber ein für Laien ziemlich unscheinbarer Satz. Er lautet: »Jeder nachfolgende national festgelegte Beitrag einer Vertragspartei wird eine Steigerung (…) darstellen und ihre größtmögliche

Ambition (…) ausdrücken.«[45] Mit dieser Passage wird der Spielraum für absichtliche Verzögerungen direkt wieder beschränkt. Wenn man maximal ambitioniert handeln muss, kann man nicht herumschlurfen. Findige Verhandler*innen haben diesen Satz bewusst so entworfen und so neue Ansatzpunkte für Gerichte geschaffen, Staaten zu ambitioniertem Handeln zu zwingen.

Im Grunde alle Staaten haben sich zum Pariser Abkommen bekannt, im Regelfall haben sie ein ganzes Netz an klimarelevanter Gesetzgebung auf den Weg gebracht. Oder sie haben Bestimmungen, die im Angesicht der Klimakrise und mit einem neuen Krisenbewusstsein von Gerichten neu ausgelegt werden. In Deutschland etwa steht seit 1994 der Artikel 20a im Grundgesetz: »Der Staat schützt auch in Verantwortung für die künftigen Generationen die natürlichen Lebensgrundlagen.« Bis vor Kurzem galt dieser Artikel noch als weitgehend wirkungslos, als Papiertiger. Nun aber bezog sich das Bundesverfassungsgericht in seiner Entscheidung konkret auf ihn.

Die Ansatzpunkte für das Recht sind also längst zahlreich. Es ist nur noch eine Frage der Zeit, bis Jurist*innen sie jeweils aufspüren und nutzen. Nur wann, wo und wie genau dies geschieht, lässt sich nicht leicht voraussagen. Es ist immer auch eine Frage des Zufalls.

Fast jedes neue Urteil ist ein Präzedenzfall. Fast jedes neue Urteil wird weltweit interessiert beobachtet. Die Richter*innen dieser Welt sind in allergrößter Mehrheit keine Expert*innen fürs Klima. Sie sind auf externe Expertise angewiesen und sie schauen natürlich, was ihre Kolleg*innen anderswo machen, wie sie argumentieren, was sie sich einfallen lassen. Nach wichtigen Siegen reisen Anwält*innen um die Welt, um Vorträge zu halten. Das ist in Klimafragen so wie auf anderen

Rechtsgebieten. Ihre Strategien werden übernommen, wo es geht, oder verworfen, wo sie nicht passen.

In der Vorbereitung der Klage, die zum bahnbrechenden Verfassungsgerichtsentscheid führte, legte Remo Klinger seinen Leuten *Die unbewohnbare Erde* auf den Tisch, das Sachbuch des US-Autors David Wallace-Wells, das die Folgen einer besonders schnellen Erhitzung so anschaulich und drastisch schildert wie vielleicht kein Text zuvor. Die Essenz dieses Buchs sollte sich auch in der Klageschrift finden.

In der Entscheidung des Verfassungsgerichts finden sich zudem mehr als 50 Verweise auf ein Gutachten des Sachverständigenrats für Umweltfragen (SRU) über den Nutzen eines CO_2-Budgets und mehrere Berechnungsarten. Wie viele Gutachten des SRU wurde auch dieses von der Öffentlichkeit kaum wahrgenommen. Für das Gericht aber bot das Papier, auf das Klinger und seine Kolleg*innen ebenfalls hingewiesen hatten, offensichtlich jene zugängliche und überzeugende Grundlage, um damit ein wichtiges Urteil zu treffen.

Hätte Wallace-Wells nicht ein so eindringliches Buch geschrieben, hätte Klinger es nicht gelesen, hätte sein Team es nicht in einen Begründungstext übersetzt und hätte der Umweltrat nicht jenes Gutachten veröffentlicht, dann hätte das Gericht womöglich anders entschieden. Einer der wegweisendsten Richtersprüche der letzten Jahre wäre dann vielleicht nicht gefallen. Eine Kaskade von Zufällen hatte zur Folge, dass die Bundesregierung im Sommer 2021 eilig ein neues Gesetz auf den Weg bringen musste.

Vielleicht wäre es an der Zeit, diese Wirklichkeit anzuerkennen und aus der Not eine Tugend zu machen. Sich also daranzumachen, gezielter zu beeinflussen, in welche Richtung sich die Spielräume in Zukunft entwickeln werden.

Das Demokratieparadox
Warum Beschränkung der wehrhaften Demokratie
nicht fremd ist

Karl Loewenstein lebte schon nicht mehr in Deutschland, als er 1937 seinen Aufsatz »Militant Democracy and Fundamental Rights« veröffentlichte.[46] Loewenstein war Jurist und Politologe, in Deutschland geboren und aufgewachsen, dann verfolgt von den Nationalsozialisten, geflohen in die USA, wo er an der Ostküste lehrte und arbeitete. In seiner Heimat waren manche seine Schriften verboten.

In seinem Text ging er, wie viele seiner Zeitgenossen, der Frage nach, wie eine Demokratie mit jenen umgehen soll, die sie abzuschaffen versuchen. Es gebe, schrieb er, zwei Möglichkeiten. Entweder sei der Faschismus ein geistiges Feuer, das sich über die Welt verbreitet und demokratische Staaten verschlinge, dann wäre alles verloren. Oder er sei doch nur eine Technik, um Macht zu erlangen, reine Macht, ohne höheren Zweck. Dann sei die Antwort eindeutig: »Wenn die Demokratie überzeugt ist, dass sie noch nicht an ihrem Ende angelangt ist, muss sie auf ihrem eigenen Terrain eine Technik bekämpfen, die nur der Machtausübung dient. Demokratie muss militant werden.«[47]

Das Dilemma, dem sich Loewenstein widmete, ist sehr alt: Wie kann die Freiheit bewahrt werden, wenn sie all jenen

maximale Freiheit einräumt, die die Freiheit anderer beschneiden wollen? Oder: Muss Toleranz Grenzen haben,
damit die Intoleranz nicht siegt? Karl Popper, der Wissen-
schaftstheoretiker, führt es bis Platon zurück. Seine Beschreibung dieses Toleranz-Paradoxons ist vielleicht die bekann-
teste.[48]

Auflösen lässt es sich nicht. Wenn die Freiheit oder die Toleranz mit Kräften konfrontiert ist, die sie zerstören wollen,
muss sie selbst intolerant werden und die Freiheit dieser
Kräfte beschneiden, sonst geht sie kaputt.

Der Nationalsozialismus und der Faschismus machten aus
diesem grundsätzlich theoretischen Problem eine ganz praktische Sache. Es ist kein Zufall, dass die Auseinandersetzung
mit dem Paradox der Demokratie in den 1930ern und Folge-
jahren zunahm. Die Lehre lautet, Demokratie muss sich gegen
ihre inneren Feinde wehren können, gegen ihre mutwillige
Zerstörung. Denn auch Demokratie hat ein Recht auf Selbst-
erhaltung.

In Deutschland heißt dieses Konzept: wehrhafte Demokratie. Der Verfassungsschutz soll hauptberuflich Verfassungs-
feinde beobachten. Bestimmte Prinzipien sind per Ewigkeitsklausel als unveränderlich ins Grundgesetz geschrieben – keine
noch so große Mehrheit kann an der grundlegenden Gestalt
der Bundesrepublik und ihrer Orientierung an der Würde des
Menschen etwas ändern.

Grundrechte können eingeschränkt werden, wenn sie zur
Zerstörung der Demokratie genutzt werden. Vereine wurden
verboten, sogar zwei Parteien: die Sozialistische Reichspartei
(SRP), eine nationalsozialistische Organisation, und die kommunistische KPD. In Artikel 20 des Grundgesetzes steht der
programmatische Satz:»Gegen jeden, der es unternimmt,

diese Ordnung zu beseitigen, haben alle Deutschen das Recht zum Widerstand, wenn andere Abhilfe nicht möglich ist.« Dass Demokratie nie ohne Beschränkungen existiert, ist also eine sehr alte Einsicht und eine geübte Praxis. Wenn es in der Klimakrise mittlerweile auch darum geht, dass die Demokratie die Bedingungen ihrer Existenz wahren muss, dann liegt eine Weitung dieser Überlegungen nahe. Um zu überleben, muss die Demokratie eine wehrhafte Klimademokratie werden.

Das heißt nicht, dass sich die Werkzeuge der wehrhaften Demokratie eins zu eins übernehmen lassen. Die Bedrohung ist eine andere, die Akteure sind andere, die Richtung der Einschränkungen ist auch eine andere.

In der Klimakrise gibt es nicht die eine Gruppe von Demokratiefeinden, die an der Zerstörung arbeitet. »Heute erwächst das meiste Unheil nicht aus Untaten sondern aus Untätigkeit«, wie der Journalist Bernd Ulrich einmal formuliert hat.[49] Sie folgt aus der Gedankenlosigkeit, den Routinen, der Normalität, oft genug sogar einfach aus dem Wunsch nach einem guten Leben, für sich oder andere. Sie folgt aus der Gesamtheit der Lebensweisen. Sie ist überall und nirgendwo konkret.

Sie ist also schlecht lokalisierbar und damit weniger zielgenau zu bekämpfen als eine Neonazi-Organisation. Weil das so ist, darf die wehrhafte Klimademokratie auch nicht überschießen, sie darf nicht im Kleinen sanktionieren, weil irgendwo ein bisschen Zerstörung stattfindet. Dafür richtet sich die Einschränkung der Spielräume auch nicht gegen andere Personen, sondern gegen uns alle.

Die wehrhafte Demokratie beschränkt ihre inneren Feinde, per Beschluss der großen Mehrheit der Demokrat*innen, um die Freiheit dieser Mehrheit zu sichern. Um die Bedrohung von inneren Demokratiefeinden abzuwehren, genügen im Regelfall wenige, zielgenaue Maßnahmen.

Die wehrhafte Klimademokratie beschränkt ihre demokratische Gesellschaft als Ganzes, per Beschluss jener demokratischen Gesellschaft, um die Freiheiten aller zu sichern. Es handelt sich also im besten Fall um Selbstbeschränkung aus Einsicht in die Notwendigkeit. Statt um Bekämpfung von Feinden geht es um eine gemeinsame Anstrengung. Um der Bedrohung durch die Klimakrise zu begegnen, bedarf es einer Umstellung unserer Art, zu leben und zu wirtschaften.

Das Eine lässt sich entsprechend kompromisslos tun, das Zweite ist heikler, erfordert bei gleicher Bedrohungslage ungleich mehr Umsicht.

Die Übertragung der Idee einer wehrhaften Demokratie hat also ihre Grenzen. Sie ist dennoch der zentrale theoretische Präzedenzfall für den Umgang mit existenziellen Bedrohungen der Freiheit. Aber noch nicht einmal der einzige.

Der Notstand als demokratisches Mittel
Warum der Notstand zur Demokratie gehört

Zu den aus europäischer Sicht etwas schrulligen Eigenarten der US-Demokratie gehört, mit welcher Leidenschaft eine Bestenliste der Präsidenten geführt wird. Verschiedene Institutionen erheben sie und debattieren, ob Thomas Jefferson oder John F. Kennedy das bessere Staatsoberhaupt war. Oder wer von den bisher 45 Amtsinhabern der schlechteste war (meistens James Buchanan, auch wenn sicher ein nicht kleiner Teil darauf bestehen wird, Donald Trump auf den letzten Platz zu setzen). Ganz vorne in den Listen landen verlässlich: Franklin D. Roosevelt, der Mann des New Deals und des Zweiten Weltkriegs. George Washington, der Unabhängigkeitsheld und erste Präsident. Und, zumeist an Platz eins, Abraham Lincoln, der die Union im Bürgerkrieg anführte, die Konföderation der Südstaaten besiegte und die Sklaverei beendete. Lincoln hat ein überlebensgroßes Mahnmal nicht weit vom Weißen Haus, von wo er väterlich über die Hauptstadt blickt. Lincoln ist für viele ein amerikanischer Held und ein Held der US-Demokratie.

Die Konföderation der Südstaaten bestand aus Sklavenhalterstaaten, die einen Sezessionskrieg in Kauf nahmen, um die Sklaverei zu bewahren. Staaten, die aktiv an der Sklaverei festhalten, während andere Staaten sie abschaffen, die also das Gegenmodell kennen, die Sklaverei trotzdem sogar zum Zentrum ihres Selbstverständnisses machen, können nur begrenzt demokratisch sein. Insofern hing am Ausgang des US-Bürgerkriegs auch die Möglichkeit, auf dem Gebiet der Südstaaten eine freie, demokratische Gesellschaft zu errichten.

Der Sieg der nördlichen Union war also ein Sieg der Menschlichkeit gegen die Repression, ein Sieg der Demokratie gegen die Willkürherrschaft. Und doch ist es alles etwas komplizierter, als es zunächst aussieht.

Während des Krieges, der seine Amtszeit definierte, setzte Abraham Lincoln unter anderem den Rechtsgrundsatz *Habeas Corpus* aus. *Habeas Corpus* bedeutet, dass niemand festgehalten werden darf, ohne die Rechtmäßigkeit der Verhaftung von einem Richter überprüfen zu lassen. Das schützt im Rechtsstaat vor willkürlichen Festnahmen. In der US-Verfassung ist das Prinzip explizit erwähnt, mit dem Hinweis, es dürfe nur im Fall einer Rebellion oder einer Invasion aufgehoben werden, und auch dann nur, wenn die öffentliche Sicherheit es erforderlich macht.

Als in den ersten Kriegsmonaten die Hauptstadt Washington, D.C., von Rebellen bedroht wurde und der Kongress nicht zusammentreten konnte, um diese Ausnahme festzustellen, wies Lincoln seine Militärs an, *Habeas Corpus* einfach auszusetzen. Ein Gerichtsurteil, das ihm das untersagte, ignorierte er. Später erklärte ihn der Kongress für schuldlos und setzte *Habeas Corpus* selbst aus.

Faktisch hatte Lincoln unter Berufung auf den Notstand seine Kompetenzen zunächst überschritten. Dieser Held der Demokratie nutzte ein erst einmal undemokratisches Mittel, den Notstand, in einem Krieg, der natürlich per se auch erst einmal kein demokratisches Instrument ist. Seinem Ruf hat das offensichtlich nicht geschadet. Der US-Bürgerkrieg ist ein Beispiel dafür, wie der demokratische Zweck manchmal die undemokratischen Mittel heiligt, wenn die Alternative nur das Ende der Demokratie wäre.

Das ist weniger abwegig, als es zunächst klingen mag. Man muss sich dazu vor Augen führen, dass bestimmte politische Handlungen in ihrem Geist eher demokratisch oder eher autoritär sind, dass sie deswegen aber nicht vorhersehbar auch zu demokratischen oder autoritären Herrschaftssystemen führen.

Ein Putsch ist erst einmal eine autoritäre Maßnahme, weil sie bedeutet, dass eine nicht mandatierte Gruppe mit Gewalt die Herrschaftssysteme umwirft. Sie kann aber theoretisch zu Demokratisierung führen. Dasselbe gilt für Kriegsführung, für Invasionen, für humanitäre Interventionen, die ebenfalls den gewaltsamen Umsturz von außen bedeuten. Umgekehrt können demokratische Mittel wie Wahlen oder ambivalente Mittel wie Revolutionen (Menschen haben das demokratische Recht zum Massenprotest, aber keine Legitimation zum Sturz einer Regierung) zur Abschaffung der Demokratie führen. Die Verbindung zwischen Mittel und Herrschaftssystem ist nicht sehr direkt.

So ist es auch zu verstehen, dass demokratische Mittel in autoritären Systemen existieren können; sehr oft sogar, die meisten Diktaturen halten mittlerweile Wahlen ab. Und dass umgekehrt zunächst einmal autoritäre Mittel in Demokratien existieren können. Mit dieser Uneindeutigkeit muss man umgehen.

Der Notstand etwa, oder Ausnahmezustand, in dem die Regierung auf einmal viel mehr Durchgriffsrechte bekommt, hat natürlich auch eine autoritäre Geschichte. Er wurde und wird oft genutzt, um die eigene Macht auszubauen und zu festigen. In Deutschland denkt man dabei an die Machtergreifung Hitlers mithilfe des Ermächtigungsgesetzes 1933. Daher übernahm der Parlamentarische Rat keine entsprechenden Klauseln ins Grundgesetz, daher der große Widerstand, als die Bundesregierung von den Fünfzigern an auf Notstandsregeln drängte, die schließlich 1968 verabschiedet wurden. Und doch existiert der Notstand fast überall in Demokratien. Sogar in Deutschland vor 1968, faktisch jedenfalls, weil die Westalliierten noch eine Art Notstandsrecht zum Eingreifen hatten, das sie erst aufgaben, als Deutschland eine eigene Regel ins Grundgesetz schrieb.

Das Constitute-Project, das Verfassungen der Welt vergleichbar aufbereitet, weist Notstandsregeln in 92 Prozent aller analysierten Verfassungen aus. Sie sind die Anpassung eines seinem Wesen nach eher autoritären Instruments an die Bedürfnisse einer Demokratie. Die Regel für den Ausnahmefall ist der demokratische Normalfall. So ein demokratischer Ausnahmezustand kann natürlich in eine Diktatur umschlagen, aber er ist erst einmal etwas ganz anderes als sie.

Es wird geregelt, was passiert, wenn die üblichen Prozesse zu langsam sind oder unterbrochen werden. Zumeist geht es dabei um einen bewaffneten Angriff, den Kriegsfall, eine akute Bedrohung. Im Verteidigungsfall erhält beispielsweise in Deutschland der Kanzler die Kommandogewalt über die Bundeswehr, die Bundesregierung könnte notfalls Landesbehörden Weisungen erteilen, das Recht der Deutschen auf freie Berufswahl aushebeln und Arbeitskräfte zuteilen.

Lincolns Notstand ist der Ausnahmefall unter den Ausnahmefällen, denn er folgte nicht den eigentlich vorgeschriebenen Prozessen. Ein aktuelles Beispiel für den ordentlichen Ausnahmezustand ist die Corona-Pandemie.

Freie Gesellschaften drängten sich im Frühjahr 2020 selbst in einen Notstand, nicht aus Lust an der Unfreiheit, sondern weil eine große Zahl von Menschen fürchtete, dass es ansonsten ein übles Ende mit vielen nimmt. Demokratische Gesellschaften nahmen aus freien Stücken den Notstand von unten in Kauf und hofften, ihn später ungehindert wieder zurücknehmen zu können. Was sich als berechtigte Hoffnung herausstellte. Im mehr oder minder eindeutig autoritären Ungarn verlängerte die Regierung die Notstandsbefugnisse weit über die unmittelbare Pandemiebekämpfung hinaus. In demokratischen Staaten wie Deutschland geschah das nicht. Maßnahmen wurden aufgehoben, Kompetenzen abgewickelt, teils sogar, bevor es wissenschaftlich geboten schien.

Wenn man die berühmte Formel von Carl Schmitt aufnimmt, wonach souverän ist, wer über den Ausnahmezustand entscheidet[50], dann entschied in Deutschland eine Mischung aus kritischer Öffentlichkeit, Bundesregierung und Landesregierungen über ihn. Sie waren souverän und sie sind es geblieben.

All das ist kein Plädoyer für den permanenten Klimanotstand. Schon deshalb nicht, weil die Klimakrise ja streng genommen kein Notstand ist, sondern ein dauerhafter Zustand. Sie ist eine Epoche, die neue Wirklichkeit, und die Idee eines immerwährenden Ausnahmezustands ist schon theoretisch nicht allzu hilfreich (was wäre dann der Ausnahmezustand im Ausnahmezustand?). Aber wenn die neue Gegenwart immer mehr dem Ausnahmezustand von einstmals ähnelt, wird die demokratische Normalität vielleicht phasenweise ein bisschen mehr aussehen wie der Notstand früher.

Mehrere Dutzend deutsche Städte und Gemeinden haben den Klimanotstand schon ausgerufen. Darunter München, Berlin, Konstanz, Leipzig, Mainz, Rostock, Köln, Düsseldorf und Jena. Das Europäische Parlament hat es getan, das britische Unterhaus, das französische Parlament, die neuseeländische Regierung, der Papst. Der UN-Generalsekretär hat alle Staaten dazu aufgerufen. Mit gutem Grund: Die Prozesse, die wir unser Leben lang eingeübt haben, funktionieren nicht mehr verlässlich. Die materiellen Grundlagen des Überlebens wie Wasser und Nahrung sind akut gefährdet. Sogar der Fortbestand der Demokratie wird auf Dauer infrage gestellt.

Genau für solche Lagen haben Demokratien schon immer besondere Strukturen ersonnen, die demokratisch sind, aber sich von dem, was in anderen Zeiten galt, unterschieden.

Es braucht allerdings nicht den Ausnahmezustand, damit Demokratien den politischen Handlungsspielraum selbst beschränken. Das tun sie sogar in viel weniger existenziellen Fragen.

Sparzwang in der Verfassung
Wie selbst in alltagspolitischen Fragen politische
Spielräume beschränkt werden

Stünde das Recht, Waffen zu tragen, nicht im zweiten Verfassungszusatz der USA, wäre das Waffenrecht womöglich längst
geändert. Jedes Jahr sterben in den Vereinigten Staaten rund
40 000 Menschen durch Kugeln, unvorstellbar viel mehr als in
europäischen Staaten. Seit Jahren entflammt nach jedem Terroranschlag oder Amoklauf wieder eine Diskussion über das
Recht auf Waffenbesitz. In den meisten anderen Ländern der Welt spielt die Frage
keine große Rolle. Sie hat auch nichts mit der demokratischen
Verfasstheit zu tun. Doch weil das Recht, Waffen zu tragen,
eben in der Verfassung steht, ist aus dieser politischen Frage
in den USA über Jahrzehnte eine Grundsatzfrage geworden,
ein Kulturkampfthema, das nicht als politische Regelung diskutiert wird, sondern als Beschneidung der Grundrechte durch
den Staat.

Ein bestimmtes Recht oder Ziel in die Verfassung zu schreiben, ist der effektivste Weg, politische Handlungsspielräume
zu beschränken. Er passiert wohl auch deshalb durchaus häufig. Steht etwas in der Verfassung, wird es zunächst einmal
rein formal schwieriger, etwas daran zu verändern, weil Verfassungen üblicherweise nur mit besonders großen Mehrhei-

ten geändert werden können – in Deutschland etwa mit Zwei-Drittel-Mehrheit in Bundestag und Bundesrat. Die Hürde wächst noch einmal, weil das, was in Verfassungen steht, oft als besonders legitim gilt, als besonders werthaltig, als fast unantastbar. Aber Verfassungsrecht ist nicht einfach nur besonders gut befestigtes Recht. Es ist auch Recht, das anderes Recht beeinflusst. Was in der Verfassung steht, verpflichtet, bindet und beschränkt Politik. Es beeinflusst die Rechtsprechung von Gerichten.

Deshalb gibt es eine Tendenz, mehr und mehr Rechte in der Verfassung zu verankern. In Deutschland wird etwa seit Jahren darüber diskutiert, Kinderrechte explizit ins Grundgesetz aufzunehmen, obwohl ihre Menschenrechte bereits geschützt sind. Besonders eindrücklich ist aber der deutsche Umgang mit Staatsschulden.

Mitte der Nullerjahre, infolge der globalen Finanzkrise, die eine europäische Staatsschuldenkrise verursachte, wuchs in Deutschland die Sorge vor einem verschwenderischen Staat. In Europa galten da schon strenge Vorgaben. Alle Staaten, in denen mit Euro gezahlt wird, haben sich verpflichtet, die Staatsverschuldung auf maximal 60 Prozent der Wirtschaftsleistung zu begrenzen und die jährliche Neuverschuldung auf 3 Prozent. Doch das hatte die Schuldenkrise beispielsweise in Griechenland nicht verhindert. Die Föderalismuskommission schaute unter anderem in die Schweiz, wo schon zu Beginn des Jahrtausends eine Schuldenbremse in die Verfassung aufgenommen worden war, und schlug Ähnliches für Deutschland vor.

Noch 2009 wurde die Grundgesetzänderung beschlossen. Zwei Jahre später trat sie in Kraft. Seitdem dürfen die Kommunen und die Bundesländer gar keine Schulden mehr machen.

Der Bund nur in Höhe von 0,35 Prozent der Wirtschaftsleistung, bereinigt um Konjunkturschwankungen.

Die Begründung für die Schuldenbremse ist denkbar dünn. Ökonom*innen sind sich nicht darüber einig, ob es so etwas wie eine Grenze gibt, jenseits derer Schulden für Staaten nicht mehr tragbar sind. Oder auch nur, ob sie sich ab einer gewissen Höhe prinzipiell negativ auf Wachstum auswirken. Eine zentrale Studie der Ökonom*innen Kenneth Rogoff und Carmen Reinhart[51], die als Beleg galt, dass mehr als 90 Prozent Verschuldung einer Wirtschaft immensen Schaden zufügen, enthielt Rechenfehler. Eine Reihe von Wirtschaftswissenschaftler*innen veröffentlichte oder unterzeichnete 2009 einen Appell mit dem Titel »Die Schuldenbremse gefährdet die gesamtwirtschaftliche Stabilität und die Zukunft unserer Kinder«.[52]

Die Folgen der Regel sind dagegen gewollt immens. Wenn der Staat kaum Schulden machen darf, muss er entweder seine Einnahmen erhöhen, also im Wesentlichen die Steuern. Oder er muss anderswo kürzen, wenn er Geld ausgeben will. In ruhigen Zeiten lässt sich durch gute Planung und klare Priorisierung damit gut umgehen. Allerdings sind die Zeiten selten ruhig. Wenn eine unvorhergesehene Krise einsetzt, kann die Schuldenbremse Verrenkungen nötig machen, auch wenn sie eine Ausnahmeregelung für solche Fälle enthält.

In der Corona-Pandemie entschied sich die Bundesregierung dafür, Wirtschaft und Arbeitende mit mehr als hundert Milliarden Euro zu unterstützen, um einen Kollaps der Ökonomie, Betriebsschließungen und Entlassungen zu verhindern. Dafür wurde die Schuldenbremse ausgesetzt, was als Möglichkeit im Katastrophenfall vorgesehen ist.

Während der Verhandlungen über eine neue Koalition nach der Bundestagswahl 2021 kam die Frage auf, woher das Geld für Investitionen kommen sollte, was vor allem den Grünen wichtig war, die rund 50 Milliarden pro Jahr für Infrastruktur und Klimaschutz versprochen hatten (die bitter nötig sind). Also begann eine Debatte über möglichst gewiefte Wege, Schulden zu machen, ohne gegen die Schuldenbremse zu verstoßen. Möglich wurden die Investitionen am Ende, indem die neue Koalition mehr Schulden machte, solange die Schuldenbremse noch ausgesetzt war.

Noch während der Pandemie konfrontierte Russlands Einmarsch in die Ukraine Deutschland mit der Erkenntnis, dass die Bundeswehr in einem echten Krieg mutmaßlich nicht verteidigungsfähig wäre. Bundeskanzler Olaf Scholz verkündete folglich, 100 Milliarden für ihre Ertüchtigung auszugeben. Und wieder stellte sich die Frage: Wie sollte das gehen?

Die Lösung war ein Sondervermögen, das von der Schuldenbremse ausgenommen sein und seinerseits ins Grundgesetz geschrieben werden sollte. Was wiederum die Regierungsmehrheit nicht ohne Unterstützung von Teilen der Opposition schaffte, was wiederum der Opposition Verhandlungsmacht und damit direkten Einfluss auf anderes Regierungshandeln gab.

So erzwang die Festschreibung der Schuldenbremse in der Verfassung eine weitere Verfassungsänderung, um sie zu umgehen. Die Schwerkraft einer Verfassungsklausel beeinflusst die Politik um sie herum. Das ging diesmal. Es geht vielleicht mit viel Geschick auch noch einmal, oder zweimal. Im Herbst 2022 griff man zur Abfederung der hohen Energiepreise wieder zur Methode, Schulden vorzuziehen, während die Schuldenbremse nicht gilt. Aber die Spielräume schrumpfen, während die Gefahr wächst, dass dereinst das Verfassungsgericht einen neuerlichen Umgehungsversuch für nichtig erklären könnte.

Trotzdem ist die Schuldenbremse im Sommer 2022 unverändert populär. Auch nach den Debatten über das Sondervermögen ist eine klare Bevölkerungsmehrheit für ihre Beibehaltung. Die Unionsparteien und die FDP haben sich zu ihrer Bewahrung verpflichtet, weshalb auch eine Parlamentsmehrheit keine Chance hätte, sie abzuschaffen.

Offensichtlich ist es für sehr viele Menschen kein Problem, die Spielräume für eine gewählte Regierung durch explizite Regeln massiv zu beschränken. Selbst wenn es nicht um die Existenzgrundlagen der Demokratie geht, nicht um die Freiheit, und wenn der Nutzen dieser Beschränkung selbst unter Expert*innen umstritten ist.

Dafür gibt es, wenn es ums Geld geht, sogar eigene unabhängige Institutionen.

Hüter*innen des Geldes

Wie in Geldfragen schon gilt, was im Klimaschutz
so umstritten ist

Paul Volcker trat seinen Posten als US-Notenbankchef unter
widrigen Bedingungen an. Die Inflation lag seinerzeit, im Jahr
1979, bei mehr als 9 Prozent und Volcker befand, dass es so
nicht weitergehen könnte. Er nahm das Amt nur unter der Bedingung an, mit allen Mitteln dagegen vorgehen zu dürfen.
Das tat er so gründlich, dass das, was folgte, heute als Volcker-
Schock bekannt ist.

Er trieb die Zinsen hoch, bis der Leitzins bei 20 Prozent lag
(im vergangenen Jahrzehnt lag er nie höher als 2,25 Prozent,
über viele Jahre sogar bei oder nahe Null). Die Wirtschaft kol-
labierte wie geplant. Fabriken schlossen, Unternehmen gingen pleite, Menschen verloren ihre Jobs – und damit ihre
Kaufkraft. Die Arbeitslosigkeit stieg auf den höchsten Wert
seit der Großen Depression ein halbes Jahrhundert zuvor, auf
mehr als 10 Prozent. Aber die Inflation sank.

Zentralbanken wie die Federal Reserve, die Bank of Eng-
land, die Deutsche Bundesbank und die Europäische Zentralbank erfüllen als staatliche Institutionen eine Vielzahl an
Funktionen, die sich unakademisch und grob so zusammen-
fassen lassen: Sie sorgen dafür, dass das Geld seinen Wert be-
hält, fließt und dass die Wirtschaft läuft.

Eine ganze Reihe dieser Funktionen beschränken vor allem andere, private Banken. Die dürfen zum Beispiel keine physischen Banknoten drucken. Sie müssen ein Konto bei der Zentralbank halten. Außerdem stehen sie in Teilen unter deren Aufsicht. Aber dann gibt es auch noch etwas, was in der Geschichte der Zentralbanken vergleichsweise neu ist, erst im 20. Jahrhundert dazu kam, aber mittlerweile öffentlich als ihre wichtigste Aufgabe wahrgenommen wird: die Wahrung der Geldwert- und Preisstabilität. Zentralbanken sind die Hüterinnen des Geldes.

Viele von ihnen, etwa die deutsche, die europäische und die US-amerikanische Zentralbank, sind unabhängig und nicht an Weisungen gebunden. Nicht an die der Regierungschef*innen, nicht an die des Parlaments, und diese Unabhängigkeit gilt mitunter sogar schon als Ausweis für demokratische Qualität. Allein die Idee politischer Einflussnahme erscheint übergriffig. Zentralbanken sollen ungehindert schalten können, wenn die Inflation zu stark ansteigt. Ist sie zu niedrig, sollen sie auch reagieren. Mitunter mit drastischen Methoden. So wie Paul Volcker in den Achtzigerjahren.

Bis heute wird debattiert, ob der Schock, den er bewusst erzeugte, nötig war, um die Inflation zu brechen und von da an eine funktionierende Wirtschaft neu aufzusetzen – oder ob er unnötig brutal vorgegangen ist. Ganz sicher war es eine Geldpolitik, die mutwillig eine Wirtschaftskrise herbeigeführt hat. All das entschied nicht ein gewähltes Parlament, nicht ein gewählter Präsident, sondern der oberste Zentralbanker.

Diese Tatsache erregte im Großen und Ganzen nicht nachhaltig Anstoß. In der Folge übten sich Zentralbanken zwar in etwas mehr Zurückhaltung, aber die Episode führte nicht zu einer Neuordnung des Systems. In den USA nicht und anderswo auch nicht. Es tat weh, aber das System funktionierte genau so, wie es funktionieren soll.

Hinter dieser großen Macht der Zentralbanken stehen zwei einfache Ideen. Erstens, dass eine Wirtschaft nur funktioniert, wenn die Preise nicht stark schwanken und auf den Wert des Geldes Verlass ist. Ist beides nicht der Fall, geht es allen Menschen schlechter. Deshalb sind dann auch harte Gegenmaßnahmen notwendig. Zweitens, dass Parlamenten und Regierungen in dieser Hinsicht nicht zu trauen ist, weil sie es nicht wagen, für das langfristige Wohl zu tun, was kurzfristig Zumutungen bringt und sie unter Umständen Wähler*innen kosten kann.

Dass Macht nie in zu wenigen Händen liegen darf, ist ja eine grundlegende Einsicht in das Wesen von Politik. Alle Demokratien kennen Formen von Gewaltenteilung, das Prinzip von Checks und Balances. Auch hier unterscheiden sich die Ausformungen teils gewaltig, aber immer geht es darum, zu garantieren, dass nicht eine Institution allen anderen ihren Willen aufzwingt. Ihre Existenz leitet sich aus Grundüberlegungen zur Demokratie ab, denn Demokratie ist auch organisiertes Misstrauen gegenüber zentralisierter Macht.

Unabhängige Zentralbanken und ihre Hoheit über die Zins- und Geldpolitik sind dagegen organisiertes Misstrauen in die Problemlösungsfähigkeit von demokratischer Politik. Ihre Aufgabe lässt sich nicht so leicht unmittelbar theoretisch begründen. Sie nehmen damit eine Sonderrolle unter den vielen unabhängigen Institutionen ein.

In der EU haben sie das Ziel, die Inflation bei bestenfalls knapp unter 2 Prozent pro Jahr zu halten. Es ist nicht so, dass sich demokratietheoretisch zeigen ließe, dass das nötig ist. Es ist nur so, dass sich begründen lässt, warum es für alle gut sein könnte. Die Grundlage für ihre unabhängige Macht sind reale Erfahrungen. Erfahrungen damit, was Inflation anrichten kann. Erfahrungen damit, wie wichtig funktionierende Ökonomien sind. Erfahrungen damit, wie sich Regierungen verhalten. Allein aus dieser Idee erwächst die große Macht der Zentralbanken.

Sie spielen auch insofern eine Sonderrolle, als sie nicht nur ein klassischer Vetospieler sind, sondern selbst gestalten können. Vetospieler sind Akteure, die Entscheidungen verhindern können. Ein Gesetz, das die Bundesländer direkt betrifft, braucht die Zustimmung des Bundesrats – also ist er in diesem Fall ein Vetospieler. Ihre Blockadefähigkeit macht bestimmte Entscheidungen unmöglich. Als Faustregel gilt: Je mehr Vetospieler, desto kleiner ist der Raum möglicher Politik.

Zentralbanken aber blockieren mit ihrer Zins- und Geldpolitik nicht im eigentlichen Sinn Entscheidungen der Regierung oder des Parlaments. Sie verunmöglichen sie allenfalls. Die meiste Zeit gestalten sie selbst die Spielräume des Möglichen für alle anderen.

Nimmt man Schuldenbremse und Hoheit der Zentralbank über die Geldpolitik zusammen, sind die Handlungsspielräume für deutsche Regierungen in Geldfragen und in der Folge auch in allen anderen Fragen massiv beschränkt (selbstverständlich auch in der Klimapolitik). Angst vor Inflation, Ablehnung von Verschuldung, ökonomische Erwägungen genügen, um das zu rechtfertigen. Als Infragestellung der Demokratie wird das allgemein nicht wahrgenommen. Ähnliches gilt, als Nebenbemerkung, mit weniger weitreichenden Folgen und mit anderer Begründung, auch für den Denkmalschutz.

Eine Theorie von Demokratie, die in einem übergeordneten Ziel, dessen Erreichung nicht infrage gestellt werden kann, per se einen autoritären Übergriff sieht, ist also sogar gemessen an der Realität immer schon unterkomplex.

Womöglich sind Zentralbanken umgekehrt sogar ein Modell für eine wehrhafte Klimademokratie. Es geht darum, die Spielräume des Möglichen so zu formen, dass am Ende zum Wohle aller hinreichender Klimaschutz herauskommt – so wie das Ergebnis der Politik von Zentralbanken zum Wohle aller eine niedrige Inflation sein soll.

Man sieht: Demokratien haben schon immer mit existenziellen Gefahren zu tun, sie kennen Dilemmata, sie sind nie auf eine Form festgelegt, sie sind veränderbar, sie beschränken selbstverständlich politische Spielräume zum Wohle aller.

Trotzdem birgt ein solcher Ansatz Risiken, die man ernst nehmen muss.

Das unvermeidliche Risiko
Wo die Gefahren einer neuen Klimademokratie liegen
und wie sie sich vielleicht mindern lassen

Die Regierung von Sri Lanka unternahm im Jahr 2021 einen
radikalen Schritt: Sie verbot die Einfuhr von allen chemischen
Erzeugnissen, von Kunstdünger und Pestiziden. Im Ergebnis
zwang sie die Bäuer*innen auf der Insel damit zur Umstellung
auf Bio-Produktion.

Möglicherweise war ein Mangel an Devisen infolge des Zusammenbruchs des Tourismus in der Corona-Pandemie der
eigentliche Grund. Offiziell aber führte Präsident Gotabaya
Rajapaksa seinerzeit an, dass sich so die Gesundheit verbessern lasse, weniger Gifte ihren Weg in die Umwelt und ins
Essen finden würden und der Nitratgehalt im Grundwasser
sinken sollte. Prinzipiell stimmt das auch. Doch das Experiment dauerte nur wenige Monate.

Die Ernten brachen ein. Preise für Lebensmittel schossen in
die Höhe. Den Bäuer*innen hatten Zeit und Mittel gefehlt, um
sich ausreichend vorzubereiten und die neuen Methoden zu
lernen – und selbst wenn sie sie gehabt hätten, wäre der Schritt
wohl zu radikal gewesen.

Biologische Landwirtschaft hat im Mittel positive Folgen für die Biodiversität, aber sie produziert auch geringere
Erträge. Als Modell für die gesamte Landwirtschaft taugt

217

sie schlicht nicht. Schon gar nicht von einem Tag auf den anderen.

In Sri Lanka brach wenig später die Wirtschaft zusammen, Demonstrant*innen besetzten die Amtssitze des Präsidenten und des Ministerpräsidenten, zwangen den Premier zum Rücktritt und den Präsidenten ins Exil.

Auch das Gute kann in zu großer Dosis ins Schlechte kippen. Gut gemeint ist nicht gut gemacht. Wer die Welt verbessern will, kann sie auch versehentlich zerstören. Selbstverständlich gilt das auch für Versuche, die Demokratie an diese neue Zeit anzupassen. Das muss man erst einmal in aller Demut anerkennen. Nur: Es hilft alles nichts. Sie wird sich so oder so verändern.

Klimapolitik existiert in zwei Formen, die sich gegenseitig beeinflussen: als Versuch, die Erderwärmung zu bremsen, und als Versuch, sich an unvermeidliche Erwärmung bestmöglich anzupassen. Dazu kommt noch das Abgelten von dauerhaften Verlusten.

Im Zusammenhang mit Demokratie bedeutet das: Sie so zu gestalten, dass sie möglichst erfolgreiche Emissionsminderung ermöglicht, ist die große Herausforderung. In diesem Buch geht es genau darum, die Notwendigkeit dafür zu begründen und Spielräume auszuloten, auch wenn dafür ein grundsätzliches Umdenken nötig wird. Dieser Versuch wird hoffentlich weiter debattiert und unternommen. Im besten Fall hat er Erfolg, und das nicht nur in einem Land.

Es könnte natürlich trotzdem sein, dass es niemand versuchen sollte, weil das Vorhaben als zu riskant erscheint. Oder dass der Versuch vielleicht scheitert. Oder dass er in einem Land gelingt, aber andere Staaten alle Bemühungen zunichtemachen. Es könnte auch sein, dass die Erwärmung außer

Kontrolle gerät. Und selbst wenn ein aktives Umdenken gelingt, verändern sich die Umweltbedingungen noch für viele Jahre. So oder so ergeht es der Demokratie wie allem anderen auf dieser Erde: Sie muss sich anpassen, an eine mehr oder weniger neue Welt. In jedem, selbst im bestmöglichen Fall wird grundsätzliches Umdenken nötig.

Demokratie muss sich, umso mehr, je mehr die Klimakrise eskaliert, beispielsweise an eine Wirklichkeit anpassen, in der Migration noch viel stärker zunimmt, denn Migration ist eine der ältesten, effektivsten und teilweise alternativlosen Formen der Anpassung an Klimaveränderungen. Was wird das für unser Verständnis von Staatsbürgerschaft, von Mitbestimmung, von Zugehörigkeit zum Demos bedeuten?

Die Demokratie müsste sich, wenn Klimaschutz scheitert, auch anpassen an eine Welt, in der Volksvertreter*innen kaum noch mit langfristigen Zielen zur Wahl antreten können oder selten an der Erreichung dieser Ziele gemessen werden können, weil sie und ihre Amtszeiten vollständig von Krisen eingenommen sind. Was würde das bedeuten für »accountability«, für die Möglichkeit, Politik zur Verantwortung zu ziehen? Auch dafür bräuchte es eine neue Theorie von Demokratie oder zumindest die Bereitschaft, sich über eine solche Theorie Gedanken zu machen.

Wie man es dreht und wendet: Um diese Aufgabe kommt man nicht herum. Unsere Demokratie wird nicht bleiben, wie sie war. Die einzige Frage lautet daher, ob man sich der Frage, wie Demokratie in Zeiten der Klimakrise aussehen kann, jetzt widmet, mit immerhin ein bisschen Zeit und Spielräumen, oder später, unter enormen Zwängen und immensem Handlungsdruck.

Die Risiken dieser Veränderung verschwinden dadurch

nicht. Sie lassen sich nicht ausschließen, sie lassen sich bestenfalls gestalten, damit vorhersehen und gezielt verringern – noch so ein Vorteil der gezielten Anpassung.

Die Befürchtung, die man an dieser Stelle hegen kann, wäre, dass das Bemühen, die Demokratie klimakrisenfest zu machen, ins Autoritäre umschlägt. Die Gefahren muss man natürlich abwägen. Um das zu können, braucht man eine Idee davon, wie autoritäre Übergriffe Demokratien beschädigen, ohne sie per Staatsstreich direkt abzuschaffen. Nämlich oftmals durch kleine Schritte, die alle für sich genommen nicht unbedingt problematisch sind, aber das System kippen lassen, wenn sie zusammenwirken.

Recep Tayyip Erdoğan etwa sorgte als Ministerpräsident dafür, dass aus der Türkei eine Präsidialrepublik wird. Ein präsidentielles System ist erst einmal nicht undemokratischer als ein parlamentarisches, aber in diesem Fall ging es ihm darum, seine personalisierte Macht auszubauen und zu verstetigen. Es ist nicht prinzipiell undemokratisch, die Unabhängigkeit der Zentralbank einzuschränken, wie es Viktor Orbán in Ungarn getan hat – aber es reihte sich in eine systematische Strategie, um alle Institutionen des Staates zu kontrollieren. Wahlkreise neu zuzuschneiden ist nicht per se ein Problem – nur nutzen Republikaner diesen Mechanismus in den USA immer wieder dazu, eigene Niederlagen unwahrscheinlicher zu machen.

Die Gefahren, so beschrieben, lassen sich allerdings begrenzen, wenn man über die Transformation hin zur wehrhaften Klimademokratie nachdenkt.

Die größte Bedrohung einer klimakrisenadäquaten Anpassung der Demokratie liegt schon einmal nicht im autoritären Machtgewinn durch eine bestimmbare Gruppe, weil ihre Einschränkungen ja für alle gelten. Es droht nicht Personalisierung, sondern allenfalls Ent-Personalisierung durch Technokratie. Damit dann Verlust der Zurechenbarkeit von politischer Verantwortung und sinkende Kontrolle über die Mächtigen. Aber natürlich ist das mit der Zurechnung von Verantwortung und der Kontrolle sowieso so eine Sache. Nicht nur Handeln hat Folgen, auch Nicht-Handeln hat Folgen. Unterlassene Klimahilfeleistung etwa hat immense Folgen, die aber derzeit niemandem so richtig zugeschrieben werden können. Schäden, die in einigen Jahrzehnten eintreten, können niemandem zugeschrieben werden, auch wenn jetzt die Zeit wäre, sie zu verhindern. Das erschwert politische Kontrolle immens.

Die zuvor beschriebenen Prozesse – das neue Ende der Geschichte, die Wechselwirkungen aus Klimazielen und Gerichtsurteilen, die große Unabhängigkeit von Zentralbanken in Geldfragen oder auch supranationale Verflechtungen in der EU und internationale Verträge – bedeuten, dass Wähler*innen durch ihre Stimme noch nie unmittelbar auf alles Einfluss nehmen konnten und künftig auf noch etwas weniger unmittelbar Einfluss nehmen können.

Dass alle Entscheidungen von denen getroffen werden, die dafür gewählt sind, und dass sie sich dafür dann verantworten, bleibt unverrückbares demokratisches Prinzip. Es hat trotzdem nie gestimmt. Unsere Theorie von Demokratie ist in Wahrheit gehörig unterkomplex.

Jeder Versuch einer wehrhaften Klimademokratie muss sich deshalb nicht an diesem unerfüllbaren Ziel messen lassen, sondern vor allem daran, ob er erstens Klimaschutz schafft und ob er zweitens dem demokratischen Impuls weiter Raum gibt. Ob danach weiter ein System besteht, das Freiheit unter den gegebenen Bedingungen maximiert. Ob es die gemeinsame Suche aller Bürger*innen nach einer Antwort auf die Frage zulässt, wie sie leben wollen.

Die wichtigsten Regeln für Maßnahmen, um eine autoritäre Wendung auszuschließen, lauten daher:

Sie dürfen nicht geeignet sein, nur einer bestimmten Gruppe zu helfen, nicht einer einzigen Partei, nicht der amtierenden Regierung. Sie dürfen umgekehrt nicht systematisch bestimmte Gruppen von der Einflussnahme ausschließen.

Sie dürfen nicht den unverrückbaren Kern von Demokratie berühren, die freie, geheime, gleiche, faire Wahl mit Möglichkeit zum Machtwechsel.

Sie müssen tatsächlich geeignet sein, die Klimakrise zu bremsen, sie müssen also zur materiellen Wirklichkeit der Klimakrise passen. Denn nur aus dieser materiellen Wirklichkeit ergibt sich die Bedrohung der Freiheit. Und nur aus dieser Bedrohung ergibt sich die Berechtigung, dagegen vorzugehen.

Sie müssen im Kern revidierbar sein. Erstens, weil Demokratie ohne Revidierbarkeit nicht auskommt. Zweitens, weil in der Klimakrise niemand etwas von wirkungslosen Strukturen hat. Dafür drängt die Zeit zu sehr. Was nicht taugt, kommt wieder weg. Dann wird eben etwas anderes probiert.

Vor allem dürfen sie die prinzipielle demokratische Verfügbarkeit der Spielregeln nicht antasten. Die zentrale demokratische Freiheit liegt einerseits im Auswechseln der jeweils Mächtigen. Sie liegt aber, und beides hängt zusammen, andererseits auch in der Möglichkeit, die Meta-Regeln des politischen Zusammenlebens zu gestalten: das Wahlrecht; die Anforderungen an eine Verfassungsänderung; das Zusammenspiel der repräsentativen Institutionen, der politischen Gewalten; die Kompetenzen, die sie jeweils haben.

In der Diktatur geht das gerade nicht, sonst könnte man die Regeln so ändern, dass die Herrscherclique abgesetzt wird. Die Herrscherclique, der Diktator, die Junta oder die Partei sind immer gleichzeitig diejenigen, die politische Spielräume für andere einschränken, und diejenigen, die Meta-Regeln der Politik beherrschen. Denn es gibt ja keine unabhängigen politischen Kräfte – Gerichte, Behörden, Ministerien, Parlamente, nichts ist wirklich frei von Einflussnahme.

In einer wehrhaften Klimademokratie muss das anders sein. Da liegt die Einhegung der Spielräume für Politik und Einzelne üblicherweise nicht in der Hand von konkreten Kräften, die zugleich über die Ordnung der Politik entscheiden, über die Regeln, wie Regeln gemacht werden. Würde man zum Beispiel eine neue unabhängige Klimabehörde mit Vetorecht im Gesetzgebungsprozess (zur Idee siehe Teil 4) schaffen, würde diese Behörde nicht ihre eigenen Regeln machen und nicht über ihren eigenen Fortbestand entscheiden. Würde man die Zerstörung des Klimas strafbar machen, wären die Gerichte, die aufgrund dieser Norm verurteilen, nicht diejenigen, die über die Norm entscheiden. Die nächste parlamentarische Mehrheit könnte das wieder ändern, und schriebe man in die Verfassung, dass das nicht geht, wäre eine Grenze überschritten.

Solange das gewährleistet ist, ist ein System, das darauf ausgelegt ist, Klimaschutz unausweichlich zu machen, von einer Diktatur völlig verschieden. Das ist der technisch-theoretisch entscheidende, aber bei Weitem nicht der einzige Unterschied.

223

Der nicht so feine Unterschied

Was eine Klimademokratie von einer Diktatur
unterscheiden würde

Weil Misstrauen vernünftig und geboten ist, wann immer jemand an das Heiligste will, die Funktionsweise der Demokratie, hier ausführlicher die Probe aufs Exempel. Was würde
eine veritable wehrhafte Klimademokratie von einer Ökodiktatur unterscheiden? Kurz gesagt: so ziemlich alles.

In einer wehrhaften Klimademokratie folgen die Einschränkungen erstens aus der Notwendigkeit, die Freiheit zu erhalten,
und zweitens aus Selbstverpflichtungen wie dem Pariser Abkommen und vielen nationalen Klimazielen und Gesetzen.
Diejenigen, die legitimiert sind, solche Entscheidungen zu treffen, haben sie längst getroffen. Sie tun nur zu oft so, als folge
daraus nichts. In der Diktatur folgen Einschränkungen dagegen aus der Willkür der Herrschenden.

In einer wehrhaften Klimademokratie gibt es keinen Allein-
herrscher, keine Machtclique, keine unabwählbare Systempar-
tei. Es wird gewählt und das Parlament bleibt die wichtigste
Institution. In einer wehrhaften Klimademokratie kann man
unbeschränkt und unbehelligt auf die Straße gehen, um gegen
Klimaschutz zu demonstrieren (man muss nur damit leben,
dass man damit wenig erreichen kann). Oder für mehr Klimaschutz. Oder für oder gegen irgendetwas anderes.

In einer wehrhaften Klimademokratie kann sich jede*r frei politisch engagieren oder sich mit Politik nicht befassen. In einer wehrhaften Klimademokratie kann jede*r sich frei äußern, in Zeitungen, im Internet, zu Hause, im Fernsehen oder auf öffentlichen Plätzen, ohne Verfolgung fürchten zu müssen. Die politischen Freiheiten, Freiheit vor Verfolgung, die Freiheit der Rede, der Versammlung, der Organisation, des Protests und des Widerstands, die Gleichheit vor dem Gesetz, der Schutz der körperlichen Unversehrtheit bleiben gewahrt. In jeder Diktatur dagegen gibt es Unterdrückung. Selbst in einer ausgesprochen repressionsarmen Fast-noch-aber-eben-nicht-mehr-Demokratie wie Ungarn werden Künstler*innen ins Exil getrieben, wird eine anerkannte Hochschule aus dem Land gedrängt, verlieren Medien ihre Lizenz und damit Journalist*innen ihre Existenzen. Flüchtlingsaktivist*innen drohen hohe Haftstrafen und Aufklärung über nicht-heterosexuelles Lieben wird aus den Schulen verbannt.

Es ist unabwendbar, dass es künftig zu Aufwallungen kommen wird, die selbst Folge der Klimakrise sind: zu Brotrevolten oder wenigstens Protesten wegen hoher Lebensmittelpreise, zu Frust von Landwirten nach Dürrejahren. Zu Verzweiflung in zerstörten Ortschaften, wenn den Menschen der Wiederaufbau zu langsam geht. Zu Massenflucht. In einer wehrhaften Klimademokratie haben diese Aufwallungen ihren Platz. In der Diktatur werden sie absehbar umso heftiger unterdrückt, je ernster die Lage ist.

In einer wehrhaften Klimademokratie gelten weiter grundlegende Rechte, nur werden materielle Konflikte mitunter anders aufgelöst. Möglicherweise wird notfalls eher für den Bau einer Stromtrasse enteignet, dafür nicht mehr für den Bau einer Autobahn oder Bundesstraße, wie es bisher durchaus

Dutzend Mal im Jahr in Deutschland vorkommt. Vom Jahresbeginn 2020 an bis Spätsommer 2022 wurden in Deutschland allein für den Straßenbau 149 Enteignungsverfahren begonnen.

In einer wehrhaften Klimademokratie ist Politik weiter an das Recht gebunden, es gelten die Prinzipien eines Rechtsstaats. Entscheidungen sind revidierbar und beklagbar, nur vielleicht in einigen Fragen weniger leicht oder lange.

In einer wehrhaften Klimademokratie kann sich auch weiterhin jede*r entscheiden, wie er oder sie leben will. Es gibt keine vorgegebenen Speisepläne oder Essensmarken. Das Angebot an klimaschädlichen und damit freiheitsverzehrenden Produkten wird verschwinden, dafür wird es eine andere Auswahl geben und ohnehin immer noch reichlich Auswahl. Wenn Freiheit zu einem knappem Gut wird, muss man zusehen, wie man sie verteilt.

Das ist in der Herleitung radikal neu, in der Praxis aber überhaupt nicht so. Es ist nicht so, dass wir bislang alles essen könnten, jedes Fortbewegungsmittel und jede Wohnform wählen könnten.

Bis vor wenigen Jahren existierte kein erschwingliches elektrisches Auto. Wer Fahrrad fahren will (Umfragen zufolge wollen das sehr viele Menschen häufiger tun), kann das längst nicht überall, ohne die eigene Gesundheit zu riskieren. Das Einfamilienhaus auf dem Land ist für die meisten Menschen nur theoretisch eine bezahlbare Option und der Wohnungsmarkt in Städten ohnehin derart dicht und überteuert, dass Wahlfreiheit praktisch gering ist; man nimmt zumeist, was man bekommt. Geht man stattdessen dorthin, wo das Wohnen günstig ist, schwindet die Freiheit bei der Jobsuche.

Es gibt wohl zwischen 2000 und 5000 Sorten Kartoffeln

und wir essen nur einen kleinen Teil von ihnen. Es gibt auf brasilianischen oder indonesischen Märkten Früchte, die nie in einem deutschen Supermarkt liegen. Auf dem bayerischen Land fand man noch vor wenigen Jahren verlässlich kein Angebot an veganen Speisen, keine Udon-Suppe und kein Barbecue. Künftig wird man eben weniger Angebote an Fleisch finden. Es wird nicht weniger, nur anders.

Was in manchen Debatten wie das Maximum an Wahlfreiheit erscheint, ist eigentlich nur das spezifische Angebot, das wir für normal zu halten gelernt haben. Zu oft wird Gewohnheit für Freiheit gehalten, das immer gleiche Ergebnis für Auswahl, Veränderung für Begrenzung.

In einer wehrhaften Klimademokratie können Gemeinderäte, Stadträte, Landtage oder nationale Parlamente in allen politischen Fragen, die nicht unmittelbar klimaschutzrelevant sind, frei entscheiden: über Spitzensteuersätze und Renten, über Sozialprogramme und Arbeitslosenhilfe, über das Schulsystem, die Kompetenzen der Polizei, über Zölle, Staatsbürgerschaft und Einwanderung. Darüber, ob Schweine ab und an die Sonne sehen sollen, solange es insgesamt weniger Schweine gibt. Über die Ehe und Adoption, über Außenpolitik und Panzer, auch wenn die absehbar nicht klimaneutral sein werden. Über die großen Linien von allem, was Verteilungsfragen sind, Sozialpolitik, Gesellschaftspolitik, innere Sicherheit, Verteidigung und fast alles andere mehr. Aber eben nicht über alles.

Die Beschränkungen, die es in politischen Fragen und Lebensstilen geben wird, sind schon gemessen am Zustand der vergangenen Jahre eher gering. Man muss aber die Frage natürlich präzise stellen, und präzise lautet sie: Was unterscheidet eine wehrhafte Klimademokratie in Zeiten der Klimakrise von einer hergebrachten Demokratie in Zeiten der Klimakrise und einer Autokratie in Zeiten der Klimakrise?

Die hergebrachte Demokratie arbeitet in der Klimakrise auf ihre eigene Abschaffung hin, auf eine Welt des Sachzwangs, des Dauernotstands und der autoritären Erschütterung. Die Autokratie in der Klimakrise wird in Reaktion auf Katastrophen und Notlagen, die eine erhitzte Welt unweigerlich bringt, ihren Durchgriff nur weiter erhöhen. Da ist eine wehrhafte Klimademokratie die am meisten Freiheit versprechende Alternative.

Vor allem aber ist die Neugestaltung der Demokratie, ihre Anpassung an eine neue Wirklichkeit, ja selbst ein demokratischer Akt. Sie ist politische Selbstermächtigung, ist in Prozesse und Institutionen überführte Selbstwirksamkeit.

Man sollte diese Aufgabe nicht mit falschem, selbstgewissen Maulheldentum und in Missachtung der Gefahren angehen, sondern sich den Gefahren und den Unterschieden zum Autoritarismus widmen. Man muss aber auch nicht direkt wieder die Schultern einziehen und die Größe der Aufgabe wegzumurmeln versuchen.

Man muss nicht jeden erwartbaren Einwand zu entkräften versuchen, der von Leuten vorgetragen wird, die sowieso nicht finden, dass sie entkräftet werden können oder die lieber die Vernichtung der Freiheit in Zukunft in Kauf nehmen, als kleine Unannehmlichkeiten für sich selbst jetzt zu tolerieren. Es wird Leute geben, die auch diese Zeilen als diktatorisch diffamieren werden. Das lässt sich nicht ändern. Demokratie war immer auch ein Modus, um den fairen Austrag von Konflikten zu ermöglichen. Konflikte gehören dazu. Zu denken, gerade in Zeiten größter Veränderung könnten sie ausbleiben, ist Wunderglaube.

Alles verändert sich um uns und das in rasantem Tempo. Gesellschaften können in der Klimakrise nicht so leben wie zuvor. Und nur die allerwenigsten, allerreichsten Individuen werden es näherungsweise können (selbst sie müssen sich dazu wahrscheinlich zunehmend in maximal-resiliente Wohnareale zurückziehen, leben dann also auch nicht mehr wie vorher).

Es kann nicht bleiben, wie es ist, weil es nicht bleiben wird, wie es ist. Deshalb ist es völlig in Ordnung, wenn sich Dinge ändern. Da ist es dann ratsam, selbst Veränderungen anzustoßen und sich der Größe der Aufgabe zu stellen, die in den kommenden 70, 50, vor allem aber in den nächsten 30 Jahren vor uns liegt.

Andernfalls werden andere über die neue Ordnung der Dinge bestimmen: von Extremwetterereignissen über Geoengineering-Projekte anderer Staaten bis hin zu Versicherungen, die entscheiden werden, wo es sich Menschen noch leisten können, Häuser zu bauen oder Landwirtschaft zu betreiben.

In der Ökonomie gibt es den Versuch, die bisher unsichtbaren Kosten sichtbar zu machen, damit Preise die wahren Kosten abbilden, die ihnen zugrunde liegen. Das ist eine Idee hinter dem CO_2-Preis. Öl, Gas und Kohle zu verbrennen, zerstört die Natur und über Abgase die Gesundheit der Menschen. Bislang werden diese Kosten ausgelagert an die Allgemeinheit, künftig müssen sie dort getragen werden, wo sie entstehen. Dazu muss man sie aber erst einmal ausweisen.

In der Politik gilt es analog dazu, die bisher unsichtbaren Beschränkungen sichtbar zu machen. Die vielen Grenzen der Freiheit, die aus vielerlei Gründen existieren (in Teilen sind sie auch bisher unsichtbare Kosten unserer Lebensweisen).

Dann wird verständlich, dass ein bewusstes Design von Beschränkungen kein Rückschritt ist gegenüber dem aktuellen Zustand. Sondern dass es in erster Linie um die Verschiebung von Handlungsspielräumen geht.

Eine Beschränkung, über die eine Gesellschaft entschieden hat und derer sie sich bewusst ist, mag mehr schmerzen als eine, von der sie sich keinen Begriff macht. Sie ist aber die souveränere, die freiere. Sie ist die zu bevorzugende Beschränkung.

Die Geschichte und Gegenwart der demokratischen Vielfalt stellt alles bereit, um sich auf diese Herausforderung einzulassen. Eine Offenheit für Veränderung. Ein Modell für die Abwehr von existenziellen Gefahren. Erfahrungen mit Institutionen und Regeln, die Politik beschränken, damit Gesellschaften blühen können. Mit diesen Hilfsmitteln lässt sich das vermeintliche Demokratieproblem auflösen, das eigentlich nur ein Demokratietheorieproblem ist. Wenn im Klimaschutz das Notwendige vorgegeben ist und Demokratien bisher das Notwendige nicht tun, dann muss man sie anpassen, damit sie in die Lage versetzt werden, es zu tun.

Und was könnte es Würdevolleres geben als eine demokratische Gemeinschaft, die sich anschickt, ihr eigenes Schicksal und das aller künftigen Generationen zum Guten zu wenden? Was könnte erhabener sein, als die Freiheit zu verteidigen, die eigene und die derer, die nach einem kommen? Was könnte demokratischer sein, als dafür zu sorgen, dass man auch in Zukunft noch gemeinsam nach der Antwort auf diese Frage suchen kann: Wie wollen wir leben?

Statt sich ständig zu fragen: Wie müssen wir leben, um zu überleben?

IV Labore der wehrhaften Klimademokratie

Nun also stehen diese Gesellschaften vor dieser gewaltigen theoretischen und praktischen Herausforderung. Vor der Anpassung unseres Denkens und der real existierenden Demokratien an die Erfordernisse dieser Epoche.

Die wehrhafte Klimademokratie ist, um Missverständnissen gleich vorzubeugen, dabei so wenig ein spezifisches System mit genau definierten Institutionen, wie es die Demokratie bisher war. Sie ist kein Institutionenarrangement, sondern zuerst einmal ein Denkfigur.

Sie ist ein Prinzip, das Demokratien in Zeiten der Klimakrise zugrunde liegen muss. Sie erlaubt es uns, die neue Wirklichkeit hineinzulassen in unser Verständnis von Demokratie, und den demokratischen Impuls gleich mit.

Sie gestattet es, anders zu denken und Veränderung für möglich zu halten, wo vorher Veränderung unmöglich schien. Sie kann unsere Bewertung lenken, wenn über Klimaschutz debattiert wird, und verhindern, dass wir uns in Scheinwidersprüchen zwischen Klimaschutz und Demokratie verlieren.

Wenn etwa bestimmten politischen Vorschlägen entgegengehalten wird, sie seien autoritär, gibt sie uns eine andere Grundlage zur Einordnung: Nutzen sie allein den Herrschenden, behindern sie die Möglichkeit, die Meta-Regeln der Politik zu verändern, oder sind sie überhaupt nicht geeignet, die Klimakrise einzudämmen? Dann sind sie keine Schritte hin zur wehrhaften Klimademokratie und problematisch. Oder nutzen sie gerade nicht einzig einer bestimmten Gruppe, nicht den Herrschenden? Lassen sie die Möglichkeit unberührt, die Meta-Regeln der Politik zu verändern? Und sind sie geeignet, die Klimakrise zu bremsen? Dann passen sie wahrscheinlich in eine wehrhafte Klimademokratie, auch wenn sie ungewohnt aussehen oder Zumutungen mit sich bringen.

Dann ist es nicht autoritär, Inlandsflüge zu verbieten, wenn man keine andere Lösung findet, oder zumindest Privatflüge, oder auch Gasheizungen oder die Erschließung neuer Ölfelder. Es ist nicht autoritär, Zugang zu bestimmten Ressourcen zu beschränken, vielleicht zu kontingentieren. Es ist nicht autoritär, dafür zu sorgen, dass die wichtigsten Kohlenstoffspeicher gemäßigter Breiten, die Moore, geschützt und nicht weiter für Bewirtschaftung trockengelegt werden. Es ist nicht autoritär, Unternehmen aufzubauen, zu fördern, notfalls zu verstaatlichen. Es ist nicht autoritär, dafür zu sorgen, dass neue Windräder, Stromtrassen und Bahngleise nicht erst genehmigt und gebaut sind, wenn es zu spät ist, und dass die Einspruchsmöglichkeiten deshalb weniger werden.

Die wehrhafte Klimademokratie ist auch ein Rahmen, um neu mit Fragen umzugehen, die wir entweder noch gar nicht kennen oder deren Größe wir nur andeutungsweise überschauen können. Diese zum Beispiel: All die fossilen Projekte, Gasfelder, Ölplattformen, Pipelines, Straßen, Flugzeuge, die schon verabredet, verbucht und in Verträgen festgehalten sind, können niemals alle verwirklicht werden. Das würde die Eskalation der Klimakrise weit über 2 Grad hinaus bedeuten. Aufträge, auf die jemand ein Recht und zu denen sich jemand verpflichtet hat, werden also zwangsläufig wegbrechen müssen.

Indem Staaten Alternativen fördern, ausbauen und verbilligen, indem sie fossile Energie mit ihrem echten Preis belegen, können sie dafür sorgen, dass sich vieles davon von allein erledigt. Denn kaum ein Unternehmen wird an Projekten festhalten wollen, die sich nicht rechnen. Aber wer weiß, ob das alles löst und ob es schnell genug geht? Was, wenn nicht? Vielleicht muss man dann noch einmal anders neu denken, als man es jetzt und in den nächsten Jahren tun muss.

Es wird mit Sicherheit nicht die eine Übersetzung des Prinzips der wehrhaften Klimademokratie geben. So, wie es bislang keine gleichförmige Erscheinungsform von Demokratie gab, wird es sie auch künftig nicht geben. Nicht die eine Klimademokratie. Sondern viele Klimademokratien, zumindest hoffentlich.

Wie genau die aussehen, hängt von Besonderheiten ab, von ihren aktuellen Erscheinungsformen, von der Kreativität und den Möglichkeiten in bestimmten Gesellschaften. Niemand wird sie am Reißbrett entwerfen können (und ich kann es in diesem Buch schon gar nicht).

Demokratie ist immer auch Demokratisierung, sie ist ein Prozess, und ihre Anpassung an neue Herausforderungen kann, darf und muss ebenso ein Prozess sein. Pluralistisch, im Prinzip jederzeit revidierbar. Klimademokratien müssen entstehen, durch Versuch und Irrtum, leider unter enormem Zeitdruck, am besten gestern, notfalls morgen. So ist die Lage nun einmal. Wir gehen ins Offene, zumindest noch für eine Weile, und man muss ja sagen: Immerhin ist da noch etwas offen, immerhin gibt es noch etwas zu gestalten.

Es gibt derzeit noch keine Demokratie, die man mit Überzeugung als wehrhafte Klimademokratie bezeichnen könnte. Es gibt nur Entscheidungen, Maßnahmen, Momente, die dazu passen, einzelne Schritte, die das Problem in seiner ganzen Größe angehen.

Was sich finden lässt, sind Labore der wehrhaften Klimademokratie, in denen erprobt und entworfen wird, wie sich das neue Denken übertragen lassen könnte in praktische Politik, in Strukturen, in Institutionen und Gesetze.

Um einige von ihnen wird es gleich gehen. Zuvor noch kurz ein Hinweis, worum es nicht geht.

Struktur statt Moral

Warum es nicht um mehr Demokratie geht,
sondern um eine andere

Am Ende griff offenbar die Bundeskanzlerin selbst zum Telefon. Im Jahr 2013 arbeitete die EU an neuen Vorschriften, wie viel CO_2 und andere Schadstoffe die gesamte Palette der Autohersteller im Mittel ausstoßen dürfen. Flottengrenzwerte heißt das Konzept, das den Herstellern etwas Spielraum gibt. Sie können die großen, schweren, teuren Autos, die viel ausstoßen, weiterhin im Angebot haben, wenn sie zum Ausgleich andere Wagen anbieten, die weniger Schaden anrichten. Ab 2020 sollten die Flottengrenzwerte ein ganzes Stück absinken. So war es schon Jahre vorher verabredet worden. Doch Deutschland hatte plötzlich etwas dagegen.

Die Autoindustrie, argumentierte die deutsche Regierung unter Angela Merkel, würde dadurch großen Schaden nehmen. Die Hersteller, die es nicht geschafft hatten, sich rechtzeitig auf die geplanten Vorgaben einzustellen, müssten womöglich Werke in anderen EU-Ländern schließen – eine kaum verborgene Drohung. Die Autoindustrie hatte kräftig Druck gemacht. Merkel erbat Aufschub beim irischen Premierminister. Irland hatte damals die EU-Ratspräsidentschaft inne. Die Frage wurde vertagt. Deutschland blockierte in der

Folge weiter. Am Ende verzögerte sich die Einführung der Regeln um ein Jahr, mit einigen Schlupflöchern mehr.

Es wäre nun leicht, an dieser Stelle über böse Lobbys und rückgratlose Politiker*innen herzufallen und den Schluss zu ziehen, der häufig gezogen wird, wenn Demokratien nicht zufriedenstellend funktionieren: Wir müssen mehr Demokratie wagen!

Nur führt das nicht sehr weit. Wenn Regierungen beständig und überall übermäßig stark kurzfristige Interessen vertreten und außerdem die Interessen der eigenen Wirtschaft im Blick haben, dann, weil diese Gegenwartsfixierung aus den Strukturen der Demokratie folgt und weil Demokratie voraussetzt, dass alle Interessen sich einbringen können. Auch die der Industrie. Mehr Demokratie kann dieses Problem nicht lösen – weil es nicht von zu wenig Demokratie geschaffen wird.

Das Problem ist, dass sich die Bedingungen geändert haben, unter denen demokratische Gesellschaften Politik machen. Dass die Zeit fehlt, um bei Fehlentwicklungen den Meinungsstreit aufzunehmen und an einer Revision zu arbeiten.

Wenn dann noch im Grunde alle Demokratien in ihrer Vielfalt am Klimaschutz scheitern, liegt es offensichtlich auch nicht an der Bösartigkeit der Herrschenden, nicht an mangelnder Integrität. Dann werden sie das auch nicht ändern, wenn man sie dazu auffordert.

Es hilft auch andersherum nichts, den Einfluss von Lobbys zu geißeln, auch wenn etwa der Klimawissenschaftler Michael Mann immer wieder gezeigt hat, dass Unternehmen der fossilen Industrie gezielt daran gearbeitet haben, Klimaschutz zu verwässern. »Inaktivist*innen« nennt Mann sie[53], Aktivist*innen für Untätigkeit, die schon seit Jahrzehnten wissen, was Sache ist, aber Zweifel säen, damit sie weiter verdienen können, während die Grundlagen der Freiheit erodieren. Die Aktivitäten der fossilen Industrien mithilfe von PR-Agenturen sind vielfach und genau dokumentiert. Stimmt alles, ist auch verwerflich, aber mit dieser Feststellung ist nicht viel gewonnen. Es geht darum, die Funktionsweisen realer Demokratien zur Kenntnis zu nehmen und damit zu arbeiten. Und in realen Demokratien speisen Interessenvertreter*innen ihre Interessen ein. Bloße Moralisierung wird keine Abhilfe schaffen. Abhilfe kann nur entstehen, wenn entschiedene Politiken möglich werden, die zuvor noch als übergriffig verhetzt wurden (vielleicht auch: Regulierung von Lobbying), und wenn bestenfalls auch andere Strukturen entstehen.

Die entstehen natürlich nicht über Nacht und sie wirken auch nicht sofort. Dafür ist eigentlich keine Zeit. Für alles andere aber auch nicht.

Revolutionärer Reformismus

Warum es sich lohnt, die bestehende Demokratie weiterzuentwickeln

Der Grundgedanke dieses Buchs ist, könnte man sagen, ein grundlegend reformistischer. Schon allein, weil die Zeit so schnell verrinnt, setzt er an der Demokratie an, wie sie derzeit existiert: mit Parlamenten, Regierungen, Rechtssystem, mit Wahlen und Repräsentation, mit Verfassungen, Polizeien, Grenzen.

Andere mögen einwenden, es ließen sich noch ganz andere Formen von Demokratie denken, partizipativer, kleinteiliger, selbstverwalteter, herrschaftsfreier, grenzenloser. Das stimmt sicher. Viele würden sagen: antikapitalistischer. Keine Ahnung, ob das stimmt und was es genau bedeutet. Aber vielleicht auch das. Nicht wenige werden gewiss anmerken: global müsste es sein. Das wäre gut, sicher, nur eben wirklich noch sehr weit weg von den politischen Realitäten.

Die theoretische Herausforderung, die ich hier beschrieben habe, und die theoretische Öffnung, die ich fordere, lassen all das prinzipiell aber zu. Noch einmal: Die Aufgabe dieser Zeit besteht darin, die Demokratie als das Herrschaftssystem zu bewahren, das freien und gleichen Menschen die gemeinsame Suche nach einer Antwort auf die Frage ermöglicht, wie sie leben wollen. Wenn sie dazu ganz andere Formen annimmt, ist das prinzipiell erst einmal in Ordnung.

Der reformerische, Kritiker könnten sagen der zentristisch-unentschiedene Ansatz, scheint mir allerdings jener zu sein, der am ehesten Umsetzbarkeit verspricht. Erstens angesichts der verrinnenden Zeit. Zweitens, weil er womöglich weniger Widerstände hervorrufen wird als radikalere Ansätze, die etwas ganz anderes als die gegenwärtige repräsentative Demokratie anvisieren (die Widerstände werden auch so groß genug sein). Drittens, weil es schon eine im Wortsinne unvorstellbare Aufgabe ist, die Transformation weg vom fossilen Leben zu schaffen, da wäre eine zusätzliche Transformation des politischen Systems vermutlich endgültig eine Überforderung.

Interessanterweise ist es dennoch genau die radikale Neuerfindung, die Utopie einer ganz anderen Demokratie von unten, die vergleichsweise viel Aufmerksamkeit bekommt. Umgekehrt ist der reformerische Ansatz vergleichsweise wenig theoretisiert, obwohl er so typisch für liberale Demokratien zu sein scheint.

In *Climate Leviathan* etwa beschreiben Geoff Mann und Joel Wainwright mehrere mögliche politische Zukünfte.[54] Im Grunde drei davon, die sie Klima-Leviathan, Klima-Mao und Klima-Behemoth nennen, sind mehr oder weniger explizit autoritär. Die einzige wirklich demokratische Alternative, »Klima X«, wächst von unten, ist multiperspektivisch, pluralistisch.

Die theoretische Debatte über Demokratie und Klimaschutz wird bislang weitgehend fernab der Öffentlichkeit geführt. In Teilen der Klimabewegung und einem sehr kleinen, sehr spezialisierten Teil der Sozialwissenschaften. So etwas wie Breitenwirkung hat in jüngerer Vergangenheit wahrscheinlich am ehesten ein Roman erzielt: *Das Ministerium für die Zukunft* von Kim Stanley Robinson.[55]

Dessen Geschichte beginnt mit einer tödlichen Hitzewelle in Indien, in unserer Gegenwart oder nahen Zukunft, und erzählt dann den globalen Kampf gegen die Erderhitzung nach diesem Schockmoment.

Er hat bei manchen Klimaaktivist*innen vor allem Aufmerksamkeit bekommen, weil darin private und quasi-staatliche Gruppen Sabotage betreiben, sogar Gewalt bis zu Mord und Terroranschlägen ausüben und damit große Wirkung erzielen. Die Fokussierung darauf verkennt aber den eigentlichen Clou des Buchs: Dass die Menschheit die Eindämmung zu schaffen scheint, liegt in Wahrheit an der Kombination aus Gewalt und Geoengineering, aber vor allem an dezentraler Politik von unten und zugleich der steuernden Arbeit einer internationalen Organisation, des Ministeriums für die Zukunft.

Diese namensgebende und also zentrale Organisation des Romans setzt von Zürich aus die entscheidenden Rahmenbedingungen: für ein dezentrales Internet; für eine Infrastruktur, die es erlaubt, Steueroasen auszutrocknen; für eine Art weltweiten Handel mit CO_2-Zertifikaten, der sich zu einer neuen Welt-Zentralwährung auswächst; für ein Renaturierungsprogramm, das die halbe Erdoberfläche umfassen soll.

Jenes Buch, das die bewegungsinterne Debatte über Sabotage befeuert hat, ist in Wahrheit einer der wenigen Versuche, die Bedeutung von Politik auf zugängliche Art zu theoretisieren. Ohne das Ministerium für die Zukunft wäre im Roman alles nichts.

Es ist Politik, die Geldströme lenkt, Entwicklungen in der Wirtschaft anstößt, Innovationen zum Anschub finanziert, Infrastruktur schafft, bindende Entscheidungen treffen kann. Es ist Politik, die den größten Hebel hat.

In der Politikwissenschaft läuft eine Debatte zwischen den Konzepten Umweltdemokratie (reformistisch, im Grunde systemerhaltend, Zivilgesellschaft gilt als Partner) und Ökodemokratie (radikaler, revolutionär oder transformativ, Fokus auf Bewegung von unten, Zivilgesellschaft als oppositionell, Tendenz hin zu Rechten für die Umwelt an sich oder Pflanzen und Tiere). Aber womöglich irren beide: die Umweltdemokratie in ihrem Versuch der bruchlosen Veränderung, die Ökodemokratie in ihrer Abkehr vom System.

Politische Strukturen wie Rechtsordnungen, Institutionen und Prozesse haben den Vorteil, dass sie sich politisch ändern lassen. Politik hat von allen gesellschaftlichen Teilsystemen den größten Hebel und natürlich kann sie die Hebelwirkung auch auf die Politik selbst anwenden: Politik kann den Rahmen setzen und die Regeln und damit beeinflussen, wie Menschen handeln. Also kann sie auch den Rahmen setzen und die Regeln dafür machen, wie Politiker*innen Rahmen setzen und Regeln machen (sie darf, wie im vorigen Kapitel erwähnt, nur nicht verhindern, dass andere diese Regeln wieder ändern können).

Ansätze, die vor allem auf die Weisheit der Massen bauen, auf dezentrale Organisation, auf Bewegungen, auf Protest oder auf Transformation in Dörfern und Städten, solche Ansätze wollen mit unendlich vielen kleinen Hebeln arbeiten. Ansätze dagegen, die auf politische Systeme zielen, haben zumindest im Prinzip mehr Kontrolle über den Prozess. Was sie ermöglichen, ist im besten Fall eine in Grundzügen kontrollierte Transformation. Sie ermöglichen es, zu handeln, statt nur zu hoffen.

Das bedeutet aber nicht, dass die Lösung in einem auf Jahre angelegten institutionellen Reformprozess liegt. Zeit bleibt der kritische Faktor, ein langsamer Schritt in die richtige Richtung bleibt ein falscher Schritt und damit bleibt Tempo die wichtigste Maxime.

Ein Reformismus ist gerade deswegen so vielversprechend, weil er fast alles bewahrt, mit bestehenden Systemen arbeitet und deshalb besonders schnell sein kann. Das bedeutet nicht, dass das, was zu erreichen ist, weniger revolutionär wäre. Oder dass es nicht revolutionäre Geschwindigkeit bräuchte. Oder dass wir nicht auch alle anderen verfügbaren Hebel für Veränderung in Bewegung setzen sollten.

Institutionen sind nicht alles

Warum es ohne Druck von unten nicht geht

Eine simple Wahrheit bleibt nämlich trotzdem bestehen: Institutionen sind nicht alles. Politik wird auch anderswo gemacht, wenn auch weniger steuerbar und mit kleinerem Hebel. Ohne soziale Bewegungen gäbe es womöglich bis heute wenig substanzielle Klimapolitik und wird es sie womöglich auch künftig nicht geben. Selbst die schon erwähnte US-Umweltbehörde EPA wurde nach Massenprotesten am Earth Day 1970 eingerichtet. Der Fokus auf Druck von unten führt erfahrungsgemäß leicht dazu, dass Entscheidungen von oben aus dem Blick geraten. Politiker*innen loben Aktivist*innen nicht umsonst, sondern oft genug, weil sie so Verantwortung von sich weghalten können. Andererseits werden Entscheidungsträger*innen fast sicher nicht handeln, wenn sie nicht dazu gedrängt werden. Sie werden höchstwahrscheinlich auch nicht übermäßig kreativ werden, wenn sie nicht von anderswo inspiriert werden. Und ähnliche Strukturen können je nach politischer Lage für mehr Klimaschutz sorgen (Bundesverfassungsgericht) oder für weniger (US Supreme Court). Das vielfach aufgefächerte Argument, dass Systeme instabiler sind, als wir manchmal glauben, und dass auch soziale Systeme kippen können, gilt natürlich auch in diesem Fall. Protestbewegungen können womöglich gesellschaftlichen Kipppunkte auslösen und sie sind natürlich Teil demokratischer Entscheidungsfindung.

Wahr bleibt auch, dass es in Demokratien nicht ohne Mehrheiten geht. Was allerdings nicht ausschließt, dass Politiker*innen Entscheidungen treffen, für die es aktuell keine offensichtliche Mehrheit gibt. Sie können dann versuchen, eine Mehrheit zu überzeugen, die Entscheidungen zu teilen oder wenigstens hinzunehmen. Das gehört zur Freiheit, ohne die demokratische Repräsentation nicht funktionieren kann. Sie müssen sich dafür dann nur verantworten und notfalls abwählen lassen.

Wahr bleibt auch, dass jede strukturelle Änderung vorläufig sein muss. Jeder Versuch, System und Strukturen so auszurichten, dass sie hinreichenden Klimaschutz erzeugen und Verschleppung unmöglich machen, muss notfalls revidierbar bleiben. Politik ist immer angewiesen auf Zustimmung, auf Legitimität in den Augen der Menschen. Demokratische Politik ist es ganz besonders.

Weder wird sich also ändern lassen, dass Politiker*innen prüfen, was sie im Volk beliebt macht, noch wird sich ändern lassen, dass unpopuläre Entscheidungen zurückgedreht werden können oder schlicht wirkungslos werden, weil sich keiner darum schert. Wenn niemand in die Bahn steigt, hilft ein noch so gut ausgebautes Zugnetz nichts.

Politik ist die Gestaltung der kollektiven Lebenswelt, sie hat deshalb den größten Hebel. Aber in den vergangenen Jahren ist so etwas wie Prozessblindheit eingekehrt in manche Debatte. Aus Sorge, sich den Vorwurf einzuhandeln, den Menschen vorschreiben zu wollen, wie sie zu leben haben, geriet aus dem Blick, wie sich politische Entscheidungen eigentlich ins Alltägliche übersetzen.

Bei Verboten ist relativ eindeutig, dass sie unmittelbare Auswirkungen haben, genau deshalb sind sie nicht nur so wirkungsvoll, sondern auch so verpönt. Sie lassen sich leicht als autoritär denunzieren (und manchmal sind sie es). Populärer als Verbote waren daher zuletzt Preissignale und Strukturveränderungen. Nur sind die allenfalls auf den ersten Blick weniger lebensweltinvasiv.

Damit ein Preissignal wirken kann, muss es irgendwo ankommen. Wenn CO_2 seinen Umweltwirkungen nach bepreist wird, wird alles teurer, was CO_2 freisetzt. Sprit zum Beispiel. Oder Flüge. Solange genügend Menschen es sich leisten können und wollen (oder müssen) und weiter Auto fahren oder fliegen wie zuvor, wirkt der Preis nicht. Natürlich muss er so hoch werden, dass sich manche Menschen etwas nicht mehr leisten können oder wollen, sodass die Nachfrage nachlässt. Was wiederum für eine Weile, bis sich die Unternehmen darauf eingestellt haben, für sie Umsatzeinbußen bedeutet.

Langfristige Planungssicherheit durch kontinuierlich und kalkulierbar steigende Preise mindert die Schockwirkung, aber der Mechanismus ändert sich dadurch im Kern nicht.

Rahmensetzung ist ein anderes Mittel. In der Landwirtschaft etwa ist die Idee verbreitet, dass der Staat durch weitergehende Tierschutzstandards indirekt dafür sorgt, dass weniger Tiere gehalten werden, anstatt direkt strengere Vorgaben zu machen. Die Folgen sind aber ähnlich. Wenn es weniger Tiere in den Ställen gibt, muss irgendjemand weniger Tiere halten und andere müssen weniger Tiere essen.

Lebensstilfragen und individuelle Handlungen können politische Steuerung niemals ersetzen, sie sind weitgehend wirkungslos, wenn politische Steuerung ausbleibt. Aber ohne sie ist politische Steuerung ebenfalls in ihrer Wirkung beschränkt.

Individuelles Verhalten ist ein Transmissionsriemen, der indirekter politischer Steuerung zu Wirkung verhilft.

Die Klimakrise ist allumfassend, sie verändert alles und berührt alles, jeden Staat, jede Branche, jeden Lebensbereich. Jede Maßnahme, die sie einzudämmen hilft, wird gebraucht. Alle Akteure werden gebraucht: Bewegungen, Unternehmen, Banken und Fonds, Künstler*innen, Gewerkschaften, Bürger*innen. Und genauso müssen alle Mittel und Wege genutzt werden: Protest und Druck, Gespräche am Küchentisch und auf der Arbeit, Streiks, Bildung und Informationsangebote, Konsumverzicht, die Umstellung unserer Lebensgewohnheiten, nachhaltige Investitionen und Finanzanlagen. Ohne Verhaltensänderungen, ohne gesellschaftlichen Bewusstseinswandel, ohne persönliche Handlungen verpufft Politik.

Gesellschaften lassen sich nicht steuern, oder allenfalls mit maximaler Unterdrückung und Gewalt. Auch über die ökologische Transformation wird nicht nur in Ministerien und Parlamenten, Gerichtssälen und Ämtern entschieden. Allerdings eben maßgeblich dort. Deshalb müssen sie so beschaffen sein, dass sie Orte der Transformation sein können.

Die Institutionen sind der Kern einer wehrhaften Klimademokratie. Die Regeln, nach denen Politik funktioniert: die verfassungsrechtlichen Grundlagen, das Wahlrecht, die parlamentarischen Abläufe, die Möglichkeiten der Mitbestimmung, die Kompetenzen der Ministerien, die Ausstattung der Verwaltung, der Einbezug von Expertise, die Prinzipien der Rechtsprechung. Aber die wehrhafte Klimademokratie braucht auch andere Normen, Erwartungen an Politiker*innen und die persönliche Veränderungsbereitschaft jeder Einzelnen und jedes Einzelnen von uns. Und obendrein braucht sie ein ganz anderes Verständnis der Rolle von Politik.

Alles auf den Tisch

Warum die systematische Lösung in massiver Mitigation und massiver Anpassung liegt

Eine Transformation wie die, die Gesellschaften gerade vor sich haben, gab es noch nie. Und das auf einem Planeten, auf dem so viele Menschen leben wie noch nie, in Gesellschaften, die so vernetzt sind wie noch nie, die also außerordentlich komplexe und träge Systeme bilden. Die auf so viele Weisen wechselwirken, dass kein Mensch die Folgen bestimmter Handlungen auch nur ansatzweise überblicken kann. Die große Transformation ist also nicht steuerbar, weil sie noch nicht einmal begreifbar ist.

Selbst wenn man wollte, könnte man keinen globalen Fünfjahresplan für den Klimaschutz schreiben. Selbst eine noch so mächtige zentrale Behörde könnte die Veränderungen nicht im Detail vorausplanen, umsetzen und lenken. Das heißt aber nicht, dass politische Steuerung für die Katz ist und man sie sich sparen sollte.

So lautete ja in den vergangenen Jahrzehnten häufig die Folgerung aus der vollkommen richtigen Erkenntnis, dass eine Regierung eine komplexe Gesellschaft und ihre Wirtschaft nicht managen kann wie ein Mittelständler seinen Betrieb: Die Politik solle sich herausziehen, nur einen groben Rahmen schaffen und dem Zusammenspiel von Angebot und

Nachfrage, Erfolg und Misserfolg, Ambition und Neugier Raum lassen.

Es ist nicht ausgeschlossen, dass auf diese Art eine Dekarbonisierung der Welt möglich wäre, ganz und gar nicht. Es ist aber so gut wie ausgeschlossen, dass auf diese Art die Dekarbonisierung der Welt schnell genug geschieht. So viel hat die Erfahrung gezeigt. Selbst das Elektroauto, das es schon vor dem Verbrennungsmotor gab, brachten kühne Unternehmer und kundige Ingenieure erst zur Massenreife, als der politische Druck auf den Verbrennungsmotor immer und immer größer wurde.

Das Elegante am Markt ist, dass er zumindest in der Theorie wahnsinnig effizient ist. Viel effizienter als Politik, die zu steuern versucht, was sie nicht überblicken kann. Er sollte, wenn alles so läuft, wie es soll, sein Ziel maximal effizient erreichen. Nur beginnt da schon das Problem: Effizienz kann nicht mehr der Maßstab für Klimaschutz und Klimaanpassung sein.

Es geht nicht mehr darum, was besonders günstig wirkt, sondern was besonders stark wirkt oder was überhaupt wirkt. Von der Idee, Klimaschutz besonders elegant, schlank und präzise zu machen oder ihn erst umzusetzen, wenn wir es schlank, präzise und elegant können, müssen wir uns lösen. Die Zeit der Effizienz ist vorbei, Effektivität ist von nun an alles. Präventiver Überschuss muss rationalisierte Knappheit ablösen.

An einem Beispiel kurz durchexerziert, hieße das im Verkehr etwa, jetzt ein Bahnnetz aufzubauen, das in 20 Jahren in der Lage ist, die Mobilität einer Gesellschaft zu garantieren, in der ein substanzieller Teil der Autofahrten und der Inlandsflüge wegfällt und durch Zugfahrten ersetzt wird. Man muss nur einmal an einem Feiertag oder Wochenende in der überfüllten Bahn gesessen und über volle Bahnhöfe gelaufen sein, um zu begreifen, dass die jetzige Infrastruktur einen derart grundsätzlichen Wandel der Mobilitätsroutinen nicht aushalten kann.

Die Bahnstrecke Berlin–München, eine der schnellsten in Deutschland, brauchte von der Idee bis zur vollständigen Inbetriebnahme etwa 26 Jahre. Sogar, wenn die Prozesse maximal beschleunigt werden, würde eine solche Transformation sehr viel Zeit in Anspruch nehmen. Wenn die Menschen spätestens 2045 klimaneutral reisen sollen, muss man jetzt damit beginnen, Bahnen und Busse zu schaffen, in denen sie das können.

Während dieser Zeit werden Baumaßnahmen die Funktionalität und den Komfort von Bahnreisen erheblich mindern, was bedeutet, dass diese Unannehmlichkeiten kompensiert werden müssen, damit unsere Gesellschaft nicht weitere 20 Jahre lernt, dass Bahnfahren eine Qual ist, bevor sie dann auf die Bahn umsteigen soll.

Zu allem Überfluss müssen diese Infrastrukturen auch noch widerstandsfähiger werden und einfacher zu reparieren sein, denn schon jetzt setzen ja Kälte, Schnee, Starkregen, Stürme und Hitze der Bahn regelmäßig zu – und der Klimadruck wird weiter und weiter steigen. Zugleich bedeutet die Entwicklung weg vom eigenen Auto hin zu Massentransportmitteln eine Zentralisierung. Also eigentlich das genaue Gegenteil von dem, was als Klimaanpassung gewünscht wäre. Denn wenn Störungen zahlreicher werden, verringern dezentrale Systeme den kollektiven Schaden. Das heißt, die Umstellung auf eine zentralisierte Bus-und-Bahn-Welt erhöht die Notwendigkeit von Resilienz und Anpassung an extreme Klimafolgen noch einmal.

Also: viel mehr Bahnen für viel mehr Menschen, die viel stabiler werden bei viel größerem Außendruck. All das geht nicht mit gemächlicher Überarbeitung des Systems, mit kleinem Mitteleinsatz. Es macht ganz neues Denken nötig. Es bedeutet eine massive Anstrengung, die mit viel Geld bezahlt werden muss. Es gilt, zu klotzen, statt zu kleckern. Daraus eine Tugend zu machen. Und das möglichst bald.

Da das so ist, muss es eine andere Möglichkeit geben, mit der Steuerungsschwäche von Politik umzugehen. Man muss sie einkalkulieren, und auch wenn es zunächst seltsam klingen mag: Die Antwort muss lauten, die eigene Ambition laufend zu steigern, schnell zu entscheiden, alles zu versuchen. Alles auf den Tisch also, alles tun, was möglich scheint, damit hoffentlich ein Teil davon funktioniert.

Während des Kalten Kriegs pflegte die NATO eine Zeit lang den Grundsatz der maximalen Vergeltung. Er bedeutete: Sollte die Sowjetunion einen Nato-Staat angreifen, würde die Allianz nicht Gleiches mit Gleichem vergelten, sondern sofort mit größtmöglicher Kraft zuschlagen, also die Sowjetunion im Ergebnis auslöschen. Nun kann man die Klimakrise nicht ausbomben und auch sonst nicht viel aus dem Krieg für den Klimaschutz lernen. Aber offensichtlich befanden die Militärstrategen jener Zeit, dass die Gefahr eines Atomkriegs so groß ist, die mögliche Verheerung so endzeitlich, dass die richtige Reaktion eine völlige Übersteuerung des Mitteleinsatzes sein muss.

Während der Amtszeit von Gerald Ford als US-Präsident in den Siebzigern geriet die CIA bei einigen unter Verdacht, das sowjetische Waffenarsenal systematisch zu unterschätzen. Eine eigens geschaffene Analysetruppe namens »Team B« sollte abhelfen und verstieg sich in den absurden Ansatz, der

Sowjetunion so lange den Besitz bestimmter Waffensysteme zu unterstellen, bis das Gegenteil bewiesen wurde. Die Abwesenheit eines Gegenbeweises wurde als Beleg gewertet. Nun lässt sich natürlich nicht beweisen, dass etwas nicht existiert, insofern handelt es sich entweder um eine bemerkenswerte Eselei, Blindheit aus Paranoia oder eine Methode, selbst beliebig Argumente für eine Aufrüstung zu produzieren.

Man muss die NATO-Militärstrategie allerdings gar nicht für richtig, wirksam oder ethisch halten, und man kann Fords Umgang mit der sowjetischen Bedrohung nur als schlechten Scherz verstehen. Es geht hier lediglich darum, dass ein anderer Umgang mit existenziellen Bedrohungen zu anderen Zeiten selbstverständlich war. Ein solches Prinzip, jedes noch so minimale Risiko bestmöglich auszuschließen, notfalls unter übergroßem Mitteleinsatz, wurde auf die Klimakrise nie angewendet.

Doch genau das muss das gedankliche Modell für die Klimakrise sein. Nicht Mitigation, also Klimaschutz, nicht Adaptation, also Anpassung, sondern massive Mitigation und massive Adaptation müssen zum Prinzip werden und unser Handeln bestimmen. Nicht so viel, wie gerade günstig geht. Auch nicht so viel wie effizient möglich. Sondern so viel wie nur irgendwie möglich.

Wer mit diesem Anspruch Politik macht, wird selbstredend Investitionen versenken. Wird sich korrigieren müssen, falsche Annahmen getroffen haben, sich verrennen, vielleicht sogar manchmal gegen sich selbst arbeiten, weil plötzlich zwei Maßnahmen im Widerspruch zueinander stehen. So jemand muss sich und die Menschen fordern, überfordern, und darf dann nicht abwarten, sondern muss stets weitermachen. Das ist nicht ganz trivial, denn das leidige Problem mit Überforderung ist natürlich, dass sie Überforderung und Handlungsunfähigkeit bedeutet.

Jede politische Entscheidung in der Demokratie muss gegen Interessen durchgesetzt werden. Immer ist eine Entscheidung auch ein Deal, jemand gibt etwas auf und bekommt etwas dafür. Man kann, so erzählen es Menschen, die lange in politischer Verantwortung waren, immer nur einige Schlachten schlagen, immer nur gewisse Forderungen durchsetzen. Und wenn man einmal bekommen hat, was man gefordert hat, muss man beim nächsten Mal etwas mehr geben. Oder wenigstens beim übernächsten Mal.

Ständig nachzulegen, ständig sich selbst herauszufordern, auch strategisch zu übersteuern, das ist ein ungewohnter Ansatz. Er setzt voraus, dass Politiker*innen die Notwendigkeiten begreifen und sich der Größe der Aufgabe annehmen. Massiver Klimaschutz bedeutet, Fehlschläge in Kauf zu nehmen und sich dann dafür zu verantworten, notfalls auch abwählen zu lassen. So viel muss man erwarten von gewählten Volksvertreter*innen und man muss diese Erwartung auch explizit formulieren.

Zugleich darf man sich darauf nicht allein verlassen.

Systematik der Labore

Wie versucht wird, Demokratien zu wehrhaften
Klimademokratien zu machen

Wie also könnte man versuchen, dafür zu sorgen, dass krisen-
adäquater Klimaschutz in Demokratien verlässlich gemacht
wird? Dass es weniger auf moralische Appelle ankommt, weniger auf den Klimaheroismus von Politiker*innen, weniger
auf Glück und Zufall, weniger auf permanenten maximalen
Druck von unten, weniger auf massenweisen Wandel der Le-
bensstile (all das hilft und ist vielleicht sogar nötig)?

Welche Möglichkeiten lassen sich ersinnen, welche werden
diskutiert, welche wurden schon erprobt? Was spricht dafür,
wo liegen die Stärken und wo die Schwächen? Wo Lösungen
liegen sollen, müssen zunächst Probleme identifiziert werden.
Die zentralen Probleme sind:

1. Zukunftsblindheit von Demokratien und Überalterung
   der Wählerschaft
2. übermäßig großer Einfluss bestimmter organisierter
   Interessen
3. Überpolitisierung des Klimaschutzes
4. fehlende Verbindlichkeit
5. die unzureichende Umsetzung von Zielen

Daraus ergeben sich einige Strategien, die jeweils verschiedene Maßnahmen zur Folge haben können:

1. die Zukunft ins System holen (Wahlrechtsreformen)
2. Entprofessionalisierung von Entscheidungen (Bürgerräte und die Weisheit der Vielen)
3. Interessenbündelung (in eigenen Behörden, womöglich mit Klage- und Vetorechten) und Depolitisierung durch Experten (Beratungsgremien)
4. weitere Selbstbindung (Verfassungsklauseln, Verrechtlichung)
5. Effizienzsteigerung (Verwaltung und Notstände)

Was gibt es schon in Ansätzen und was ist davon zu halten?

Die Weisheit der Vielen: Bürgerräte

Wieso so große Hoffnungen auf dem Los liegen

Nach 65 Jahren entschieden die Isländer*innen, dass es Zeit wäre für eine neue Verfassung. Die alte war 1944 verabschiedet worden, als sich Island vollständig von Dänemark lossagte, in einem Moment, in dem Dänemark von Nazi-Deutschland besetzt war. Nun hatte die Finanzkrise zu Beginn des 21. Jahrhunderts mehrere isländische Banken in die Pleite gestürzt und enorme Verwerfungen mit sich gebracht. Der Frust war groß, die Sehnsucht nach einem Neuanfang auch.

Im Jahr 2009 rief eine Gruppe von Nichtregierungsorganisationen in einem Akt zwischen Selbstermächtigung und politischer Performancekunst eine Nationalversammlung von 1500 Bürger*innen aus, von denen 1200 ausgelost wurden. Die Menschen diskutierten grundsätzlich über Islands Gesellschaft und Politik. Aus dem Experiment wurde Politik in der Praxis. Im Folgejahr wiederholte der Staat die Versammlung, wieder mit ausgelosten Teilnehmer*innen.

Daraus wurde ein verfassungsgebender Prozess, der einem kleinen Rat anvertraut wurde, dessen 25 Teilnehmer*innen gewählt wurden. Bewerben konnte sich jeder. Weil beim Wahlakt einiges schiefging, musste das Parlament den Rat neu einsetzen, und am Ende versandete die Verfassungsreform im

Parlament. Aber das Beispiel hatte viele Menschen aufhorchen lassen. Plötzlich waren geloste Bürger*innenversammlungen überall.

In Irland wurde 2012 eine Versammlung einberufen, die zum Teil aus gelosten Bürger*innen bestand und über eine Reihe von Fragen mit Verfassungsrelevanz beraten und Empfehlungen abgeben sollten. Manches, wie der Wunsch, das Wahlalter abzusenken, wurde von Regierung und Parlament verschleppt. Die gleichgeschlechtliche Ehe schaffte es aber über ein Referendum in die Verfassung. Wieder schaute die internationale Öffentlichkeit interessiert zu.

Das Prinzip, mit Entscheidungen betraute Bürger*innen nicht zu wählen, sondern zu losen, ist uralt. Es reicht zurück bis ins alte Athen, an die Anfänge der Demokratie. Im 20. Jahrhundert spielte es kaum mehr eine Rolle. Nun erlebt es eine Renaissance: In Frankreich lud Emmanuel Macron zu großen Bürgerdebatten und ließ Wünsche und Empfehlungen in Bürgerheften zusammentragen. In Deutschland setzen sich mehrere Organisationen für einen Bürger*innenrat ein. Der Bürgerrat Demokratie ab 2018 war noch ein Projekt von unten, ähnlich der Verfassungsversammlung in Island.

Gerade in Klimafragen ruhen enorme Hoffnungen auf Bürger*innenräten. In Großbritannien fordert Extinction Rebellion, der dort lange einflussreichste Teil der Klimabewegung, einen Bürger*innenrat: »Unsere politischen Anführer tun nicht genug. Das politische System, das den Wandel bringen sollte, versagt in Großbritannien dabei, zu tun, was nötig ist. Deshalb brauchen wir einen Bürgerrat zu Klima und ökologischer Gerechtigkeit, um den Stillstand aufzubrechen.«[56] In Deutschland setzten sich unter anderem die Scientists for Future dafür ein, und 2020 begannen sie gemeinsam mit einer anderen Organisation den Prozess für den »Bürgerrat Klima«. Der frühere Bundespräsident Horst Köhler übernahm die Schirmherrschaft.

In einem Dutzend Sitzungen erarbeiteten 160 Bürger*innen insgesamt 80 Empfehlungen. Sie sind, alles in allem, ziemlich ambitioniert. Auch wenn er nicht mehr tun kann, als (bislang weitgehend vergeblich) an die Politik zu appellieren, nun aber wirklich zu handeln, scheint der deutsche Bürger*innenrat zum Klima all jenen Recht zu geben, die große Hoffnungen in das Konzept setzen. Und das sind viele.

Bürger*innenräte haben sich zu der zentralen institutionellen Forderung in Klimafragen entwickelt. Jemand, der viel mit Studierenden über solche Frage spricht, sagte mir mal, worauf diese institutionell hofften, seien fast ausschließlich Bürger*innenräte. Die EU-Kommission will sie, die Ampel-Koalition, die Deutschland seit Ende 2021 regiert, will einen, der frühere Bundestagspräsident Wolfgang Schäuble lobte das Konzept und seine Nachfolgerin Bärbel Bas macht damit weiter.

Bürger*innenräte sind der jüngste und populärste Ausdruck einer viel älteren Theorie, wie sie etwa der klimapolitische Theoretiker John Dryzek seit langer Zeit vertritt.[57] Dabei geht es um das, was technisch »deliberative Konzepte« heißt, einfach gesagt: möglichst viel Bürgerbeteiligung bei möglichst viel tiefer Debatte. Es geht um Auseinandersetzung, Diskussion, darum, vielfältige Formen des Wissens anzuzapfen und möglichst viele Menschen möglichst intensiv zu involvieren, so Lernen zu ermöglichen und sie Selbstwirksamkeit spüren zu lassen.

Bürger*innenräte bieten diese Chance und sie haben zusätzlich einen gewissen Charme: Sie lassen keine Kritik an angeblich undemokratischen Zielen aufkommen, weil sie das Volk möglichst unmittelbar einbeziehen.

Allerdings ist das so einfach dann auch nicht. Wer Bürgerräte fordert, damit die mehr Klimaschutz verlangen, setzt ja in Wahrheit voraus, was diese Bürgerräte schlussfolgern sollen. Die vermeintliche Offenheit demokratischer Deliberation ist also eigentlich nur ein Vorwand, um aus dem physikalisch Notwendigen ableitbare Schritte zu gehen. Man könnte böse sagen: Es instrumentalisiert die Weisheit der Massen und versucht, sie zu lenken.

Der Witz ist natürlich, dass das gar nicht geht, was aber zu einem anderen Problem führt, wenn es einem nicht nur um Beteiligung als Wert an sich, sondern um Klimaschutz geht: Niemand kann garantieren, dass Bürger*innenräte oder andere Formen der deliberativen und partizipativen Demokratie wirklich zu mehr Klimaschutz führen. Bislang war das sehr häufig so und eines der Argumente für deliberative Demokratien ist, dass verlässlich bessere Ergebnisse herauskommen, wenn man mehr und verschiedenere Menschen besser einbindet. Aber daraus folgt nicht, dass es immer so sein wird. Wenn diese freien Räte wirklich frei sind, folgt daraus sogar, dass es wahrscheinlich nicht immer so sein wird.

Es sei denn, man setzt sehr großes Vertrauen in die Weisheit der Vielen, die unkorrumpiert von Wiederwahlzwängen und Dauerkontakten zu professionellen Lobbyisten das Richtige erkennen. Dafür ist allerdings reichlich Zuversicht nötig.

Wenn Bürger*innenräte auf mehr Klimaschutz drängen, dann steigt dadurch dessen Legitimation. Es fällt dann schwerer, ihn zu unterlassen. Wenn sie es nicht tun, fällt es allerdings auch schwerer, sich gegen sie zu stellen. Man kann sie aus verschiedenen grundsätzlichen Erwägungen für richtig und notwendig halten, aber sie sind keine Garantie für mehr Klimaschutz. Womöglich stellen sie unter bestimmten Umständen sogar ein gewisses Risiko dar.

So überraschend ist das nicht, denn Bürger*innenräte folgen der Leitidee, mehr Demokratie zu wagen, auch wenn das Problem gar nicht zu wenig Demokratie ist. Sie sollen wahrgenommene Defizite in real existierenden Demokratien durch weniger Repräsentation lösen.

Die populärste demokratische Innovation für mehr Klimaschutz ist in Wahrheit eine, die in den Rahmen der wehrhaften Klimademokratie gar nicht so gut passt. Sie hat dennoch gewisse Vorteile und kann womöglich für eine Weile etwas zur Bekämpfung der Klimakrise beitragen. Die Räte allein werden aber nicht genügen.

Der Zukunft Stimmen geben: Wahlrechtsreformen
Wie die Zukunft in die Gegenwart geholt werden soll

Hätten bei der Bundestagswahl 2021 nur Menschen gewählt, die jünger als 60 Jahre alt sind, wäre das Ergebnis extrem knapp ausgefallen. Die SPD hätte 21 Prozent bekommen, die Union 18 Prozent und die Grünen ebenfalls 18 Prozent, die FDP 14 Prozent.[58] Von Volksparteien keine Spur. Menschen unter 60, das sind Erstwähler*innen, Student*innen, junge Eltern, Eltern von erwachsenen Kindern, Menschen in der Midlife-Crisis und Frührentner*innen. Hätten nur jene unter 25 wählen dürfen, hätten die Grünen vorn gelegen, vor der FDP. Deutlich vor SPD und Union.

Unter Menschen über 60 aber holten SPD und Union jeweils rund 33 Prozent, die FDP nur 8 Prozent, die Grünen bekamen lediglich 9 Prozent. Jene, die bald in Rente gehen oder es schon sind, bewahren das Parteiensystem der alten Bundesrepublik. Sie werden es noch länger bewahren. Zusammen stellen sie nahezu 40 Prozent aller Wahlberechtigten.

Es ist an dieser Stelle unerheblich, wofür die einzelnen Parteien stehen. Relevant ist hier, dass völlig egal ist, welches Parteiensystem die Jungen und Mittelalten wollen: Solange die Alten es nicht auch wollen, hat es keine Chance. Gegen die Alten geht nichts.

Anderswo auf der Welt, in den meisten afrikanischen oder südamerikanischen Ländern etwa, stellen die Jungen die Mehrheit. Die Altersstruktur unter den Wahlberechtigten in Industriegesellschaften wie Deutschland, Frankreich oder Japan ist ein Extremfall. Aber was sich hier als Konflikt zeitgleich lebender Generationen zeigt, lässt sich auch verallgemeinern: Die Zukunft hat wenig Fürsprecher*innen.

Was jene wollen, die Kinder sind oder jugendlich, schlägt sich in Wahlen nicht nieder, weil sie gar nicht wählen dürfen. Was künftige Generationen wollen könnten, schlägt sich nicht nieder, weil sie noch gar nicht leben. Spüren werden sie die Folgen heutiger Handlungen aber sehr wohl.

Was sich erst in vielen Jahren auszahlt, hat es über alle Altersgruppen schwer, weil Menschen jeden Alters nicht allzu gut darin sind, langfristige Überlegungen über kurzfristige Erwägungen zu stellen. Aktuelle Krisen erscheinen meistens dringender als künftige. Aktuelle Bedürfnisse werden zuerst befriedigt. Wenn dann noch die Wählerschaft gar nicht so viele langfristige Bedürfnisse hat, weil sie allenfalls noch die Mittelfrist erlebt, gilt das umso mehr. Demokratien haben also einen Hang zur Gegenwart, der in der Klimakrise offensichtlich hinderlich ist, und es gibt einige Versuche, das zu ändern.

Ein häufiger Vorschlag ist die Absenkung des Wahlalters. Wenn es doch um ihre Zukunft geht, warum sollten 16-Jährige nicht wählen dürfen, 18-Jährige aber schon? In etlichen Bundesländern und erst recht deutschen Kommunen liegt das Wahlalter ohnehin schon bei 16 Jahren. Eine deutsche Studie hat gezeigt, dass Jugendliche mit 16 oder 17 (selbst mit 15) nicht schlechter informiert sind als junge Erwachsene mit 18, dass also rein sachlich wenig dagegen spräche, ihnen eine Stimme zu geben.[59]

Es spricht auch theoretisch nicht wirklich etwas dagegen. Nur werden die Folgen realistisch betrachtet überschaubar sein. In einer gealterten Gesellschaft wie der deutschen würden 16- und 17-Jährige vielleicht 2, vielleicht 3 Prozent der Wählerschaft ausmachen. In einer jungen Gesellschaft wie Ghana, wo etwa die Hälfte der Bevölkerung jünger ist als 20, hätten sie viel Gewicht, aber dort haben junge Menschen auch jetzt schon viel Gewicht. Die altersspezifischen Zukunftsinteressen von 15-Jährigen und von 20-Jährigen unterscheiden sich nicht allzu sehr.

Wenig überraschend gibt es bislang weder systematische noch überzeugende anekdotische Belege dafür, dass ein abgesenktes Wahlalter zu besserem Klimaschutz beitragen könnte. In Österreich zum Beispiel ist davon wenig zu sehen.

Die radikalere Variante wäre ein Wahlrecht von Geburt an, das Kinder wahrnehmen können, sobald sie dazu fähig sind, womöglich mit vorherigem Eintragen in ein Wähler*innenverzeichnis.

Noch weitreichender, noch heikler auch, sind Überlegungen, die Stimmen von Kindern anders ins System zu bekommen oder die Bedeutung der Jungen höher zu gewichten. Ersteres ginge etwa, indem Eltern zusätzliche Stimmen für ihre Kinder bekommen. Zweiteres, indem die Stimmen jüngerer Menschen mehr zählen als die Älterer.

In diesem Wahlrecht gälte nicht mehr das eherne Prinzip: ein Mensch, eine Stimme. Das ließe sich womöglich damit rechtfertigen, dass prinzipiell alle Menschen an einem gewissen Punkt im Leben mehr Einfluss haben und dann, wenn sie altern, weniger Einfluss bekommen. Und, im Fall des Elternwahlrechts, damit, dass das Prinzip der Repräsentation nur in diesen Fällen vor den Wahlakt gezogen wird. Ein schwieriges

Argument, aber kein vollständig abseitiges. Die Frage ist eher: Würde das etwas bringen?

In einem Experiment ließen Wissenschaftler*innen je 1000 Eltern von erwachsenen und von minderjährigen Kindern darüber abstimmen, wie viel Geld an eine fiktive Organisation gespendet werden soll, die sich für eine bessere Zukunft einsetzte. Eltern minderjähriger Kinder, die noch nicht selbst mitbestimmen konnten, waren zu größeren Spenden bereit. Der Effekt verschwand allerdings, wenn man den Eltern minderjähriger Kinder deren Stimmrecht übertrug, wie in einem Elternwahlrecht.

Eine mögliche Erklärung: Plötzlich hatten Eltern die Möglichkeit, ihre eigenen Wünsche mit mehr Gewicht durchzubringen, und vergaßen darüber die Zukunft ihrer Kinder.

Alle Wahlrechtsvorschläge leiden aber sowieso unter dem Problem, dass sie indirekt zu beeinflussen hoffen, was sie sich direkt nicht zu beeinflussen trauen: den Klimaschutz. Selbst wenn nur Menschen unter 30 wählen dürften, wäre nicht garantiert, dass sie Parteien wählen, die mehr Klimaschutz versprechen. Zumal noch nicht einmal garantiert wäre, dass solche Parteien überhaupt antreten. Und dass sie in der Lage wären, dann auch zu handeln.

Damit kommt man dann in Begründungsnot. Gegen eine Absenkung des Wahlalters spricht trotzdem nichts, bis zu welchem Alter, wäre die praktische Frage. Die anderen Vorschläge ließen sich demokratietheoretisch verteidigen – nur ist ja nicht der Mangel an Partizipation der Jugend das eigentliche Problem, sondern der Mangel an Klimaschutz.

Andere Ideen zielen daher nicht auf den Wahlakt, sondern jene Institution, die er maßgeblich formt.

Der Zwang, an die Zukunft zu denken: Gesetzgebung

Warum Gesetzgebung schwer zu verbessern ist

Ein Rechtsakt, der in Deutschland erarbeitet wird, folgt in der Niederschrift einem festen Muster. Zuerst wird das Problem beschrieben, dann die Lösung, die das neue Gesetz oder die neue Verordnung bringen soll. Dann gibt es die Punkte »C. Alternativen« und »E. Erfüllungsaufwand«. An dieser Stelle muss die Ministerialverwaltung oder die Fraktion, wer auch immer den Entwurf erarbeitet hat, darlegen, ob es nicht auch andere Wege geben könnte und welche Kosten entstehen. Manchmal stehen dort Erläuterungen. Oft genug steht dort lapidar: »Keine«.

Zum Beispiel, nachdem Wetterextreme der Landwirtschaft zugesetzt hatten: Dürren 2018, 2019 und 2020, eine Flut 2021. Immer reagierte die Politik mit Ausnahmeregeln. Flächen, die eigentlich nicht landwirtschaftlich genutzt werden sollen, um der Artenvielfalt zu nützen, wurden für bestimmte Nutzungen freigegeben. In den Verordnungen steht dann beispielsweise 2021: keine Kosten (technisch: Erfüllungsaufwand) für Bürger*innen, geringfügige Kosten für die Verwaltung, keine Kosten für die Wirtschaft und keine weiteren Kosten. Also: gar keine Kosten. Alternativen: keine.

Wenn das stimmte, müsste man ja fragen: Warum gibt es diese Flächen überhaupt? Warum darf man sie nicht immer so nutzen, warum braucht es eine Ausnahmegenehmigung? Die Antwort lautet natürlich: weil die Angaben Unsinn sind. Natürlich entstehen Kosten, indirekte Kosten mindestens, durch Verlust an Artenvielfalt zum Beispiel.

Eigentlich sollten die Folgen von Gesetzen vorab umfassend geprüft werden. Alternativen, Kosten für den Haushalt, mögliche weitere Kosten und auch die Folgen für die nachhaltige Entwicklung. Diese spielen real in Deutschland aber keine Rolle. In der Praxis werden Gesetzentwürfe meist nach anderen Kriterien erarbeitet. Zum Beispiel danach, welchen Kompromiss man in der Koalition durchbekommt. Die ganze Folgenabschätzung gilt allgemein als eher wirkungsloses Konstrukt.

Ein Vorschlag, den Prozess zu verbessern, bezieht sich dennoch auf diese Prüfpflichten zu einem frühen Zeitpunkt im Gesetzgebungsprozess.

In Baden-Württemberg etwa muss die Prüfung etwas umfassender sein, sie ist verpflichtend, muss allen anderen Ministerien vorgelegt und die Prognosen müssen später überprüft werden. Der Sachverständigenrat für Umweltfragen (SRU) und die Stiftung für den Erhalt zukünftiger Generationen schlagen etwa vor, diese Prüfung auch im Bund zu stärken.

Beide plädieren auch für die Aufwertung eines ziemlich unbekannten Gremiums namens Parlamentarischer Beirat für nachhaltige Entwicklung. Er soll zu einem richtigen Bundestagsausschuss werden. Den Beirat muss bislang niemand kennen, er prüft etwa die oben erwähnte Folgenabschätzung und begleitet die Umsetzung der Nachhaltigkeitsstrategie, praktisch spielt er keine relevante Rolle. Die Idee wäre, dass es im nationalen Parlament, in dem die meiste inhaltliche Arbeit in Ausschüssen passiert, einen richtigen Ausschuss für die Begleitung der Klimakrisenpolitik gibt. Sonderlich viel dürfte damit nicht zu gewinnen sein. Schaden dürfte es aber kaum.

Insgesamt scheint der Hebel, um Demokratien auf mehr Klimaschutz zu verpflichten, interessanterweise in der wichtigsten Institution am kleinsten zu sein. Gesetzgebung in Parlamenten hängt von aktuellen Mehrheitsverhältnissen ab, von politischen Kompromisslagen, von Koalitionen. Zuständig sind Abgeordnete, die zwar ihren Wähler*innen gegenüber verantwortlich sind, aber im Prinzip frei entscheiden müssen. Daran lässt sich nicht sehr leicht etwas ändern.

Mehr zu holen dürfte auf dem Feld der anderen beiden Gewalten sein und dort, wo der Rahmen für unsere Gesetze festgelegt wird.

Grüne Null: Verfassungsvorbehalte
Welche Rolle Verfassungen spielen könnten

Was im vorigen Teil über die Schuldenbremse und die Struktur der Geld- und Haushaltspolitik gesagt wurde, lässt sich auch auf den Klimaschutz übertragen. Wenn sich der Staat selbst vorschreiben kann, wie viel Geld er maximal ausgeben darf (und wenn Zentralbanken steuern können, wie viel Geld geschaffen wird), kann er sich auch selbst vorschreiben, wie viel Treibhausgase seine Gesellschaft maximal ausstoßen kann. Er könnte also auch eine grüne Null in die Verfassung schreiben.

Möglichkeiten, das zu tun, gäbe es verschiedene. Im deutschen Grundgesetz etwa ist Umweltschutz als Staatsziel festgeschrieben – in jenem Artikel 20a, der so lange als weich und nutzlos galt. Weil sich aus einem Staatsziel eben keine individuellen Ansprüche ergeben. Stattdessen könnte ein Recht auf einen bewohnbaren Planeten festgeschrieben werden, aber auch der Zielkorridor des Pariser Abkommens oder ein konkretes Treibhausgas-Budget, also eine Gesamtmenge, die ein Staat noch ausstoßen darf.

Der Budgetansatz wäre der konkreteste, auch der unausweichlichste, deshalb vermeidet ihn die deutsche Regierung schon unterhalb der Verfassungsebene seit Jahren. Er ist nur über den Umweg der jährlichen Ziele für die einzelnen Sektoren Verkehr, Energie, Bauen oder Landwirtschaft im Klimaschutzgesetz zumindest teilweise implementiert.

Eine Festschreibung des Klimaschutzes als konkretes Ziel und Recht in den jeweiligen Verfassungen würde noch einmal kodifizieren, was meistens schon in vielen Verträgen und Gesetzen festgeschrieben ist – im Pariser Abkommen oder in nationalen Klimaschutzgesetzen. Trotzdem hätte es wahrscheinlich zwei Folgen. Erstens würden Klimaziele dadurch dem politischen Tagesgeschäft entzogen, auf eine Art entpolitisiert und mit Zusatz-Legitimation versehen werden (denn sie stünden in der Verfassung!). Zweitens entstünden dadurch im besten Fall sehr konkrete Ansprüche und es gäbe eine Interpretationsvorgabe für andere Gesetze. Die Nutzung des Rechtswegs würde vereinfacht.

Das ist nicht trivial, denn so einflussreich Rechtsprechung zuletzt auch war, so groß sind die grundsätzlichen Probleme. Die Logik der Klimakrise und die Logik des Rechtssystems passen kaum zueinander.

Das Rechtssystem ist überwiegend national, während sich die Klimakrise überall auswirkt – auch wenn sich daran langsam und geringfügig etwas ändert; so reisten Vertreter*innen des Oberlandesgerichts Hamm nach Peru, um sich dort umzusehen, nachdem ein peruanischer Bauer den Energiekonzern RWE darauf verklagt hatte, einen Teil der Schutzmaßnahmen für sein Haus und Dorf zu übernehmen. Das Rechtssystem ist darauf angewiesen, dass konkrete Personen, Unternehmen oder Organisationen durch konkretes Handeln konkret Einfluss nehmen auf andere konkrete Geschädigte.

Die Klimakrise aber betrifft die Gesamtheit der Lebensbedingungen auf diesem Planeten. Sie ist eine Folge von menschlichem Handeln seit Jahrzehnten und Jahrhunderten. Jeder Einzelne hat für sich genommen nur einen sehr kleinen Beitrag geleistet, der, könnte man ihn herausrechnen und entfernen, nichts am Gesamtbild ändern würde. Das Klima ist die Gesamtheit des Wetters, und so gut man mittlerweile auch berechnen kann, wie viel wahrscheinlicher eine Hitzewelle durch die Erderwärmung wurde – am Ende bleibt es bei Wahrscheinlichkeiten.

Einflussnahme von Rechtsprechung auf den Klimaschutz gelingt daher nur, wo individuelle Ansprüche und individuelle Verantwortung trotzdem angenommen werden, weil es auch nicht sein kann, dass von der größten Veränderung der Lebensverhältnisse niemand betroffen ist und dass daran niemand Schuld trägt. Jede Norm, die Verantwortungszuschreibung vereinfacht, hat daher potenziell große Wirkung.

Da das Recht, wie im dritten Teil des Buches ausgeführt, schon jetzt maßgeblich beschränkend wirkt, nur vergleichsweise unsystematisch, und da es außerdem womöglich eine besonders große Veränderungskraft hat, liegt in der Verankerung von Klimaschutz in der Verfassung vermutlich einiges Potenzial. Man würde ihn hineinschreiben, statt darauf zu warten, dass Richter*innen ihn zwischen den Zeilen erkennen.

Überdies wäre es auch logisch, ein freiheitsfreundliches planetares Klima dort als Grundlage der Demokratie festzuschreiben, wo auch andere unantastbare Grundlagen der Demokratien stehen: Grundrechte, Staatsprinzipien. In Deutschland auch die Ewigkeitsklausel.

Ein radikaler, allerdings auch nur für Deutschland relevanter Schritt wäre es, die Klimademokratie hineinzunehmen in das Konzept der wehrhaften Demokratie. Zum Beispiel, indem das Widerstandsrecht aus Artikel 20.4 ausgeweitet würde auf ein Widerstandsrecht gegen all jene, die auf eine Erhitzung der Erde hinarbeiten, die Demokratie in Zukunft schwer bis unmöglich machen wird. Jurist*innen dürften bei dem Gedanken, wie sich das im Alltag und Einzelfall begründen und belegen lassen würde, allerdings Schweißausbrüche bekommen (und das nicht wegen der drohenden Hitze).

Im Abschnitt über das Paradox der Demokratie, die Unfreiheit erzeugen muss, wenn jemand aktiv die Freiheit abzuschaffen versucht, habe ich argumentiert, dass es einen Unterschied gibt zwischen den Bedrohungen, mit denen die wehrhafte Demokratie bisher umgehen musste, und jenen Bedrohungen, mit denen eine wehrhafte Klimademokratie umgehen muss. Bisher waren sie sehr begrenzt, es ging um einzelne Menschen und Organisationen, die an der Abschaffung der Demokratie arbeiten. Nun geht es um gesellschaftliche Routinen. Die kann man nicht einfach in der Masse verbieten (manches schon).

Was man aber kann: priorisieren. Wenn Klimaschutz auf andere legitime Interessen trifft, die aber nicht die Bedingungen der Möglichkeit von Freiheit betreffen, dann könnte man Klimaschutz als vorrangig erklären. Reiche Möglichkeiten also, und dafür verblüffend wenig Beispiele.

Das Projekt »Climate Change Laws of the World« der London School of Economics und der Columbia Law School sammelt Bezüge zum Klima in Verfassungen. Demnach gibt es bislang elf Fälle, die meisten recht neu, interessanterweise auffallend häufig in autoritären Systemen wie Venezuela, Kuba, Algerien oder Vietnam und durchweg ziemlich weich. In Sambia etwa ist der Staat verpflichtet, »Mechanismen einzuführen und durchzusetzen, um dem Klimawandel zu begegnen«. Individuelle Schutzrechte oder Verweise auf das Paris-Ziel oder CO_2-Budgets finden sich bislang demnach nicht.

In Chile hat eine Versammlung aus 155 ausgewählten Delegierten einen neuen Verfassungsentwurf geschrieben, der so weitreichend wie bisher kein anderer den Schutz des Klimas und der Umwelt beinhaltete. Er beschrieb Chile unter anderem als ökologischen Staat, sprach der Umwelt selbst das Recht zu, zu existieren, und Staat und Gesellschaft sollten verpflichtet sein, sie zu schützen (zu solchen Ansätzen mehr im nächsten Abschnitt). Er verpflichtete den Staat auch zur Vorbeugung und Abmilderung der Klimakrise und Anpassung an ihre Folgen. Am 4. September 2022 stimmte die Bevölkerung in einem Referendum ab. Nur 38 Prozent sprachen sich dafür aus.

Verfassungsmäßige Rechte wären ein großer Hebel zur Bekämpfung der Klimakrise. Bislang finden sie sich nicht, schon gar nicht in Demokratien. Damit sind die Möglichkeiten des Rechts aber nicht ausgeschöpft.

Im Namen der Freiheit: Verrechtlichung

Warum die Natur eigene Rechte bekommen könnte

In Neuseeland wurde der Fluss Whanganui 2017 per Gesetz als Person anerkannt. Indigene Maori hatten lange dafür gestritten. Wächter*innen des Flusses, von den Maori und der Regierung ernannt, sind seither damit betraut, dessen Rechte für ihn wahrzunehmen. Kurz darauf sprach ein Gericht in Indien dem Ganges und seinem Nebenfluss Yamuna ebenfalls die gleichen Rechte wie einer Person zu und verwies dabei auf das neuseeländische Beispiel. Andere Fälle gibt es aus Bangladesch und Australien. Das ist ein weiteres Beispiel für die Art und Weise, wie Präzedenzfälle, gegenseitige Bezugnahme und Zufälle die globale Umweltrechtsprechung formen können.

Tatsächlich gibt es zahlreiche Staaten, die heute schon der Natur Rechte zusprechen. Oft, weil sie für indigene Gesellschaften von besonderer Bedeutung ist. In Ecuadors Verfassung hat Mutter Natur, Pachamama, seit 2008 das Recht, respektiert und in ihrer Fähigkeit, Leben hervorzubringen, geschützt zu werden. Jeder Mensch kann an ihrer Stelle ihre Rechte einklagen. Bolivien folgte ein Jahr später mit einem inhaltlich ähnlichen Gesetz. Aus europäischer Perspektive ist es ungewöhnlich, über die Natur als Trägerin von Rechten nachzudenken, für viele indigene Gesellschaften ist es das überhaupt nicht.

Amitav Ghosh, der indische Autor, erzählt in seinem klima-krisentheoretischen Buch *The Nutmeg's Curse. Parable of a Planet in Crisis*[60] die Zerstörung der Natur von der Kolonialzeit her. Der titelgebende Fluch der Muskatnuss bezieht sich auf die heute indonesischen Banda-Inseln, die von den Niederlanden kolonisiert und wegen ihrer Muskatvorkommen ausgebeutet wurden. Die Europäer ermordeten große Teile der dortigen Bevölkerung, richteten die Natur auf Monokulturen aus, zerstörten und verwüsteten die lokale Pflanzenwelt. Sie begriffen die Natur nicht mehr als lebendig, sondern als unbelebte Ressourcenfabrik – ein Verständnis, das zur planetaren Katastrophe führte.

Rechte für die Natur folgen einer anderen Argumentation als der strikt demokratiezentrierten dieses Buchs. Sie folgen einer anderen Logik als jene Verfassungsklauseln, um die es im vorigen Abschnitt ging. Aber sie könnten Klimaschutz auf ganz ähnliche Art auf dem Rechtsweg voranbringen.

Es gibt noch eine ganz und gar andere Idee, die ebenfalls davon ausgeht, dass die Natur selbst Rechte hat, dass sie ein Lebewesen ist, dem man Schaden zufügen kann. Es ist allerdings eine Idee, die mit ganz anderen Folgen einhergeht.

Im November 2019 trafen sich Jurist*innen aus der ganzen Welt zur Jahrestagung der Internationalen Vereinigung der Strafrechtler*innen in Rom. Papst Franziskus empfing sie im Apostolischen Palast und sagte dort: »Ein grundlegendes Verständnis von Gerechtigkeit würde voraussetzen, dass bestimmte Verhaltensweisen, für die üblicherweise Unternehmen verantwortlich sind, nicht ungesühnt bleiben. Im Besonderen all jene, die man als ›Ökozid‹ bezeichnen könnte.« Die katholische Kirche erwäge, die Zerstörung der Umwelt als Sünde gegen Gott zu erklären, und die internationale Gemeinschaft solle sie als Verbrechen gegen den Frieden einstufen. Mit dem gleichen Ansinnen wandten sich ebenfalls 2019 die Inselstaaten Vanuatu und die Malediven an den Internationalen Strafgerichtshof in Den Haag. Ökozid – diese Idee wird von Aktivist*innen schon seit vielen Jahren vorangetrieben. Die französische Bürgerversammlung, von der hier bereits im Zusammenhang mit Bürger*innenräten die Rede war, hat sich dafür ausgesprochen und Frankreichs Präsident Emmanuel Macron unterstützt dieses Ansinnen ebenfalls.

Anders als bisher wäre die Zerstörung der Natur dann nicht mehr nur dann strafbar, wenn sie unabweisbar Folgen für Menschen hat, sondern grundsätzlich. Zumindest, sofern Absicht nachweisbar ist.

Sollte es wirklich gelingen, Ökozid auf dieser Ebene rechtlich zu verankern, was politisch wenig wahrscheinlich ist, gäbe es eine Einschränkung: Das Völkerstrafrecht bindet bisher nur Menschen, keine Unternehmen. Auch wenn in Frankreich ein Prozess gegen ein Unternehmen wegen Verbrechen gegen die Menschlichkeit zugelassen wurde, weil es in Nordsyrien mit dem Islamischen Staat zusammengearbeitet haben soll. Vorstellbar wäre aber natürlich auch, in Staaten ähnliche Straftatbestände zu schaffen. Jurist*innen dürfte es bei dem Gedanken, wie sich das im Alltag und Einzelfall begründen und belegen lassen würde, erneut den Schweiß auf die Stirn treiben.

Der Natur Rechte zu verleihen, wäre ein Instrument mit viel Willkürpotenzial, weil es im falschen fossilen Leben kein richtiges gibt und also jeder Mensch im Kleinen irgendwie am großen Ökozid beteiligt ist. Andererseits wäre es ein Instrument, das auf neue Art klimaschädliche Handlungen sanktionieren könnte. Also ein scharfes Schwert, wenn auch ein zweischneidiges.

Auch noch über meine Leiche: Veto-Optionen

Was für ein Klimaveto spricht

Welcher Wald ist das hier gleich nochmal? Im Bundestagswahlkampf 2021 stellten die Kanzlerkandidatin der Grünen, Annalena Baerbock, und ihr Co-Spitzenkandidat Robert Habeck ihre Ideen für ein Klimaschutzsofortprogramm vor. Einer der Vorschläge: die Schaffung eines eigenen Klimaministeriums mit Vetorecht im Kabinett.

Als Ort hatten sie sich einen Wald nordöstlich von Berlin ausgesucht, mit vielen Buchen, kleinen Bächen, sumpfigem Moorland, ein beliebtes Wandergebiet. Baerbock lebt seit vielen Jahren in Potsdam, sie war Landesvorsitzende ihrer Partei in Brandenburg, und doch vertat sie sich: Der Wald hier im Oderbruch sei ganz anders als im Süden, sagte sie. Nur: Das Oderbruch liegt gut zweieinhalb Fahrradstunden östlich, an der deutsch-polnischen Grenze.

Natürlich war der Versprecher danach überall Thema, er war einer der Gründe, warum diese Forderung aus dem Klimaprogramm nach kurzer Debatte wieder versumpfte. Der andere Grund: Die Grünen kämpften nicht engagiert dafür, denn sie waren selbst nicht ganz überzeugt davon, dass sie die Sache voll durchdacht hatten und dass ein Klimaveto eine großartige Idee wäre.

Dabei sehen das viele andere so. In einem Interview, das ich einmal moderiert habe, sprachen sich gleich drei ehemalige Bundesumweltminister*innen dafür aus. Sie alle hatten leidvolle Erfahrung damit gemacht, wie es ist, im Kabinett weitgehend allein für mehr Klimaschutz zu kämpfen: Klaus Töpfer (CDU), Jürgen Trittin (Grüne) und Barbara Hendricks (SPD).

Einer der zentralen Einwände lautet, dass theoretisch sowieso jedes Ministerium in der Praxis eine Art Veto habe, jedes Ministerium könne im Regelfall Kabinettsentscheidungen die Zustimmung verweigern. Das stimmt, allerdings macht es einen Unterschied, ob ein Ministerium sein formales Vetorecht wahrnimmt oder einfach durch Untätigkeit blockiert. Im einen Fall erfüllt es seine ihm zugedachte Rolle, im anderen setzt es sich dem Vorwurf der Destruktivität aus.

Ein anderer Einwand heißt, dass es im Klimaschutz gerade um eine Transformation noch nie dagewesenen Ausmaßes gehe, folglich um maximale Veränderung, gerade nicht um Stillstand. Theorie und Erfahrung zeigen, dass mehr Vetospieler zu weniger Dynamik führen. Logisch, da das Fenster der denkbaren Politiken dadurch kleiner wird.

Daran ist vieles schlüssig, andererseits werden immer noch Gesetze verabschiedet, die klimapolitisch kontraproduktiv sind oder durch minimale Anpassungen eine treibhausgasintensive Wirklichkeit verlängern. Sie blockieren zu können, scheint unverändert sinnvoll. Denn gerade weil in der Klimakrise jeder zu kurze Schritt in die richtige Richtung ein falscher Schritt ist, kann es notwendig sein, ihn zu unterlassen.

Gerade, wenn Infrastruktur gebaut wird, die erst in einigen Jahren steht und dann viele Jahre genutzt wird, kann eine Entscheidung Wirkungen über Jahrzehnte haben. Schlimmstenfalls droht ein »Lock-in« in einen Zustand der Zerstörung.

Wenn etwa die Deutsche Bahn bis 2030 für viel Geld die wichtigsten Strecken sanieren will, dann wird sie entweder diese Gelegenheit nutzen, das System klimakrisentauglich zu machen. Oder es wird keine Zeit mehr sein, ein System zu schaffen, das rechtzeitig klimakrisentauglich ist. Entweder sie plant jetzt für so viele Passagiere, dass die Zahl der Autos und Inlandsflüge künftig massiv sinken kann, oder nicht. Entweder sie baut die Strecken so, dass sie Hitzewellen und Starkregen standhalten, oder nicht.

Wenn jetzt Ställe für Schweine und Kühe gebaut werden, dann hängt von deren Beschaffenheit und Größe auch der künftige Tierbestand ab. Entweder werden jetzt die Strukturen für nachhaltige Tierhaltung gelegt oder nicht. Was jetzt entschieden wird, bestimmt unsere Zukunft.

Gesetze, die blockiert werden, würden außerdem im Regelfall eher nicht einfach ersatzlos wegfallen, sondern ersetzt werden. Womöglich durch Gesetze mit mehr Klimaschutz darin.

In den vergangenen Jahren ließ sich in der Bundesregierung beobachten, wo der Wert von Veto-Möglichkeiten liegt. In vielen landwirtschaftlichen Fragen hat neben dem Agrarministerium auch das Umweltministerium mitzureden. Einerseits blockierten sich beide Häuser phasenweise ritualisiert. Andererseits verhinderte das Umweltressort so immer wieder auch Politiken, die dem Umweltschutz langfristig geschadet hätten. Beispielsweise, als es um Vorgaben zum Insektenschutz ging.

Es wäre allerdings zu befürchten, dass ständiger Veto-Einsatz zu kabinettsinternen Rachemaßnahmen führt. Dass also ein Klimaministerium, das Projekte anderer Ministerien blockiert, dann bei seinen eigenen, womöglich transformativeren Projekten ebenfalls blockiert würde. Das ließe sich umgehen, indem das Vetorecht nicht bei einem Ministerium liegt, das selbst Gesetze macht (dazu gleich mehr).

Denn das bleibt natürlich die wichtigste Aufgabe: nicht verhindern, sondern verändern.

Taten statt Worte

Effektivitätssteigerung der Verwaltung

Es ist ein bisschen ungewohnt, über Demokratie zu sprechen und sich damit zu befassen, wie sie schneller, effektiver und wirkungsvoller werden kann. Die kanonischen Theoretiker der Demokratie haben eher am Gegenteil gearbeitet: Charles de Montesquieu[61] mit seinem Konzept der Gewaltenteilung. Alexis de Tocqueville[62] mit seiner Warnung vor der Tyrannei der Minderheit. Oder Alexander Hamilton, James Madison und John Jay in den »Federalist Papers«[63], ihrem Plädoyer für das, was sie als Republik im Gegensatz zur reinen Mehrheitsherrschaft verstanden. Die Geschichte der Theorie der Demokratie ist eine Geschichte ihrer mäßigenden Einhegung.

Allerdings ist eine wehrhafte Klimademokratie ohne effektive Verwaltung nicht vorstellbar. Sie muss in beispiellosem Tempo Wirtschaft, Industrie, Verkehr, Landwirtschaft, Häuser, Dörfer, Städte umbauen und umrüsten können.

Die vielleicht wirkungsvollste Verwaltungsbehörde in Umweltfragen weltweit ist in gewisser Weise aus Notwehr geworden, was sie heute ist. Die Environmental Protection Agency (EPA), jene Behörde, die Trump mit Klimawandelverharmlosern besetzt und deren Rechte er so vehement beschnitten hatte. Gegründet wurde sie 1970 vom Republikanischen Präsidenten Richard Nixon (das war vor dem Kulturkampf um Ökologie). In der Folge half sie, die Flüsse sauberer zu machen, den Diesel-Abgasskandal bekannt zu machen und die Treibhausgasemissionen zu bremsen.

Auch wenn das Parlament blockiert war und keine weitreichende Klimaschutzgesetzgebung zustande bekam, nutzte die EPA Spielräume, die ihr gelassen waren, um trotzdem etwas zu tun. Aus dem seither mehrfach überarbeiteten »Clean Air Act« von 1963, in dem es um Luftverschmutzung ging, leitete sie später ein Recht ab, sich um den Ausstoß von CO_2 in die Luft zu kümmern, ihn zu regulieren, zu beschränken. Der mehrheitlich von den Republikanern besetzte US Supreme Court nahm der EPA im Sommer 2022 einige dieser Rechte, doch nicht einmal er verneinte ihre prinzipielle Zuständigkeit für Klimaschutz.

Was die EPA so effektiv machte, war erstens ein großer Apparat: zwischenzeitlich beschäftigte sie 18 000 Mitarbeiter*innen, aktuell noch mehr als 14 500 (und damit mehr als achtmal so viele wie das Umweltbundesamt). Zweitens die Möglichkeit, straff zu regulieren und harte Sanktionen zu verhängen. Zum Beispiel verklagte sie Toyota wegen Abgasverstößen und einigte sich dann auf einen Vergleich, eine faktische Strafe, von 180 Millionen Dollar.

Spezialisierte Behörden können also eine gewisse Macht entwickeln und noch dazu ein Eigenleben, eine besondere Identität, ein Selbstverständnis, das dafür sorgt, dass sie auch funktionieren, wenn der politische Elan von oben etwas nachlässt. Donald Trump musste schon ziemlich viel administrative Gewalt ausüben, um die EPA auszubremsen.

Was also wäre mit Behörden, die sich um ein Thema kümmern, um das sich kaum jemand kümmert, nämlich Klimaanpassung? Irgendwer müsste sich ja schleunigst daran machen, für jeden Fluss zu prüfen, unter welchen Bedingungen er wo wie die Ahr katastrophal über die Ufer treten könnte. Welcher Wald besonders brandgefährdet ist, wo man mit Brandschneisen vorbeugen kann, wem das Land gehört, auf dem man diese Schneisen schlagen muss, und wie man das hinbekommt. Wo sich in einem Dorf oder einer Stadt Hitzezonen bilden, wo Sickerflächen fehlen, wo es mehr Bäume braucht oder nur junge Bäume, damit nicht irgendwann schlagartig der ganze Baumbestand wegfällt, wenn die alten Bäume sterben. Ob die Feuerwehr eigentlich ordentlich ausgerüstet ist, ob das Krankenhaus notfalls noch Strom bekommt und welche Fragen man außerdem stellen müsste, an die aktuell noch niemand denkt. Und das für jedes Bundesland, jede Stadt, jedes Dorf, jeden Forst.

Kann das ein Umweltministerium leisten? Oder ein Innenministerium, dem der Katastrophenschutz untersteht? Braucht es vielleicht ein Ministerium für Klimaanpassung im Bund und in den Ländern, mit ordentlichem Budget und ausreichend Mitarbeiter*innen?

Wie sonst ließe sich die Effektivität der Verwaltung erhöhen? Dazu hilft noch einmal ein kurzer Blick in die USA. Dort gibt es eine Übergangszeit nach den Wahlen im November bis zur Amtseinführung Ende Januar, in denen die alte und die neue Regierung bestenfalls im engen Austausch stehen. Und in der die neue Regierung Zeit hat, Projekte für die ersten Monate vorzubereiten. Deshalb starten US-Präsidenten oft mit einem sehr konkreten Programm in die ersten Monate (das dann allzu oft an anderen Stellen zerrieben wird). In parlamentarischen Demokratien lässt sich das nicht einfach kopieren, weil der oder die Regierungschef*in erst durch die Wahl im Parlament ins Amt kommt. Und weil dem die Suche nach einer Parlamentsmehrheit vorausgeht, üblicherweise in Koalitionsverhandlungen, die sowieso Aufschub bedeuten. Aber der Wert der Vorbereitung lässt sich dort gut erkennen. Und Vorbereitung lässt sich auch anders erzeugen.

Ich habe bereits beschrieben, wie geschickte Klageführung, eine eindringliche Begründung und der Verweis auf ein bislang wenig beachtetes Gutachten zum CO_2-Budget dem Verfassungsgericht sein wegweisendes Freiheits-Urteil ermöglichten. Und wie daraufhin die Bundesregierung eilig ein neues, etwas ambitionierteres Klimaschutzgesetz verabschiedete. In dieser Geschichte fehlt aber noch eine Nuance. Denn wie hatte die Regierung eigentlich so schnell ein neues Gesetz bei der Hand?

Die Antwort lautet: Eine Denkfabrik hatte es praktisch schon geschrieben. Der Thinktank Agora Energiewende hatte zusammen mit der Stiftung Klimaneutralität kurz zuvor ein Papier veröffentlicht. Für so etwas wurde er von Aktivist*innen und Stiftungen, die seit Jahren weltweit Strukturen aufbauen, extra geschaffen, mit Geld und Personal versorgt. Weil die Ministerialbürokratie zwar extrem viele kundige Leute versammelt, aber eben auch bestimmten Zwängen unterliegt, kann es helfen, wenn außerhalb staatlicher Institutionen Organisationen an Policy-Papieren arbeiten. Um die Handlungsfähigkeit der Verwaltungen zu steigern, kann es sinnvoll sein, unabhängige Stiftungen zu fördern, um Expertise aufzubauen, mögliches Personal auszubilden, Ideen zu sammeln und Vorschläge auszuarbeiten.

Nur mit Auslagerung wird es aber auch nicht gehen. Aufwuchs der Bürokratie ist zwar ziemlich verschrien. Aufgebläht werde ein Ministerium, heißt es dann schnell. Aber wenn man mit Menschen spricht, die in Ministerien arbeiten, Ministerien führen, am Kabinettstisch sitzen, dann hört man immer wieder von Überforderung. »Es geht darum, über den Tag und die Woche zu kommen«, sagte mir jemand, der nicht namentlich genannt werden will. Das Klimaministerium verschob im Sommer und Herbst 2022 mehrere Klimaschutzprojekte in den Winter oder gleich ganz ins neue Jahr, weil es vom Management der Energiekrise und des Gasmangels nach Russlands Krieg in der Ukraine völlig eingenommen war.

Es spricht viel dafür, dass es besser nur mit sehr viel mehr Personal geht.

Hüter der Zukunft: Neue Klimabehörden
Wie eine neue vierte Gewalt aussehen könnte

Eine andere Möglichkeit wäre es, gleich ganz neue Institutionen zu schaffen. Neue Behörden, deren Aufgabe speziell der Kampf gegen die Klimakrise ist. Anfang des 21. Jahrhunderts versuchten sich gleich zwei Staaten an sehr ähnlichen Projekten. Sie reformierten ihr System, um der Zukunft eine Stimme zu geben.

Israel schuf 2001 eine »Commission for Future Generations«, eine Kommission für zukünftige Generationen. Ungarn schuf nach langer Debatte 2008 den Posten eines Ombudsmannes für zukünftige Generationen – vorgeschlagen vom Staatspräsidenten, gewählt vom Parlament mit Zwei-Drittel-Mehrheit.

In Israel konnte sich die Kommission, die von einem Kommissar geführt wurde, außer in Außen- und Verteidigungsfragen in alle Themen einschalten. Das Parlament musste dem Kommissar fast alle Entscheidungen vorlegen, um seine Meinung abzuwarten, und mit der konnte er sich Zeit lassen. Shlomo Shoham, der den Posten damals innehatte, machte daraus eine Art Vetorecht. Er konnte an Debatten im Parlament teilnehmen, die Abgeordneten beraten und schrieb einen jährlichen Bericht, der im Parlament behandelt wurde.

Er hatte umfassende Informationsrechte und konnte so öffentlichen Druck aufbauen. Außerdem konnte er Empfehlungen für Gesetzesänderungen formulieren (aber keinen Gesetzgebungsprozess beginnen). Für all das hatte er allerdings nur einen kleinen Stab zur Verfügung.

In Ungarn hatte der Ombudsmann die Aufgabe, sich allein um Umweltfragen und die Lebensbedingungen der Menschen zu kümmern, um sicherzustellen, dass auch künftige Generationen noch ein gutes Leben auf diesem Planeten haben können. Wie jeder Ombudsmann nahm er Beschwerden von Bürger*innen auf. Doch er wurde auch mit weitreichenden Kompetenzen ausgestattet und hatte Anspruch auf umfassende Informationen.

Er wurde bei allen Gesetzen konsultiert, die Umweltfragen berührten, konnte im Parlament sprechen und in Ausschüssen. Er hatte die Möglichkeit, gegen staatliche Maßnahmen und Gesetze zu klagen oder sich anderen Klagen anzuschließen. Notfalls durfte er Verwaltungshandeln stoppen. Er konnte Gesetze vorschlagen und Stellungnahmen anfordern. Unterstützt wurde er dabei von einem in Fachabteilungen gegliederten Büro mit mehr als 30 Mitarbeiter*innen.

Welchen Einfluss diese Stellen hatten, lässt sich kaum sagen, weil sie beide nur für kurze Zeit existierten. Der israelische Kommissar wurde nach fünf Jahren abgeschafft, weil er dem Parlament zu sehr auf die Nerven fiel. Der ungarische Ombudsmann überlebte die zweite Amtsübernahme und den folgenden autokratischen Umbau des Systems durch Viktor Orbán nicht und wurde 2011, nach nur drei Jahren, der meisten seiner Rechte beraubt und zu einem gewöhnlichen Ombudsmann heruntergestuft. Die Kommissarin für zukünftige Generationen in Wales, die seit 2016 existiert, darf vor allem beraten, empfehlen und mahnen, ihr praktischer Einfluss ist aber eher gering.

Der naheliegende Einwand gegen solche Klimawächter lautet, dass die Klimakrise gerade nicht einfach nur ein Thema ist, das man einem Ministerium oder einer Behörde zuweisen könnte. Weil sie alles berührt, alles verändert und alles verformt, müsste sie eigentlich in jedem Ressort durchdrungen und mitgeplant werden. Und vor allem müsste Klimaschutz zentral koordiniert werden, im Kanzleramt, der Präsidialverwaltung, der Staatskanzlei. Das leuchtet ein, nur verfolgen spezialisierte Behörden aller Erfahrung nach bestimmte Interessen entschlossener als der oder die Regierungschef*in.

Wenn sie Gesetze einbringen dürfen, können sie Druck auf die Regierung aufbauen. Wenn sie ein Vetorecht haben, können sie klimaschädliche Gesetze verhindern, ohne ihrerseits gelähmt werden zu können, wie es bei einem Ministerium der Fall wäre. Wenn sie jederzeit klagen dürfen, können sie die Regierung systematisch auf Klimaschutz verpflichten lassen und die sich verstärkende Bindungswirkung des Rechts nutzen.

Es gibt also gar keinen Widerspruch zwischen beiden Feststellungen. Klimaschutz muss überall gemacht werden, am besten von höchster Stelle, aber er muss auch immerzu beschleunigt werden. Es kann gar nicht genug Stellen geben, deren institutionelles Eigeninteresse mehr Klimaschutz ist.

Vom Rohstoff bis zur Arbeiterhand

Warum die Politik nach der Gesetzgebung ihre Arbeit
noch nicht getan hat

Die meisten Maßnahmen, von denen bisher die Rede war, dienen dazu, die Ambition zu erhöhen. Also dafür zu sorgen,
dass Staaten sich überhaupt an notwendigem Klimaschutz
versuchen. Nun gibt es, wie in Teil 1 beschrieben, aber auch
physische Knappheiten. Die Wirklichkeit enteilt uns – und wir
müssen irgendwie versuchen, mit ihr Schritt zu halten. Damit
Klimaschutz wirklich funktioniert, sobald sich politische Systeme dazu durchringen.

Wie dramatisch die Lage ist, zeigt eine Analyse der Konzentration der Solarproduktion durch die Internationale Energieagentur.[64] Die ist in den vergangenen Jahren in Europa stark
geschrumpft, allein in Deutschland gingen Zehntausende
Arbeitsplätze verloren, die häufigste Schätzung sind rund
80 000. Die Industrie wanderte nach China. Ein Grund sind
billige Energiepreise unter anderem durch massenhaft sub-
ventionierte Kohlekraft. Ein zweiter Grund aber ist politischer
Wille: In China erkannte man den strategischen Nutzen der
Solarindustrie, in Europa und den USA verkannte man ihn.

Das Ergebnis sieht so aus: China hat nicht nur 300 000 neue
Jobs geschaffen, es kontrolliert auch viele der zentralen Rohstoffe und produziert inzwischen den Großteil der globalen

Solarpaneele, fast drei Viertel. Bei manchen Komponenten beträgt der Anteil sogar bis zu 95 Prozent. Von manchen Teilen stellt eine einzige Fabrik etwa ein Siebtel der weltweiten Produktion her. Viel enger kann ein Flaschenhals nicht sein.

Sollte China aus politischen Gründen die Lieferung einstellen oder sollte dort einfach nur ein Feuer oder ein heftiger Sturm Schaden anrichten, wäre die globale Energiewende massiv ausgebremst. Ein politischer Grund könnte beispielsweise ein Konflikt um Taiwan sein, den demokratischen Inselstaat, den China für sich beansprucht. Taiwan ist übrigens zu allem Überfluss einer der wichtigsten Halbleiterhersteller – neben China selbst, natürlich.

Um also zu verhindern, dass die Transformation in solchen und vielen anderen Flaschenhälsen stecken bleibt, könnte eine staatliche Überwachung von Lücken, Engpässen und Versorgungslagen helfen, wie sie die USA während der Coronakrise phasenweise aufgebaut haben. Die Regierung legte Listen mit notwendigen Teilen und Stoffen für die Impfstoffproduktion an und sorgte dafür, dass diese Teile auch ankamen, wo sie ankommen mussten. Dafür bräuchte es neue staatliche Stellen, insofern überlappt sich diese Idee teilweise mit dem Wunsch nach der Stärkung der Verwaltung.

In eine ähnliche Richtung geht die Förderung von Ausbildungsprogrammen. Selbst großer staatlicher Wille, viel Geld und genügend Bauteile nützen nichts, wenn gut ausgebildete Handwerker*innen fehlen, die die Solarpaneele installieren, Häuser dämmen, Wärmepumpen einbauen oder Transporter mit übergroßen Windturbinenflügeln über Autobahnen fahren können. Auch die Verfügbarkeit von Arbeitskräften ist ein mögliches Hindernis. Auch hinreichender Ausbau von Ausbildungsstellen, Weiterbildungsangeboten und gezielte Anreize, sie wahrzunehmen, sind notwendig, weil wir keine Zeit haben, zu warten, bis Angebot und Nachfrage dafür sorgen, dass sie von allein entstehen.

Nicht alles davon muss wirklich staatlich geleitet werden – aber es müsste zumindest staatlich durchdacht sein und mutmaßlich von staatlicher Seite angestoßen werden.

Von Dienstjahr bis Zentralbank
Wo noch Ansatzpunkte liegen könnten

Von den Zentralbanken war schon die Rede. Denn sie belegen, dass es in Demokratien nicht prinzipiell ein Problem ist, wenn der Handlungsspielraum aus guten Gründen begrenzt wird. Man könnte ihre Funktion an dieser Stelle aber auch noch weiterdenken. Sie selbst könnten sich den Klimaschutz als ein Ziel vornehmen. Um nur einige Ideen zu nennen: Sie könnten bei Anleihenkäufen auch auf Klimaschutz achten. Sie könnten die Anforderungen ans Eigenkapital von Banken davon abhängig machen, wie sehr diese klimafreundliche oder klimaschädliche Investitionen ermöglichen. Sie könnten einen niedrigeren Zins ansetzen, wenn Banken Kredite nutzen, um Klimaschutzmaßnahmen zu finanzieren.

Mit einer stabilen Währung ist es auf einem instabilen Planeten jedenfalls nicht weit her. Die Großbank Barclays kam in einer Analyse zum Ergebnis, dass vor allem der japanische Yen und der chinesische Renminbi bei einer Erwärmung deutlich jenseits von 2 Grad heftig abgewertet werden könnten. Mit einer funktionierenden Wirtschaft und der Produktion von Wohlstand ist es auf einem instabilen Planeten erst recht nicht weit her.

Das haben die Zentralbanken selbst auch schon erkannt.

»Der Klimawandel stellt ein Risiko für unsere Ökonomie und den Finanzsektor dar«, heißt es auf der Website der EZB.[65] Die EZB-Präsidentin Christine Lagarde sagte, der Klimawandel habe Einfluss auf die Preisstabilität.[66] Noch tragen sich Zentralbanken aber mit großer Skepsis, was ihre Rolle bei der Bekämpfung angeht. Jens Weidmann, der frühere Bundesbankchef, sagte in einer Rede zum Thema, staatliche Institutionen sollten nicht zu viele Aufgaben zugleich erfüllen wollen: »Metaphorisch gesprochen: Ein Mann, der zwei Hasen jagt, fängt keinen. Bankenregulierung zu nutzen, um klimapolitische Ziele zu verfolgen, könnte die Jagd nach dem zweiten Hasen bedeuten.«[67] Die Frage wäre, ob der Hase ohne die Zentralbanken zu fangen ist.

Eine vollkommen andere Idee, die immer wieder aufkommt, um einerseits Arbeitskraft bereitzustellen und andererseits Wissen, ein Gemeinschaftsgefühl und Selbstwirksamkeitserfahrungen zu erzeugen, wäre ein nationaler Klimadienst. Den Wehrdienst gibt es immer noch in einigen Staaten, in anderen zivile Angebote, und in Deutschland wird seit der Aussetzung der Wehrpflicht immer wieder erneut über Sinn und Unsinn eines sozialen Pflichtjahres debattiert.

In Israel ist es völlig selbstverständlich, dass jede*r Bürger*in eine gewisse Zeit in der Armee verbringt, um den Fortbestand des Landes zu schützen. So könnte es anderswo selbstverständlich sein, eine gewisse Zeit daran zu arbeiten, den Fortbestand der Demokratie zu sichern. Denkbar wäre, dass jeder und jede ein halbes Jahr, ein Jahr oder länger damit zubringt, sich über die Klimakrise zu bilden und Aufgaben wahrzunehmen, um ihre Folgen zu mildern oder an unserer Anpassung zu arbeiten. Aktuell gibt es dafür keine Strukturen, die Organisationen der Zivilgesellschaft wären akut wohl überfordert mit einer Kohorte Klimadienstleistender. Aber Strukturen dafür ließen sich aufbauen.

Die US-Parlamentarier*innen Alexandria Ocasio-Cortez und Edward Markey schlugen ein Programm für einen »Civilian Climate Corps« für 1,5 Millionen Menschen vor. US-Präsident Joe Biden hatte Ähnliches in sein Klima-Programm aufgenommen, nach dem Vorbild eines Programms aus den New-Deal-Jahren in den 1930ern. Bis zu 300 000 Menschen sollten freiwillig und gegen Bezahlung etwa bei der Aufforstung von Wäldern, Klimaanpassung in der Landwirtschaft oder der Installation von Solaranlagen in Städten helfen. Allerdings blockieren die Republikaner gemeinsam mit dem demokratischen Senator Joe Manchin die Klimainitiative. Am Ende wurde zwar ein großes Gesetzespaket verabschiedet, aber der Klimadienst hat die Verhandlungen nicht wie angedacht überstanden. Einige Initiativen in Bundesstaaten sind geblieben.

Dieses Schicksal ereilt bislang die allermeisten Ideen, von denen es noch viel mehr gibt. Sie existieren, aber werden entweder noch nicht oder nur in abgewandelter Form, nur in bestimmten Regionen oder nicht mit genügend Nachdruck beziehungsweise erst seit Kurzem oder nur isoliert umgesetzt.

Zusammengenommen ergibt sich aber zumindest eine Ahnung davon, wie die Grundordnung wehrhafter Klimademokratien aussehen könnte und was eine solche wehrhafte Klimademokratie beinhalten könnte: die umfassende Verrechtlichung von Klimaschutzpflichten und Rechten auf ein menschenfreundliches Klima. Spezielle Wächterbehörden mit umfassenden Informationsrechten und mit Klagemöglichkeiten, um die Verrechtlichung auch mit Wirkung zu versehen. Womöglich sogar ein Vetorecht. Eine Verpflichtung, in der Gesetzgebung die Klimafolgen auszuweisen und zu verantworten. Sowie den Aufbau von Steuerungs- und Verwaltungskapazitäten, externer Expertise und Monitoring der gesamten Kette für eine ökologische Transformation der Gesellschaft.

Wie in Technikfragen gilt wahrscheinlich auch im Politischen: Man sollte nicht auf große Revolutionen hoffen, nicht auf allzu viele ganz und gar neue Erfindungen setzen. Wahrscheinlich muss man es aber auch nicht. Wahrscheinlich lässt sich mit dem, was schon erprobt wird, viel erreichen. Gewiss lassen sich aber noch andere Reformen ersinnen, um die Demokratie klimakrisentauglich zu machen. Jede kann helfen, denn jede ist eine Chance.

Die politische Aufgabe, die vor uns liegt, ist nicht viel kleiner als die technische, ökonomische und gesellschaftliche Aufgabe, die wir jetzt angehen müssen. Dieses Buch soll und kann hoffentlich ein kleiner Beitrag dazu sein. Ein Beitrag zu einer Diskussion, die dringend geführt werden muss.

Am besten so vielfältig wie möglich, auf allen Kanälen, die uns zur Verfügung stehen. In Reden, Büchern oder neuen »Federalist Papers«. Nur eben: so schnell wie möglich. Denn nichts ist so rar wie Zeit.

Schluss

Während ich die letzten Seiten dieses Buchs schreibe, hat sich Hitze über große Teile der Welt gelegt. Über die USA und Kanada, über einen Großteil Europas, über Zentralasien und China. An einem einzigen Julitag fielen in mehr als 100 französischen Städten Temperaturrekorde. In Hamburg wurden mehr als 40 Grad gemessen, in Großbritannien auch.

Hamburg übertraf den bisherigen lokalen Rekord um fast 3 Grad, das nordfranzösische Brest seinen sogar um 4 Grad. Normalerweise werden Temperaturrekorde nur in kleinen Schritten gesteigert. Aber was heißt schon normalerweise? Richtig wäre: Früher wurden sie nur in kleinen Schritten gesteigert. Das war die alte Normalität, die es heute nicht mehr gibt.

In den vergangenen Tagen, Wochen und Monaten fielen in Indien Vögel tot vom Himmel. Menschen in Mexiko, der Toskana oder Südfrankreich bekamen kleine Wasserrationen zugeteilt. Der Po in Norditalien fiel fast ganz trocken, die Loire in Frankreich auch, der Wasserstand des Yangtse in China sank auf bedrohliches Niveau und der des Rhein so sehr, dass Frachtschiffe ihn nur noch teilbeladen passieren konnten. Die Sonne weichte den Asphalt einer britischen Rollbahn auf, weshalb der Flughafen stillgelegt werden musste, sie ließ den Teer auf dem Dach eines chinesischen Museums schmelzen, sodass die Ziegel absprangen. In der chinesischen Provinz Sichuan brach die Stromerzeugung aus Wasserkraft weg und beinahe die gesamte Industrie wurde abgeschaltet. In der 30-Millionen-Metropole Chongqing fiel die Temperatur in mancher Nacht nicht unter 34 Grad.

Es brannte südlich von Bordeaux, es brannte bei Madrid, natürlich im Süden Italiens, in Spanien und Portugal, aber auch in Sachsen, Dänemark, in der Nähe von Manchester und nördlich von York. Es brannte in der chinesischen Provinz Sichuan, es brannte bei Gießen oder bei Trier, wo der Funkenschlag eines Zuges einen Flächenbrand ausgelöst hat. Es brannte entlang der Autobahn in einem Londoner Vorort, sodass die Londoner Feuerwehr an einem Tag so viele Einsätze fahren musste wie zuletzt im Zweiten Weltkrieg.

Man könnte Seite um Seite füllen nur mit Beschreibungen von aktuellen Extremwetterereignissen und Naturkatastrophen. Mit der Dürre in Somalia, die schon eine Million Menschen vertrieben hat, oder der in Äthiopien (die schlimmste mindestens seit einem halben Jahrhundert). Mit den Starkregenfällen, die an einem Tag so viel Wasser brachten, wie sonst in Monaten oder einem Jahr fällt, in Dallas, dem Vorarlberg, Spanien, Kroatien, Italien, in Pakistan, wo sie über mehrere Wochen insgesamt mehr als 30 Millionen Menschen trafen und ein Drittel des Landes überspülten, in Nigeria, Südsudan, Tschad, in Puerto Rico, Kuba oder Florida. Im Norden Indiens, in Bangladesch oder in den japanischen Regionen Tohoku und Hokuriku.

Selbst wenn man jeden Tag viel Zeit darauf verwendet, sich über all diese Notlagen zu informieren, kommt man nicht mehr hinterher. Die Wirklichkeit der gleichzeitigen Katastrophen ist unserer Wahrnehmung schon enteilt.

In Avignon, wo ich diesen Schluss schreibe, hat es tagsüber bis zu 41 Grad und nachts mitunter nicht weniger als 25. Immer wieder flammen Brände in der Umgebung auf. Der typische provenzalische Wind kühlt wenigstens ein bisschen, aber er facht auch die Feuer an. Während eines Ausflugs an einen Fluss zog plötzlich eine verdächtig gelbe Wolke über den Himmel. Dann tauchten die Löschflugzeuge auf, vier davon, immer wieder, alle paar Minuten.

Es sind solche Sommer, die unmittelbar verständlich machen, was die Klimakrise bedeutet: dass unser Planet nicht mehr ist, wie er einst war. Die eine Ahnung davon vermitteln, was die Krise bedeuten wird, wenn sie fortschreitet – und wenn sie nicht schnellstmöglich gebremst wird. Noch sind es nur 1,09 Grad mehr. Wer jetzt noch nicht in Rente ist, wird die 1,5-Grad-Erwärmung höchstwahrscheinlich noch erleben. Es geht nun darum, dafür zu sorgen, dass es nicht noch sehr viel heißer wird. Nicht noch chaotischer, mörderischer, unfreier.

Dass sehr vieles sehr anders wird, lässt sich nicht mehr verhindern. Dass sehr vieles sehr viel schlechter wird, leider auch nicht mehr. Die besten, klimatisch freiheitsfreundlichsten Jahre liegen hinter uns, ein paar sehr gute noch vor uns. Darin liegt die historische Aufgabe der Generationen, die in diese Zeit geboren sind: Wir könnten sie nutzen, um zu verhindern, dass die folgenden Jahrhunderte höllisch werden. Wir müssen sie nutzen. Es ist eine unglamouröse Aufgabe und doch die größte, die man sich ausmalen kann.

Wir sind für sie nicht besser gewappnet als Menschen zu anderen Zeiten, nicht auserwählt von der Geschichte, nicht klüger oder gesegneter, nur hineingeworfen in diese zu Ende gehende Epoche der bisherigen Menschheitsgeschichte. Jetzt sind wir da, an einem neuen, wirklich historischen Fin de Siècle. Wie Thomas Paine, einer der Gründer der Vereinigten Staaten, in seinen berühmten Abhandlungen formulierte, als der Ausgang der letztlich demokratischen Revolution noch völlig offen war, die Lage mitunter aussichtslos schien: »These are the times that try men's souls.«[68]

Wir können uns dieser Aufgabe stellen, aber nur demokratisch, in freien Gesellschaften. Wir können uns dieser Aufgabe nur stellen, indem wir alles Denken an diese immer neuen Zeiten anpassen, auch unser politisches Denken.

Wir müssen uns ihr stellen und wir müssen sie lösen. Damit nach dem Anthropozän nicht das Misanthropozän kommt, das menschenfeindliche Zeitalter. Damit der Mensch sich als wahrhaft sapiens erweist. Damit Milliarden Menschen nicht ihr Zuhause verlieren, weil es dort so heiß ist, dass jede Stunde im Freien lebensgefährlich wird.

Damit die Demokratie bestehen kann und Menschen weiter gemeinsam nach einer Antwort auf die Frage suchen können, wie sie leben wollen. Damit die Freiheit eine Chance hat.

Dank

Ich schulde einigen Menschen von ganzem Herzen Dank.

Benedikt Becker fürs Redigat schon des ersten Essays, für Erstlektüre und dafür, dass er mir immer Vertrauen in mich selbst gibt. Ann-Kathrin Müller für klugen Rat, Anmerkungen und Hilfe von Anfang an. Alexander Franke und Markus Sehl fürs kritische und kundige Lesen. Christoph Möllers, Stefan Aykut, Lauri Peterson, Brigitte Geißel, Jörg Tremmel und Brian Fagan für anregende Gespräche. Tobias Kalt für Lektüretipps.

Meiner Ressortleitung, vor allem Melanie Amann und Martin Knobbe, die dieses Projekt sofort unterstützt haben. Angelika Mette, Antje Wallasch und Rieke Gellert beim SPIEGEL-Verlag und meiner Lektorin Julia Kompe bei der DVA.

Meinem verstorbenen Freund Jirka Lewandowski, dem dieses Buch gewidmet ist, ohne den ich nie jemand geworden wäre, der ein Buch schreibt. Jenen, die so nahe sind, dass sie wissen, wie sehr ich ihnen dankbar bin, ohne dass ich sie erwähnen muss.

Denen, die gedacht und geforscht haben, auf deren Wissen, Gedanken und Ideen ich aufbauen konnte. Einige sind im Buch zitiert. Und schließlich allen, die sich dafür eingesetzt haben, einsetzen und einsetzen werden, dieser Menschheitskrise demokratisch zu begegnen.

Anmerkungen

1   Krause, Johannes, Trappe, Thomas, *Hybris. Die Reise der Menschheit: zwischen Aufbruch und Scheitern*, Berlin: Propyläen, 2021.

2   Graeber, David, Wengrow, David, *Anfänge. Eine neue Geschichte der Menschheit*, Stuttgart: Klett-Cotta, 2022.

3   Vecellio, Daniel J. et al., »Evaluating the 35 °C wet-bulb temperature adaptability threshold for young, healthy adults (PSU HEAT)«, *Journal of Applied Physiology: Respiratory, Environmental and Exercise Physiology*, 01. Februar 2022, S. 340–345, https://doi.org/10.1152/japplphysiol.00738.2021.

4   Xu, Chi et al., »Future of the Human Climate Niche«, *Proceedings of the National Academy of Sciences* (PNAS), 26. Mai 2020, Vol. 117, Nr. 21, S. 11350–11355, https://doi.org/10.1073/pnas.1910114117.

5   Qin, Yue et al.,»Flexibility and intensity of global water use«, *Nature Sustainability*, Juni 2019, Vol. 2, Nr. 6, S. 515–523, https://doi.org/10.1038/s41893-019-0294-2.

6   Gaupp, Franziska et al., »Increasing risks of multiple breadbasket failure under 1.5 and 2 °C global warming«, *Agricultural Systems*, Oktober 2019, Vol. 175, S. 34–45, https://doi.org/10.1016/j.agsy.2019.05.010.

7   Burchfield, Emily K., »Shifting cultivation geographies in the Central and Eastern US«, *Environmental Research Letters*, 16. Mai 2022, Vol. 17, Nr. 5, S. 1–14.

8   Fewster, Richard E., »Imminent loss of climate space for permafrost peatlands in Europe and Western Siberia«, *Nature Climate Change*, 14. März 2022, Vol. 12, S. 373–379, https://doi.org/10.1038/s41558-022-01296-7.

9   Steffen, Will et al., »Trajectories of the Earth System in the Anthropocene«, *Proceedings of the National Academy of Sciences of the United States of America* (PNAS), 06. August 2018, Vol. 115, Nr. 33, S. 8252–8259, https://doi.org/10.1073/pnas.1810141115.

10   Ina Praetorius (Hg.), *Sich in Beziehung setzen. Zur Weltsicht der Freiheit in Be-*
     zogenheit, Königstein/Taunus: Ulrike Helmer-Verlag, 2005.

11   Philpott, Tom, *Perilous Bounty. The Looming Collapse of American Farming and*
     How We Can Prevent It, New York: Bloomsbury Publishing, 2020.

12   Andrijevic, Marina, Ware, Joe, »Lost & Damaged. A study of the economic im-
     pact of climate change on vulnerable countries«, Report für die Hilfsorganisa-
     tion ChristianAid, 08. November 2021, https://mediacentre.christianaid.org.
     uk/climate-change-could-cause-64-gdp-hit-to-worlds-vulnerable-countries/
     (zuletzt geöffnet: 29.09.2022).

13   Bastien-Olvera, Bernardo A. et al., »Persistent effect of temperature on GDP
     identified from lower frequency temperature variability«, *Environmental Re-*
     search Letters, 10. August 2022, Vol. 17, Nr. 8, S. 1–10.

14   Steffen, Alex, »The Expertise Bubble. Discontinuity renders older expertise
     an overvalued asset«, *The Snap Forward* (Webseite), 27. Mai 2021,
     https://alexsteffen.substack.com/p/the-expertise-bubble (zuletzt geöffnet:
     26.09.2022).

15   Cribb, Julian, *Food or War*, Cambridge/New York: Cambridge University Press,
     2019.

16   Fagan, Brian, Durrani, Nadia, *Climate Chaos. Lessons on Survival from Our*
     Ancestors, New York: PublicAffairs, 2021.

17   Marozzi, Justin, *Islamische Imperien. Die Geschichte einer Zivilisation in fünf-*
     zehn Städten, Berlin: Insel Verlag, 2020.

18   Parker, Geoffrey, *Global Crisis. War, Climate Change and Catastrophe in the*
     Seventeenth Century, New Haven: Yale University Press, 2014.

19   Ulrich, Bernd, Engel, Fritz, »Der verletzte Mensch«, *Die Zeit*, Nr. 25, 2022.

20   Frisch, Max, *Der Mensch erscheint im Holozän. Eine Erzählung*, Frankfurt am
     Main: Suhrkamp, 1982.

21   Brandt, Willy, »Vertrauen in die Zukunft unseres Volkes«, Rede vom 28. April
     1961, in: *Vorwärts*, 03. Mai 1961, S. 19, https://www.vorwaerts.de/system/files/
     blauerhimmel1961.pdf (zuletzt geöffnet: 26.09.2022).

22   Steffen, Alex, »We're not yet ready for what's already happened. Welcome to di-
     scontinuity, population: everyone«, *The Snap Forward* (Webseite), 18. Mai
     2021,   https://alexsteffen.substack.com/p/were-not-yet-ready-for-whats-al-
     ready (zuletzt geöffnet: 26.09.2022).

23   Healy, Andrew, Malhorta, Neil, »Myopic Voters and Natural Disaster Policy«,
     American Political Science Review, 2009, Vol. 103, S. 387–406.

24   Mittiga, Ross, »Political Legitimacy, Authoritarianism, and Climate Change«,
     American Political Science Review, 06. Dezember 2021, Vol. 16 Nr. 3,
     S. 998–1011, doi:10.1017/S0003055421001301.

25   Abadi, Cameron, »What if Democracy and Climate Mitigation Are

Incompatible?«, *Foreign Policy*, 07. Januar 2022, https://foreignpolicy. com/2022/01/07/climate-change-democracy/ (zuletzt geöffnet: 28.09.2022).

26 Bättig, Michèle B., Bernauer, Thomas, »National Institutions and Global Public Goods: Are Democracies More Cooperative in Climate Change Policy?«, *International Organization*, 2009, Vol. 63, Nr. 2, S. 281–308.

27 Aichele, Rahel, Felbermayr, Gabriel, »The Effect of the Kyoto Protocol on Carbon Emissions«, *Journal of Policy Analysis and Management*, 2013, Vol. 32, Nr. 4, S. 731–757; Grunewald, Nicole, Martinez-Zarzoso, Immaculada, »Did the Kyoto Protocol fail? An evaluation of the effect of the Kyoto Protocol on $CO2$ emissions«, *Environment and Development Economics*, 2016, Vol. 21, Nr. 1, S. 1–22.

28 Peterson, Lauri, »Silver Lining to Extreme Weather Events? Democracy and Climate Change Mitigation«, *Global Environmental Politics*, 2021, Vol. 21, Nr. 1, S. 23–53, https://doi.org/10.1162/glep_a_00592.

29 Geddes, Barbara, Wright, Joseph, Frantz, Erica, *How Dictatorships Work*, Cambrige: Cambridge University Press, 2018; Weeks, Jessica L.P.: *Dictators at War and Peace*, Ithaca: Cornell University Press, 2014.

30 Hans-Jörg Vehlewald, »Haben die Polen einen Vogel?«, *Bild*, 03.01.2016, https:// www.bild.de/politik/ausland/polen/hat-die-regierung-einen-vogel-44003034. bild.html#remId=1513236873310483946 (zuletzt geöffnet: 27.09.2022).

31 Ezra Klein, *Why We're Polarized*, New York: Avid Reader Press/Simon & Schuster, 2020.

32 Republican National Committee, »Resolution to formally censure Liz Cheney and Adam Kinzinger and to no longer support them as members of the Republican party«, Republican National Committee, Salt Lake City, 4. Februar 2022, https://www.washingtonpost.com/context/rnc-resolution-to-censure-cheney-kinzinger/cf48ebbc-aeb2-42c2-9a6b-3802186203e3/ (zuletzt geöffnet: 25.10.2022).

33 Amitav Ghosh, *Die große Verblendung. Der Klimawandel als das Undenkbare*, München: Karl Blessing Verlag, 2017.

34 Frankopan, Peter, *Licht aus dem Osten. Eine neue Geschichte der Welt*, Berlin: Rowohlt, 2016.

35 Wawrzyniak, Dorota, Doryń, Wirginia, »Does the quality of institutions modify the economic growth-carbon dioxide emissions nexus? Evidence from a group of emerging and developing countries«, *Economic Research*, 2020, Vol. 33, Nr. 1, S. 124–144, doi: 10.1080/1331677X.2019.1708770; Lv, Zhike, »The effect of democracy on CO_2 emissions in emerging countries: Does the level of income matter?«, *Renewable and Sustainable Energy Reviews*, Mai 2017, Vol. 72, S. 900–906, https://doi.org/10.1016/j.rser.2017.01.096; Lægreid, Ole Martin, Povitkina, Marina, »Do Political Institutions Moderate the GDP-CO_2 Relation-

ship?«, *Ecological Economics*, Vol. 145, S. 441–450, https://doi.org/10.1016/j.ecolecon.2017.11.014.

36 Carrington, Damian, Taylor, Matthew, Revealed, »The ›carbon bombs‹ set to trigger catastrophic climate breakdown«, *The Guardian*, 11. Mai 2022, https://www.theguardian.com/environment/ng-interactive/2022/may/11/fossil-fuel-carbon-bombs-climate-breakdown-oil-gas (zuletzt geöffnet: 26.09.2022).

37 Langenbrunner, Baird, »Crude Awakening«, *Global Energy Monitor*, September 2022, https://globalenergymonitor.org/wp-content/uploads/2022/08/GEM-Oil-Pipelines-Briefing-2022.pdf (zuletzt geöffnet: 29.09.2022).

38 Scholz, Olaf, Rede im Deutschen Bundestag zum Beschluss über ein Klimapaket, Berlin, 25. September 2019, https://www.bundesregierung.de/breg-de/service/bulletin/rede-des-bundesministers-der-finanzen-olaf-scholz--1675386 (zuletzt geöffnet: 27.09.2022).

39 Naam, Ramez, »Solar's Future is Insanely Cheap«, RamezNam.com (Webseite), 20. Mai 2020, https://rameznaam.com/2020/05/14/solars-future-is-insanely-cheap-2020/ (zuletzt geöffnet: 27.09.2022).

40 Parry, Ian et al., »Still Not Getting Energy Prices Right: A Global and Country Update of Fossil Fuel Subsidies«, *IMF Working Paper*, 24. September 2021, https://www.imf.org/en/Publications/WP/Issues/2021/09/23/Still-Not-Getting-Energy-Prices-Right-A-Global-and-Country-Update-of-Fossil-Fuel-Subsidies-466004 (zuletzt geöffnet: 28.09.22).

41 Burger, Andreas, Bretschneider, Wolfgang, »Umweltschädlich Subventionen in Deutschland. Aktualisierte Ausgabe 2021«, Dessau-Roßlau: Umweltbundesamt, Oktober 2021, https://www.umweltbundesamt.de/sites/default/files/medien/479/publikationen/texte_143-2021_umweltschaedliche_subventionen.pdf (zuletzt geöffnet: 29.09.22).

42 Orwell, George, *1984*, Hamburg: Nikol, 2021.

43 Francis Fukuyama, *The End of History and the Last Man*, New York: Free Press, 1992.

44 Bundesverfassungsgericht, Beschluss vom 24. März 2021 – 1 BvR 2656/18, 2021, https://www.bundesverfassungsgericht.de/SharedDocs/Entscheidungen/DE/2021/03/rs20210324_1bvr265618.html (zuletzt geöffnet: 28.09.2022).

45 Übereinkommen von Paris, Amtsblatt der Europäischen Union, 2016, https://eur-lex.europa.eu/legal-content/DE/TXT/PDF/?uri=CELEX:22016A1019(01)&from=DE (zuletzt geöffnet: 29.09.2022).

46 Loewenstein, Karl, »Militant Democracy and Fundamental Rights«, *The American Political Science Review*, Juni 1937, Vol. 31, Nr. 3, S. 417–432.

47 Loewenstein, Karl, 1937, S. 423.

48 Popper, Karl, *Die offene Gesellschaft und ihre Feinde, Band I*, Tübingen: J. C. B. Mohr (Paul Siebeck), 1992.

49 Ulrich, Bernd, Tweet vom 11. Dezember 2021, https://twitter.com/bernd ulrich/status/1469584538036842498 (zuletzt geöffnet: 29.09.2022).

50 Schmitt, Carl, *Politische Theologie. Vier Kapitel zur Lehre von der Souveränität*, Berlin: Duncker & Humblot, 2015.

51 Reinhart, Carmen, Rogoff, Kenneth, »Growth in a Time of Debt«, *American Economic Review*, Mai 2010, Vol. 100, Nr. 2, S. 573–578, doi: 10.1257/ aer.100.2.573.

52 Bofinger, Peter, Horn, Gustav, »Die Schuldenbremse gefährdet die gesamtwirtschaftliche Stabilität und die Zukunft unserer Kinder«, Offener Brief, *boeckler. de* (Webseite), 25. Mai 2009, https://www.boeckler.de/pdf/imk_appell_schuldenbremse.pdf (zuletzt geöffnet: 29.09.2022).

53 Mann, Michael E., *The New Climate War. The Fight to Take Back Our Planet*, New York: PublicAffairs, 2021.

54 Mann, Geoff, Wainwright, Joel, *Climate Leviathan: A Political Theory of Our Planetary Future*, London: Verso, 2018.

55 Robinson, Kim Stanley, *Das Ministerium für die Zukunft*, München: Heyne, 2021.

56 Extinction Rebellion UK, Citizens Assembly, 2020, https://extinction rebellion.uk/be-the-change/citizens-assembly/ (zuletzt geöffnet: 29.09.2022).

57 Dryzek, John, *Deliberative Democracy and Beyond. Liberals, Critics, Contestations*, Oxford: Oxford University Press, 2002.

58 Das zeigen Nachwahlbefragungen von ARD/Infratest und die offiziellen Informationen zur Wahl des Bundeswahlleiters. tagesschau »Wen wählten Jüngere und Ältere?«, *tagesschau.de* (Webseite), 27. September 2021, https://www.tagesschau.de/wahl/archiv/2021-09-26-BT-DE/umfrage-alter.shtml (zuletzt geöffnet: 6.12.2022); Der Bundeswahlleiter, Statistisches Bundesamt, »Wahl zum 20. Deutschen Bundestag am 26. September 2021. Heft 4. Wahlbeteiligung und Stimmabgabe nach Geschlecht und Altersgruppe«, *Der Bundeswahlleiter*, Wiesbaden: 2022, https://www.bundeswahlleiter.de/dam/jcr/8ad0ca1f-a037-48f8-b9f4-b599dd380f02/btw21_heft4.pdf, 9. Februar 2022, (zuletzt geöffnet: 6.12.2022).

59 Faas, Thorsten, Leininger, Arndt, »Wählen mit 16? Ein empirischer Beitrag zur Debatte um die Absenkung des Wahlalters«, Otto-Brenner-Stiftung, *OBS-Arbeitspapier 41*, 30. Juli 2020, https://www.otto-brenner-stiftung.de/wissenschaftsportal/informationsseiten-zu-studien/studien-2020/waehlen-mit-16/ (zuletzt geöffnet: 29.09.2022).

60 Ghosh, Amitav, *The Nutmeg's Curse. Parable of a Planet in Crisis*, London: John Murray, 2021.

61 De Montesquieu, Charles, *Vom Geist der Gesetze*, Ditzingen: Reclam, 1986.

62 Tocqueville, Alexis de, *Über die Demokratie in Amerika*, Ditzingen: Reclam, 2021.

63 Hamilton, Alexander, Jay, John, Madison, James, *Die Federalist Papers*, München: C.H. Beck, 2007.

64 Bahar, Heymi, »Special Report on Solar PV Global Supply Chains«, *iea.org* (Webseite), 2022, https://iea.blob.core.windows.net/assets/d2ee601d-6b1a-4cd2-a0e8-db02dc64332c/SpecialReportonSolarPVGlobalSupplyChains.pdf (zuletzt geöffnet: 29.09.2022).

65 Europäische Zentralbank, »Climate Change and the ECB«, *ecb.europa.eu* (Webseite), https://www.ecb.europa.eu/ecb/climate/html/index.en.html (zuletzt geöffnet: 29.09.2022).

66 Lagarde, Christine, »Climate change and central banking«, Rede auf der ILF Online-Conference on Green Banking and Green Central Banking 2021, https://www.ecb.europa.eu/press/key/date/2021/html/ecb.sp210125~f87e826ca5.en.html (zuletzt geöffnet: 29.09.2022).

67 Weidmann, Jens, »What role should central banks play in combating climate change?«, Rede auf der ILF Online-Conference on Green Banking and Green Central Banking der Goethe Universität Frankfurt, 2021.

68 Thomas Paine, *The American Crisis*, Madison & Adams Press, 2019, S. 1.